南开大学爱国主义教育丛书

李问阳 总主编

爱国奋斗
南开人

南开大学党委宣传部 编

新时代南开大学师生典型人物
媒体报道集萃

南开大学出版社
天津

图书在版编目(CIP)数据

爱国奋斗南开人 : 新时代南开大学师生典型人物媒体报道集萃 / 南开大学党委宣传部编. －天津:南开大学出版社，2023.11

(南开大学爱国主义教育丛书 / 李向阳总主编)

ISBN 978-7-310-06496-0

Ⅰ.①爱… Ⅱ.①南… Ⅲ.①南开大学－教育工作者－先进事迹②南开大学－模范学生－先进事迹 Ⅳ.①K825.46②K828.4

中国国家版本馆 CIP 数据核字(2023)第 215561 号

爱国奋斗南开人
——新时代南开大学师生典型人物媒体报道集萃
AIGUO FENDOU NANKAIREN——XINSHIDAI NANKAI
DAXUE SHISHENG DIANXING RENWU MEITI BAODAO JICUI

南开大学出版社出版发行
出版人:刘文华
地址:天津市南开区卫津路 94 号　　邮政编码:300071
营销部电话:(022)23508339　营销部传真:(022)23508542
https://nkup.nankai.edu.cn

天津泰宇印务有限公司印刷　全国各地新华书店经销
2023 年 11 月第 1 版　　2023 年 11 月第 1 次印刷
230×170 毫米　16 开本　24.5 印张　2 插页　340 千字
定价:128.00 元

如遇图书印装质量问题,请与本社营销部联系调换,电话:(022)23508339

编 委 会

本书主编：吴军辉

编　　者：彭金萍　石　琛　李沃铜　张慧莹

图　　片：南开大学新闻中心　受访者

答好"爱国三问" 谱写时代新篇（代序）*

杨庆山

2019 年 1 月 17 日，习近平总书记来到南开大学视察，参观了百年校史主题展览和元素有机化学国家重点实验室，与师生亲切交流。那天的新开湖畔、石先楼前，习近平总书记向 5000 多名师生招手致意，师生们齐声高喊"爱我中华，振兴中华"，共同唱响《我和我的祖国》，成为南开人最激动难忘的一幕。

习近平总书记视察时，寄语南开师生要把学习的具体目标同民族复兴的宏大目标结合起来，为之而奋斗。习近平总书记指出："爱国主义是中华民族的民族心、民族魂。南开大学具有光荣的爱国主义传统，这是南开的魂。"习近平总书记强调："张伯苓老校长有'三问'——你是中国人吗？你爱中国吗？你愿意中国好吗？这既是历史之问，也是时代之问、未来之问。我们就要把这个事情做好。"

南开是由一群不服输的中国人创办的，在民族危亡中诞生，在抗战烽火中坚守，在改革大潮中拼搏，在复兴图强中担当……百年来始终以周恩来校友为杰出楷模，作育英才、繁荣学术、传承文明，书写了爱国报国、兴学强国的光辉篇章。

南开的爱国传统是与生俱来的，始终与中国共产党相偕行、与国家民族共命运，以实现中华民族伟大复兴为己任。从"爱国志士"的教育

* 本文是南开大学党委书记杨庆山同志在教育部思想政治工作司指导的"牢记嘱托，勇毅前进" 2022 年高校党组织示范微党课展播活动中的讲话。

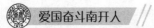

初衷，到振聋发聩的"爱国三问"，再到投笔从戎的家国情怀，都是南开一以贯之的特质。历史上，马骏、于方舟、郭永怀等先烈前辈用热血和生命作出了践行诠释；在新时代，阿斯哈尔·努尔太等南开学子以"爱国之心"和"报国之行"不断赓续传承。

南开人的报国情怀是代代相传的，始终秉承"文以治国、理以强国、商以富国"理念和"知中国，服务中国"宗旨，扎根中国大地、解决中国问题、服务中国发展。杨石先老校长毅然放弃从事多年的药物化学研究，转而投身国家急需的有机农药化学研究；何炳林院士默默无闻主持离子交换树脂研究，为我国第一颗原子弹研制作出重要贡献；周其林院士团队 20 年辛勤耕耘，研发出了高效手性螺环催化剂等，都是生动的例证。

党的十八大以来，习近平总书记多次对南开大学给予关怀勉励，充分肯定南开校训，要求南开成为巡视整改的标杆，给南开参军入伍八学子回信勉励等，都体现了习近平总书记和党中央对百年南开的高度重视和殷切期望。我们不负厚爱重托，围绕学习贯彻落实习近平总书记来校视察重要讲话精神和重要回信勉励指示精神，制定"谱写六个新篇章"实施意见，提出 6 方面 24 项 125 条任务举措，持续督责问效狠抓落头。我们踔厉奋发、笃行不怠，取得一系列重要成果成效：党建思政贯通融合，奏响了"爱国三问"时代强音，6 个单位入选全国党建工作标杆院系、样板支部，化学学院党委获评全国先进基层党组织，"三位一体""师生四同"育人模式特色鲜明，一大批南开学子在基层、西部、军营和国家重点行业领域奋斗奉献；教学科研有力提升，诠释了"融入大我"报国使命，获评全国教书育人楷模、黄大年式教师团队，荣获国家自然科学一等奖，师资队伍建设明显加强，一流学科建设有新的突破，"大平台、大项目、大团队、大成果"聚焦国家战略需求持续发力……南开人沿着习近平总书记指引的方向，推动新发展，书写新答卷，用实际行动捍卫"两个确立"、做到"两个维护"。

奋进新征程、建功新时代，我们要牢记殷殷嘱托，将"爱国三问"一代一代问下去、答下去，用爱国主义情怀启智润心，引领师生铸爱国魂、立鸿鹄志、做奋斗者，努力为实现中华民族伟大复兴作出新的更大的贡献！

目 录

立公增能　润心铸魂

秉公尽能　爱国报国

公能楷模 —— 烛照后学

何炳林、陈茹玉：院士双星 爱国情深

陈鑫

◎何炳林、陈茹玉在办公室留影（资料图片）

　　他们有着传奇的人生经历，取得了辉煌的科研成果，为国家作出了重要的贡献。抗战期间，他们远离父母，求学他乡不做亡国奴；战争年代，为学习救国本领，他们远渡重洋，专心苦读；新中国成立，他们抛弃金钱地位，克服重重险阻，终于回到祖国；困难时期，他们的科学研究成果为国家立下不世功勋；改革开放，他们一面继续探索科研新领域，着力为国家培养人才，一面积极参与人大、政协工作，为国家建言献策。他们相识

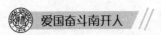

于西南联大，为着共同的人生理想携手共进，一起面对人生的风风雨雨，成为璀璨的院士双星，各自开辟了重要的科研领域。爱国是他们一生的主题，也是引领他们相知相伴相守的那根红线。

南海书生 追寻救国理想

一个是生在南海之滨的青年秀士，一个是长在白河之津的女中才俊，原本天南海北、相隔数千里，生活绝无交集，然而抗战的烽火，让何炳林、陈茹玉这对心怀报国之志的热血青年在同样的时间分别来到西南边陲，开始了同样的学习生活。在为着同样理想的奋斗过程中，他们相识相恋，结为伉俪，终生不渝……

1918年8月24日，何炳林出生于广东省番禺县。父亲何厚珣生有六个子女，何炳林排行第五。何厚珣虽是个商人，但他从不要求子女经商赚钱，而是希望他们学有所成、振兴中华。在父亲的教导与支持下，何家兄弟姊妹在求学之路上努力上进。二哥何炳梁于东吴大学毕业，后到美国留学，获密西根大学博士学位，回国后历任中山大学、湖北大学、暨南大学教授和厦门大学法学院院长。受到家庭环境的熏陶，何炳林从小就刻苦学习，立志投身"科学救国"。小学毕业后，父亲为了让何炳林多接触科学知识，送他到管理严格、教学认真的广州培正中学就读。

正当何炳林高中毕业准备投考大学、实现自己人生理想之时，日本发动了全面侵华战争，北平、天津先后沦陷，战火很快蔓延各地，大片国土惨遭无情的蹂躏，中华民族到了最危急的时刻。

此时，为保存教育精华免遭毁灭，为抗战救国积蓄力量，华北及沿海许多大城市的高等学校纷纷内迁，其中北京大学、清华大学和南开大学先迁至湖南长沙，组成长沙临时大学，1938年又迁往昆明，成立了西南联合大学。在那个战火纷飞、国家危亡的时代，西南联大成为许多爱国进步青年学子向往的高等学府。联大校歌唱道："同学们，莫忘记失掉的家乡！莫辜负伟大的时代！莫耽误宝贵的辰光！赶紧学习，赶紧准备，抗战，建国，都要我们担当，都要我们担当！"在国难当头的八年中，西南联大之所以取得举世瞩目的成就是与其强烈的责任意识和救国抱负分不开的。

目睹山河破碎，人民饱受摧残，何炳林的心情十分沉重，他痛恨侵略者的无耻和残暴。为了实现报国志向，他从广州历经艰辛，到了昆明，决心报考西南联大。

北国才女 冒险离乡求学

就在何炳林来到昆明之时，一位从天津来的姑娘经过长途跋涉也到了昆明，她的名字叫作陈茹玉。

陈茹玉1919年9月24日出生于福建闽侯。因父亲工作关系，她幼年便到了天津。当时社会重男轻女的传统风气仍然盛行，陈茹玉小学毕业时家里不再供给继续求学的费用。她求学心切，依靠自己的刻苦努力，获得公费读书的权利，进入天津第一女子中学（今海河中学）。中学时代的陈茹玉少言寡语，一心苦读，立志做一个对国对民有用的人。高中三年，她一直名列前茅，并在会考中取得优异成绩。

与何炳林一样，高中毕业后，陈茹玉本该参加大学入学考试，继续学习，逐步走上人生正轨，但国家民族的危难让年轻的她不得不做出艰难抉择。七七事变爆发，天津落入日寇统治之下。面对风云突变，留下，就要在敌人的枪口下成为亡国奴；离开，对于一个花季少女来说，则是飘零远方前途未卜。

经过了深思熟虑，怀抱抗日热情的陈茹玉说服了父母，孤身离津南下，准备到昆明报考西南联大。

战乱年代，道路艰辛、危险重重。陈茹玉的计划是乘船先到香港，转道越南，再前往昆明。可没想到，刚一上轮船，就遇到了日军检查。日本士兵气势汹汹地将中国旅客都赶到甲板上，用凶恶的眼光一个个地审视。突然，一个日本军官手指陈茹玉，叫她出列。初出远门的陈茹玉从未见过这种阵势，一下子心头乱跳，不知会有什么厄运等待她。那个军官恶狠狠地问她，要到什么地方、干什么去。当时日本人严防学生南下另谋学习路径，一旦发现，轻则押回原地，重则关进牢房。陈茹玉如果照实回答，必将大祸临头。当时她毫无思想准备，脑子里一片空白。但是，当她正视了一下眼前这个"凶神"后，心中不由得激起一腔仇恨，反而镇定下来了。她灵机一动，冷静地回答说："到香港结婚去！""结婚？"日本军官怀疑地打量着她。眼前的这个中国姑娘确实处在婚龄，而且她的神色、语气似乎并无慌张之处。他围着陈茹玉转了一圈，这才让她回到旅客中，接着又去盘问别人了。

经过惊心动魄的旅程，1938 年春陈茹玉终于抵达昆明。

同做"题目" 结下终身伴侣

陈茹玉酷爱数学，原计划报考的是西南联大的数学系，但听说当时国家急需化学方面人才，她认真考虑后，转而报考了化学系。这一年化学系共招收了 30 个学生，毕业时只剩 15 个，一半都被刷掉了，可见当时的学习压力之大、要求之严。陈茹玉是坚持下来的 15 人中的一个。她刻苦读书、专心实验，准备着实现自己科学救国的理想。

就在苦读之中，陈茹玉还经历了人生的另一件大事——恋爱。班里 30 人中有 25 个是男生，漂亮聪慧的陈茹玉吸引了不少男生的目光。但胸怀大志、专心用功的她，没有心思去应对这些。对于爱慕她视而不见，收到男同学写的信她就扔掉，直到有一位同学通过几件小事走进她的心里。这位同学就是来自广东的何炳林。

何炳林擅长物理，陈茹玉喜欢数学，可偏偏两个人却都进入了化学系。后来何炳林曾感概说，这是"上帝"的安排。其实这只是他一种打趣的说法，除了命运与机缘，真正把两个人引到一起的是共同的报国志向和求知愿望，也正因此，两人才能在屡遭困境的情况下相携一生。

当时，何炳林和陈茹玉共用一个实验台。一天做实验时，陈茹玉没有量桶，就找对面的何炳林借了一个。敏感的何炳林将此理解为表示好感，顿时勇气倍增。那时，其他系还有几个人也去找陈茹玉。一次"狭路相逢"，一位同学出于嫉妒踩了何炳林一脚，何炳林并没有回踩报复，这个细节让陈茹玉体察到何炳林的老实正派。后来，学习成绩出色的何炳林找陈茹玉的次数增多了，借口是要和她一起研究题目。陈茹玉说："好吧，那我就跟你一起做题目。"

学习上何炳林与陈茹玉各有所长、惺惺相惜，对于世局他们也有着共同的看法。爱憎分明的何炳林痛恨国民党当局腐败，支持共产党抗日救国。他的室友古念良是中共地下组织负责人，当局来搜捕，何炳林不顾个人安危，掏出全部积蓄 200 元，帮助他逃走。对何炳林的做法，陈茹玉深表赞同。随着二人"做题目"的机会越来越多了，爱情也逐渐萌发。

1942 年，何炳林与陈茹玉毕业了。何炳林在短期工作后，回到西南联大跟随著名化学家、南开教授杨石先攻读研究生。陈茹玉则先后到重庆北碚中央工业试验所、大溪口钢铁厂化学分析室、云南大学矿冶系工作。1946 年，北大、清华、南开分别回平津复校，何炳林、陈茹玉双双成为南开大学的教员，并于当年结婚。离家近十年，陈茹玉终于与自己的爱人一起回到了天津。

远渡重洋 苦读只为报国

为实现科学救国的抱负、学习当时最先进的科学技术，何炳林与陈茹玉决定出国继续深造。1947 年，在杨石先教授的帮助下，何炳林率先赴美留学。不久，陈茹玉也赴美开始留学生活。此时，他们的长子刚刚出生，报国心切让他们顾不得稚子年幼，孩子被托付给外公外婆照料，一别就是八年。

在美国，何炳林与陈茹玉再次同窗共读，先就读于南加州大学，后转入印第安纳大学。1949 年 10 月 1 日，中华人民共和国成立了。何炳林和陈茹玉兴奋异常，他们与一些留学生一起庆贺新中国的诞生。

在国内的杨石先教授此时也写信给他们，介绍国内情况，说国家正在进行经济建设，需要大批科学家，希望他们学习结束后早日回国。这也正是陈茹玉与何炳林的心愿。祖国在呼唤远方的游子，他们暗暗下定决心，更加刻苦地学习，同时参加了以"响应解放，准备回国"为主要宗旨的留美科学工作者协会。

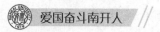

这一年，他们的第二个儿子出生了。为了早日毕业，陈茹玉生产后没几天便又出现在了实验室。准备博士学位预试期间，每天清早起来，他们轮流一手抱小孩，一手拿着书学习。那时，他们一天只能睡四五个小时。就这样，不到一个月，他们都通过了考试。在此后的学习中，陈茹玉夫妇忍痛把二儿子和后来出生的三儿子都寄养在一位美国工人家里，每两个月才把孩子接回家一次，或者去别人家看望。直到他们回国，两个孩子都只会说英语。

就这样，经过几年的刻苦学习，何、陈夫妇于 1952 年双双取得了印第安纳大学博士学位，并且由于成绩优秀，双双获得西格玛赛（Sigma Xi）科学会会员荣誉称号。

回国受阻　总理亲自出面

然而，学业已成，故国难归。此时，中美双方正在朝鲜半岛进行着激烈的战争。美国人害怕留学生回国使中国更加强大，于是规定理工科的中国留学生一律不准回国，违者将被判罚款 5 万美金或入狱 5 年。著名科学家钱学森就曾因此被关进监狱。何炳林、陈茹玉不得不滞留美国。毕业后，陈茹玉到美国西北大学化学系做博士后研究员。何炳林则到了纳尔哥化学公司（NALCO）成为高级研究员，由于富有才干且工作成绩突出，一年中他连续获得晋升和加薪。

但一切荣誉、地位、金钱都不能让何炳林与陈茹玉忘记祖国的召唤。他们不断为回国四处奔走呼吁，多次向美国政府递交申请书，并因此受到美国移民局的审讯。他们毫不畏惧，据理力争。美国移民局扣留了他们的护照，并无赖地表示："我把你们的护照都扔掉了，没有了。"为的是让他们死了回国的心。陈茹玉气愤地说："没有护照我也要回国。"看到他们回国的决心，美国联邦调查局怀疑这对夫妇是共产党。一天，美国人利用他们上班的时候，突然到他家中搜查。幸亏他们早有准备，把进步报刊都藏了起来。

1953 年的秋天，何炳林与陈茹玉听说中美将在日内瓦进行谈判。他们敏锐地感到，回国的机会来了。为了避免美国当局的注意，何、陈夫妇和另外十几位留学生约到一家旅馆，一起商量如何争取回国。在这里，他们给南开大学校友周恩来总理联名写了一封信，希望得到祖国的帮助，并一一用毛笔郑重签名。他们把这封信交给印度驻联合国大使梅农，后由印度总理尼赫鲁转交到周总理手中。日内瓦会议上，周总理质问美国人为什么扣留中国留学生。美国国务卿杜勒斯起初不承认扣留，说是中国留学生不愿意回国。于是周恩来拿出了留学生们要求回国的亲笔信，杜勒斯无言以对。会议期间，中美代表就侨民和留学生问题进行了四次接触。在周恩来的外交努力下，1955 年美国政府终于准许中国留学生回国。

即使这样，美国人仍不死心。何炳林、陈茹玉临行前，收到了美国国务院寄来的永久居留美国的申请表，他们毫不犹豫就将申请表撕了个粉碎。

巧避检查 带回重要原料

1955 年 11 月 25 日，威尔逊总统号轮船即将起航，何炳林与陈茹玉将乘坐此船回到阔别已久的祖国。没想到，临到上船，又生变故。这变故虽然有惊无险，但却直接关系到了中国的原子弹制造，实在意义非常。

这话还得从何炳林的研究说起。当初何炳林与陈茹玉都将研究方向定为农药，因为中国是农业大国，国家发展需要农药研究。但是朝鲜战争期间，美国人的叫嚣促使何炳林改变了研究方向。那时，美国人常常说要用原子弹轰炸中国，何炳林听后非常生气，他想，美国有原子弹，我们中国也要有原子弹。一个偶然的机会，何炳林得知离子交换树脂可用于提取制造原子弹的原料——铀，恰好他所在的公司也在进行这项研究。于是他与陈茹玉作了分工，陈茹玉继续留在农药领域，何炳林则转向离子交换树脂的研究。在工作中，何炳林和陈茹玉用自己的积蓄购买了相关的图书、仪器，特别是他们还购买了一些制造离子交换树脂所需的化学原料，这是当时国内还生产不了的。他们计划以后带回国，帮助中国制造原子弹。

当时美国对中国采取了全面封锁、禁运政策，何炳林与陈茹玉精心筹划，把平时搜集的大量科技资料化整为零，分期分批地寄给国内的亲友。在临回国前，他们将仪器和原料装进一只最破旧的箱子里，准备"蒙混过关"。

不过即使这样，上船时美国海关移民局还是注意到了他们，说："你们这么多行李，要逐一检查。"何炳林当时害怕了，心想这该怎么办。情急之下，他对检查的人说："行李这么多，检查起来对我很麻烦，对你也很麻烦，不如我给你10美元，就不要检查了。"检查人员收下了钱，他们侥幸过境。

19年前，陈茹玉为求学敷衍了日本兵的盘问，而今他们夫妻又巧计躲过美国人的搜查。这对夫妻平生很少说谎，但在最紧急的时刻却展现了非凡的镇定和机智。

1956年，何、陈夫妇经过不懈斗争终于回到了祖国的怀抱。踏进国门、看见国旗的那一瞬间，陈茹玉流泪了。早年，挥别幼子时她没有哭，晚年，丈夫何炳林过世时她也忍住没有哭，但这一次，她情不自已。

夙愿得偿　甘做幕后英雄

回国后，何炳林与陈茹玉重返南开大学，在这里，他们全力以赴为新中国服务，两人分别在不同领域作出了重要的开创性贡献，可以说是各自开辟出一片天地。

何炳林在南开大学开始了中国最早的离子交换树脂研究。他利用从美国带回的那批原料进行了认真钻研，仅用了两年时间，就成功合成出当时世界上所有主要的离子交换树脂品种，并在世界上首次制备出大孔离子交换树脂，为新型吸附分离材料——吸附树脂的问世奠定了基础。鉴于这一研究成果的极端重要性，当时不能对外公开发布。比何炳林晚3年，捷克科学家发表了类似的成果，被世人誉为"吸附树脂之父"。对此，何炳林平静地说："那是由于保密的需要。我个人的荣誉问题不大，最重要的是服从国家的安排。"

1958年，何炳林创立了南开大学高分子教研室，并接受第二机械工业部的 400 万元资助，主持建立了我国第一家专门生产离子交换树脂的南开大学化工厂，其主要产品专供提取国家急需的铀。

1958 年和 1959 年，毛泽东主席、周恩来总理先后到何炳林的实验室和生产车间视察，对他给予赞扬与鼓励。当年，正是一封写给总理的信使何炳林的归国心愿得偿。这时，亲眼见到周总理，他却激动得忘记了致谢。"我和周总理谈了很久，总理问我树脂的用途，我就说主要可以用于提取造原子弹的原料，他说很好。"多年后，何炳林回忆起这段往事仍兴奋不已。

1964 年，中国第一颗原子弹成功爆炸。何炳林激动得热泪盈眶，欣慰地对妻子陈茹玉说："我们回来对了，报国的愿望终于实现了。"

何炳林为我国原子能事业发展和原子弹成功爆炸作出了重大贡献，但由于保密需要，他的成就一直鲜有人知。直到 1988 年，国防科工委颁发"献身国防科学技术事业"荣誉证章，外界才了解到何炳林 30 年前的幕后奉献。

农药研制 立下开拓之功

回国后的陈茹玉坚守着夫妻二人农业救国的共同理想，成为中国农药化学领域的重要开拓者。这时杨石先教授已任南开大学校长。在他的领导下，陈茹玉参与组织和筹建了南开大学化学系的农药研究室和有机磷研究室，并担任农药研究室主任，这被公认为是中国正规设立农药研究机构的开端。陈茹玉多年努力苦读学到的知识，终于在自己的祖国得到了施展。

陈茹玉常常到农田中去考察。当她看到蝗虫成群、小麦锈病蔓延成灾，田地整片整片颗粒无收时，心中焦急万分。此时我国的农药化学事业基本还是一片空白，没有有效措施防治病虫害。陈茹玉回到实验室，带领助手抓紧时间、潜心研究。1959 年，她们合成了对人畜危害不大、对防治害虫效果很好的有机磷杀虫剂"敌百虫"和防治小麦锈病的"灭锈一号"。这些研究成果投入生产和使用后，为我国农业挽回了巨大的损失。

新中国成立 10 周年之际，陈茹玉以其杰出的科研成就，受邀参加国庆大典和国宴，得到毛泽东主席和周恩来总理的接见，并在讨论会上与周恩来总理同组论谈。

1962 年，陈茹玉参与创建了当时全国唯一的一所元素有机化学研究所——南开大学元素有机化学研究所。她不断开拓新的课题，从有机合成到化学结构与生物活性关系，从植物生长调节剂到天然植物农药的研究，取得了一系列重要成果。她深入研究国际上除草剂研制技术，并在此基础上与年轻同志们共同努力，采用先进方法，于 1965 年创制成功了中国第一种除草剂"除草剂 I 号"。这一成果为保证农作物不受杂草危害、节省劳动力作出重要贡献，荣获了国家科委颁发的一等奖。

"文革"期间，何炳林与陈茹玉的教学、科研工作受到严重打击。在美国他们曾被怀疑为共产党，在国内他们却又被诬为"美国特务"，成为走"白专道路"的"反动学术权威"，精神和肉体承受了种种屈辱和摧残。何炳林曾有半年时间被关押，陈茹玉担任的农药研究室主任职务也被终止。但即使这样，也没有改变这对夫妻对国家的期望。他们认为："一个国家如果想屹立于世界强国之林，没有知识分子是不行的，我们这帮人早晚会有用武之地。"

虽身处逆境，但陈茹玉仍顶住压力，继续进行科学研究。这一时期，她与同事研制成功了防除野燕麦的新除草剂"燕麦敌II号"、杀菌剂"灭锈 I 号"、植物生长调节剂"矮健素"。"燕麦敌II号"后来荣获 1978 年全国科学大会奖。

当选院士　成就更上层楼

1980 年，中国科学院院士恢复增选。何炳林与陈茹玉当年即双双入选，夫妻院士双星璀璨，一时成为学界佳话。

"文革"后国内一度流行"伤痕"文学，很多知识分子在诉苦抱怨，但何、陈夫妇没有。已过花甲之年的他们急于做的是把丢掉时间的争回来。这一时期，他们的成就更上一层楼。

何炳林继续开辟着新的事业。1980 年，他担任了南开大学化学系主任。此后，他筹建并兼任了分子生物学研究所副所长，对这一边缘学科的研究机构给予了业务上的指导和人力上的支援。1984 年，何炳林创建的高分子教研室扩充为高分子化学研究所，他担任研究所所长。同年，高分子学科被国家批准为重点学科，后经国家科委批准建立博士后流动站，1989 年，国家计委批准建立"吸附分离功能高分子材料"国家重点实验室。1985 年，国家教委指定南开大学和天津大学支援新建立的青岛大学，何炳林还兼任了第一任青岛大学校长。

何炳林的研究方向也不断拓展，63 岁的他发表了中国人在生物医用高分子领域的第一篇论文。他的离子交换树脂从实验室送到生产线，从军用拓展到民用，从工业用途拓展到生物医学领域。当初为了制造核弹提炼铀的技术，现在进一步升级，可以用于环境保护、血液净化、中药材有效成分提取等民生领域，并取得了丰硕的成果，成为国民经济中不可缺少的一部分。他的开创性工作奠定了他的大师地位。一位英国化学家称何炳林为中国的"离子交换树脂之父"。

南开大学化工厂在何炳林的率领下把离子交换树脂生产技术无偿推广到全国，所有大的树脂生产企业都到南开学习，在许多行业产生了广泛影响。如今，中国在生物应用材料上已跻身强国之列。据估计，何炳林的研究成果直接和间接对国家的贡献在 30 亿元以上。

进入 20 世纪 80 年代，陈茹玉的研究工作也取得了新的成就。她成功研制出能使大豆、花生等作物产量增加 10%—30%的"7841"号植物生长调节剂。她所在的南开大学元素有机化学研究所成为我国唯一的农药筛选中心。为了摆脱农药筛选的盲目性，有效地找出新药，陈茹玉的研究室首先提出利用计算机筛选新农药（即 QSAR 研究）。1981 年通过鉴定的胺草磷就是通过这种方式研制的，该成果获得了 1988 年国家教委科技进步一等奖。陈茹玉的研究方法还促进了农药作用方式、毒理等方面的基础理论研究。

随着时代发展，农药研究遇到了新的问题。一方面，化学农药对环境的污染已达到相当严重的程度；另一方面，一些农药在长期大量使用后，害虫已经产生抗性。因此，有些以往惯用的农药在我国已禁止使用并停止生产，农业发展迫切需要安全、高效的新农药以消灭害虫，保护作物。陈茹玉及时注意到这些情况，她认为我国植物资源丰富、品种繁多，很多植物具有杀虫、抑制昆虫生长、使昆虫拒食以及杀菌的性质，一般这些天然产物对人畜比较安全并且无污染问题，可以试着利用它们来防除害虫，增加农作物产量。于是她积极进军天然产物农药的研究领域，努力闯出一条我国农药研制的新路子，并取得了可喜的成果。

晚年的何炳林、陈茹玉夫妇精力依然充沛，通过孜孜不倦的努力，他们精进不止，创造了一个又一个的辉煌。

培育人才 爱国放在首位

在开展科学研究的同时，何、陈夫妇还特别注意青年科技人才的培养。何炳林与陈茹玉受导师杨石先先生影响颇深，继承了他公正认真、爱生如子的风格。何炳林说："杨校长怎样教我，我就怎样教我的学生。"

他们深爱学生，在学生与儿子之间，他们再一次把亲生骨肉放在了次要的位置。后来学生们聊起往事，发现他们在上学期间居然都在老师家里吃过饭，都受过何、陈夫妇的照顾。家里做了什么好吃的，陈茹玉先想到的是哪个学生爱吃这个，得给他们留着。要是哪个学生病了，陈茹玉不放心，晚上也要打着手电去看看，送点药。他们还常常或明或暗地为学生介绍对象。"先生为了留住人才真可谓是用心良苦啊！"学生们感叹。大家都知道，他们是想通过爱情和婚姻把这些已经学业有成、能够为国家作出贡献的人才留在国内。何、陈夫妇被学生们誉为"父母一样的导师"。

1963 年从南开化学系毕业的蔡敦盛，由于不够"根红苗正"，被政工部门否决留校。何炳林对此非常痛惜。时隔 21 年之后，一次学术会议上蔡敦盛与何先生相遇。何炳林一见面便准确无误地喊出他的名字。后来，蔡敦盛才从别处获悉，何先生在恢复高考之初就曾亲自到他工作过的工厂，打听他的下落，希望他报考研究生。何炳林的爱才、惜才让蔡敦盛深深感动。

"文革"后，何炳林担任南开大学化学系主任，培养人才很有前瞻眼光。他利用世界银行贷款，把青年教师送到国外大学进修，并选派新毕业的学生，以留校教师的身份由学校派出去念学位。这起到了承前启后的作用，断档的人才缺口很快就补回来了。他注重培养学生的创新能力和解决问题的实践技能，为南开大学高分子所造就了一支水平高、结构合理的人才梯队。

陈茹玉同样在回国之初就开始为学生上课。20 世纪 50 年代，在讲授有机分析化学时，她认为这门课要真正做到能为生产服务，理论联系实践，必须采用国外先进的小型微量法。因此，她在开课的同时筹建了半微量分析室，无偿地把自己从国外带回的小型仪器和药品用来实验，并托国外同学帮忙采购寄回相关用品。后来，陈茹玉开设了"有机磷化学"和"农药化学"两门课程。为此，她精心编写讲义，还请生物系的教师开与农药有关的"昆虫学""植物生理"和"植物病理学"课，为后来元素所的工作开展奠定了基础，培养了一批能从事研究工作的青年科研人员。80 年代，在陈茹玉的领导下，南开大学元素有机研究所安排教师不断为研究生开出新课程，步步紧跟世界农药研究的新发展，培养起了一批技术强、水平高、素质好的科研队伍，为国家输送了一大批农药方面的人才。

直至年过八旬，已是桃李满天下的陈茹玉依然没有离开这些大可造就的青年才俊。她带领着一个由博士和硕士组成的团队，又开始了抗癌新药物的研究。她认为，植物病毒是农业上难解决的病害，癌症则是世界上最难治的疾病，从事这两方面的科学研究，是关系 21 世纪"人口与健康"和国计民生的重要课题。她希望学生们能在科学领域不断前进，走得更远。

从教生涯中，何炳林、陈茹玉培养带动的一大批青年研究人员，已经成为国内有关领域的学术骨干，可谓桃李遍及天下。

2005 年，何炳林与陈茹玉拿出多年的积蓄 40 万元，设立奖学基金。在首届奖学金颁奖仪式上，陈茹玉说："我们获得过很多奖励，得到过一些奖金，如今想捐出来帮助学生，为国家培养更多的人才。"他们郑重地宣布，奖学金评定条件有三个：第一是爱国，第二是功课好，第三是家境贫寒。

爱国被这对夫妻放在了第一位。他们说，一个不爱国的学生，培养了做什么用。

关心国家　积极建言献策

经历了风风雨雨，何炳林与陈茹玉非但没有对国家失去信心，相反，他们通过深入观察，得出了新的认识。他们从周恩来等老一辈共产党员的光辉形象中看到了中国的希望。曾有人问起他们后悔回国吗，他们坚定地回答："如果人生再来一次，还是要回来。"他们愿意用自己的努力，为祖国作出更多的贡献。

何炳林曾于 1964 年当选为第三届全国人大代表。"文革"结束后，他又于 1978 年当选为第五届全国人大代表，1983 年当选天津市人大常务委员会委员。他十分看重人民代表这份责任，各界人士都到家里向他反映问题。他一一记录，哪怕对方批评的是省长、市长，他也直言不讳，如实向上级反映。有人劝何炳林明哲保身，但他一如既往光明磊落，坚持真理，打抱不平，尽己所能，为每一个受到不公正待遇的求助者呼吁，不计个人得失，不畏任何艰难。

陈茹玉更是积极地参与着社会活动。1980 年，陈茹玉当选为天津市第六届政协副主席，此后连任四届。她还担任了第四、五届全国政协委员，天津市科协副主席、市侨联副主席。

在这些工作岗位上，陈茹玉同样尽职尽责。她衷心拥护中国共产党的领导，关心人民政协工作，广泛团结各族各界爱国人士，为坚持和完善中国共产党领导的多党合作和政治协商制度、巩固和发展爱国统一战线、推动人民政协事业发展作了大量有益的工作。

陈茹玉注重调查研究，积极参政议政，围绕推进国家和天津市改革开放、经济社会发展建言献策，促进科教兴国、科教兴市。她以自己的高尚品质、人格魅力和特有的亲和力，教育影响了广大知识分子和无党派人士，在增进共识、凝聚力量、加强人民政协大团结和大联合方面发挥了重要作用。

同桌同学 携手相伴终生

进入 21 世纪，年过八旬的何炳林与陈茹玉仍坚持工作，马不停蹄地同时间赛跑。每天清晨起床，他们就开始了各自的学习、工作，分别做着自己的"题目"。去过他们家里的人都知道，几十年中他们的书桌始终都并排摆在一起。陈茹玉曾说："我和何先生一生都是同学关系"。

他们一直以"何先生"和"陈先生"互称。在家中，他们谈论最多的还是工作，但从不提自己取得的成果，只说手头正在进行的项目和自己的"得意门生"。

在家庭生活中，何炳林与陈茹玉的性格恰好互补。据孩子们回忆，在家里洗马桶和做菜的次数，父亲都多过母亲。有时母亲着急了，父亲三言两语就能让她平静下来。

何炳林晚年身体不好，不爱运动，而陈茹玉好动。在是否出门的问题上，他们偶尔会有争执，但绝不单独行动。有时候，何炳林不愿出门，陈茹玉便说："何先生不去，我也不去。"争执的结果是，几乎每个晴好的午后，两位老人都要一起下楼散步。他们互相搀扶，但从不牵手同行。之所以不牵手，何炳林的解释是："陈先生从上学那会儿就很害羞。"而陈茹玉则回答"你才怕羞"。虽然没有卿卿我我的缠绵，但他们却有着生死相依的情意。

2001 年，何炳林由于肺部感染住进医院，碰巧陈茹玉也因为糖尿病住院治疗。两人相伴，治疗效果非常明显。后来，儿子们就特意安排，只要父母中一人住院，另一人就陪住，每次效果都特别好。

2007 年 4 月，体格一向康健的陈茹玉摔了一跤，胯骨骨折，住进了医院。何炳林也因咳嗽厉害，入院检查，当时还觉得没什么，计划输液一两个星期就回家。可一检查，查出肺纤维化，这让所有人都始料未及。此后，何炳林的病情日趋加重，呼吸功能愈见衰弱。何炳林病重期间，陈茹玉每大都要拖着病体去陪他。暮年的陈茹玉记忆逐渐衰退，每次看望完就忘记了，过一会儿又觉得没去，还要回去再看。7月4日凌晨，何炳林的心脏停止了搏动，在第一时间，陈茹玉坐着轮椅来到何先生病床前，安安静静地守着，很久很久。陈茹玉没有流泪，但在她转头的刹那，孩子们看到了她通红的眼眶。

何炳林去世时，陈茹玉88岁，此后的几年，她都是断断续续在医院度过的，严重的脑萎缩困扰着她，使她丧失了近期记忆，她经常会问起何先生。她甚至只能记起三个儿子的名字和模样，而对儿媳和五个孙子感到陌生。可是，那些艰涩、深奥的化学问题却像是刻在她生命中的烙印，她都记得一清二楚，在病床上还一直坚持为学生指导论文。

"何先生去哪里了？""您又忘了，何先生已经走了。""走了？什么时候走的？""已经走了五年了。""哦。"这是陈茹玉生前最后一次问起丈夫，也几乎是她说的最后的话，之后，她就陷入了深深的沉默，当晚即发起高烧并引发心力衰竭。2012年3月11日，93岁的陈茹玉去世了，去追寻她相守一生的爱人。离别五载，这对伉俪院士终于在天堂又团聚了。

何炳林与陈茹玉曾表示，能为祖国的建设事业贡献自己全部力量，将是一生最大的幸福。他们以行动实现了自己的理想，为祖国的现代化建设事业贡献了全部心血。

（注：何炳林先生于2007年7月4日逝世；陈茹玉先生于2012年3月11日逝世）

本文2018年9月20日发表于南开新闻网

戴树桂：一树桂香满人间

张剑

◎戴树桂（资料图片）

他是中国第一个环境科学类国家自然科学基金重大项目的组织者，他的成果帮助人们认识环境污染过程的本质，并为污染治理提供技术支撑。

他主编的国内首部高校环境科学教材《环境化学》，目前已累计出版30万册，几乎每一个环境科学专业的学生，都在课上学过这本教材。

他淡泊名利、无私奉献，为国家的科教事业殚精竭虑、鞠躬尽瘁……

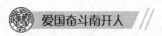

中国环境科学事业的奠基人之一，著名环境化学家、教育家戴树桂教授，这位受人尊敬和爱戴的科学巨匠，在 2013 年的春天离开了他深爱的祖国和人民，离开了他挚爱的环保事业，为这个世界留下一片芳华。

"不是院士的院士"

60 多年的学术生涯，获得国家自然科学二等奖 1 次、国家科技进步二等奖 3 次，中科院自然科学奖一等奖 1 次。戴树桂在污染物形态分析与表征、水环境化学尤其是水环境中有机和金属有机化合物、空气污染化学和复合污染化学等领域的研究成果，奠定了我国环境科学基础理论的发展，有效提升了我国环境科学研究水平。

中国工程院院士、中国环境科学学院院长孟伟评价："戴先生堪称'不是院士的院士'！"

自 20 世纪 60 年代中期以来，环境问题在世界范围内日益严重，环境保护成了全球热点问题。当时的中国，一批有识之士已经意识到环境科学在我国经济社会发展中将起到的重要作用，在他们的共同努力下，中国环境科学高等教育事业应运而生，戴树桂就是最早的倡导者之一。

"当时不断有单位找我们参与污染和环保方面的课题，这表明社会急需这方面的人才。"戴树桂马上组建科研小组进行深入调研，并向学校提交了报告，受到了时任南开大学党委书记朱子强的高度重视。学校不久后决定，在化学系建立环境保护专业，从化学系、生物系、物理系和元素有机研究所抽调 25 位骨干教师组成环境保护专业队伍，并于 1975 年招收了第一届本科生。

为了推动环境化学研究的更快发展，戴树桂作为主持人之一承担并完成了我国第一个环境科学类国家自然科学基金重大项目"典型化学品在环境中的变化及生态效应"，在国内率先对有机锡化合物这一长期用作防生物附着添加剂的物质进行系统研究，首次发现我国某些港湾海水中存在剧毒海洋杀生剂烷基锡污染，初次证明水体环境中的腐殖质可使无机锡发生甲基化作用。

该成果推动了远洋巨轮底部喷漆中生物添加剂的更换，荣获国家自然科学二等奖。全国人大环境与资源保护委员会主任委员、原国家环保局局长曲格平亲自为该成果题词："基础研究结硕果"。

20 世纪 90 年代后期，年逾古稀的戴树桂仍马不停蹄地同时间赛跑，依然是南开大学环境科学学科建设的主力，先后主持了 2 个国家自然科学基金委的重点项目"黄河兰州段典型污染物迁移转化特性及承纳水平研究""有毒有害化学品多元复合体系的多介质环境行为研究"。

如今，南开的环境科学学科已从当年的二十几人发展为拥有 100 多名教师、建有 3 个省部级重点实验室和 1 个工程中心的专业学院，培养出上千名环境科学专业人才，他们在国家环保科研、教学及管理部门贡献着力量。

戴树桂的学生、国家杰出青年科学基金获得者孙红文教授说："我们能有今天的成就，都得益于戴先生当年的选择。他为南开环境学科的发展付出了太多的心血。他常说，创建一个学科比起个人的成就更重要。"

"戴先生是中国环境科学界一面高扬的旗帜，是中国环境科学事业的开拓者和奠基人。他是推动中国环境科学前进的人，中国环境科学界幸有他领航，才有欣欣向荣的今天。"中国工程院院士张全兴说。

"教授"至上

"回忆戴先生的生平，他的影响力也许并非来自那些奖项荣誉，抑或是国务院学位委员会环境学科评议组召集人地位，而是我们手中那本并不厚重、装订朴实，但却真正摒弃了故弄玄虚与矫揉造作，中正严肃地讲述环境化学基本原理的本科生教材《面向 21 世纪教材——环境化学》。"戴树桂的学生汪磊在回忆文章中这样写道。

汪磊说："无论我走到哪个地方，对所遇到的国内同行和学生提及南开环境科学，最常得到的反馈便是'戴树桂教授是你们学校的吧，我学的就是他编写的教材'。"

早在 1987 年，戴树桂便开始着手主编中国第一本环境化学教材。在当时重科研轻教学的普遍风气下，他对一本专业课教材的投入令许多人不解。那时，在国内购买外国专著还不甚方便，他便让自己国外的女婿自费购买寄回家中。

1995 年，由戴树桂主编的教材《环境化学》获教育部科技进步二等奖；该书的第二版被列为普通高等教育"十一五"国家级规划教材，2009 年被评为国家级精品教材，并于 2012 年入选"十二五"规划教材。

多年来，戴树桂几易其稿、精益求精，不断将教材内容与国际接轨。2006 年教材再版，80 岁高龄的戴树桂提出在书中加入新兴热点问题——"受污染修复化学"和"绿色化学"，并亲自撰写了"绿色化学"章节。如今，《环境化学》教材已累计印刷 30 余万册，被我国高等学校环境学科普遍采用，为我国环境科学高级人才培养作出了巨大贡献。

"在我的思想里，最高的身份就是教授，而不是任何别的职位。"教授，一直是戴树桂最看重的称呼。

从教 60 多年，戴树桂共培养博士后 4 名、博士生 30 余名和硕士生 50 余名。这些毕业生成为我国环境保护事业的骨干力量，在国内外大学和环保机构中担任重要职位。

无论在子女还是学生眼中，戴树桂都是位严师。他的学生孙红文说："先生有一种不怒自威的气质，令我们随时自省。"

"戴先生对学生要求很高，我们论文中的每个表格数据都被他重新计算过。"2000 级硕士研究生、南开大学青年教师张彦峰告诉记者。

"还记得他给我们审阅论文，逐字逐句地修改，连一个细小的标点和错别字也不放过"，戴树桂的女婿、1986 级硕士生宋仁高回忆说，"先生的书桌上，永不缺少的几样东西就是铅笔、橡皮和三角形的铅笔刀"。

学术上严谨异常的戴树桂，生活上却是位慈爱的师长，每个学生都是他关爱的孩子。每到新年，戴先生总会组织所有的学生到自己家中吃晚餐，他爱人亲自下厨。那时候屋子还很小，同学们就围着桌子站着吃饭。

戴树桂的夫人沙仿先回忆说，当年好多同学都是家中的常客。"有个女同学一进门就问：'师母有吃的吗？'自己就跑到厨房找吃的。还有个同学把自己的父亲也带到家里吃饭。"

戴树桂的学生都很庆幸能够师从于他。因为从他身上学到的，不仅仅是专业知识，"他留给我们的，更多的是宝贵的精神财富"。他的学生蔡勇说。

"一个真正的共产党员"

宋仁高回忆，戴树桂是个忠实的"球迷"。他不会排球，但每次有中国女排参加的比赛，他都要收看电视直播，中国队员赢了他就高兴，反之也跟着发急。沙仿先介绍说，当年中国女排三连冠时，戴树桂曾彻夜追看她们的比赛。后来中国女排成绩下滑，他就翻来覆去地看当年夺冠的录像，一看就到深夜，那份爱国的赤子之心溢于言表。

"身体健康"是戴树桂晚年的标志性形容词。在领受诸如"杰出贡献奖""终身成就奖"之类的荣誉时，同辈的老先生们往往需要助手的搀扶和引导，而戴树桂却能在一片惊羡的目光中健步跃上台阶。许多南开师生都曾不止一次地见过戴先生和夫人携手在校园中散步的情景。

"就在两天前，我还在戴先生家里与他一起商谈如何改编《环境化学》，"孙红文说，得知先生去世的消息，自己大脑一片空白，甚至连悲伤也不能体会，"因为我实在不能相信，我们敬爱的戴先生就这样突然离开我们。只在放下电话后，我的悲伤才如潮水般涌来。"

"先生是一位真正的党员，他对党和国家的热爱，每每令我们深深感动。"宋仁高回忆说，先生80岁生日时，学校领导来到家中看望，感谢他对学校的贡献，戴树桂诚恳地说："我能有今天都是源于党和学校的培养！"目光中充盈着真切的感激之情。

有一年，宋仁高请岳父到美国旅游，带他到社区的教堂聚会，派对开始时，美国人习惯先祷告几分钟。戴树桂见状生气地走出大门："我是党

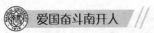

员，我不信这些，怎么带我来这里！"加入美籍的女儿闲谈中提到国内一些官员的问题，戴树桂不爱听，怒斥孩子们不懂事。

2012 年 12 月 7 日，戴树桂参加了他人生中最后一次党组织活动，议题是学习讨论党的十八大精神。担任环境科学系教工党支部书记的张彦峰清楚地记得，那天戴先生执意不肯让人接送，早早就步行来到开会地点。座谈中，戴先生热情洋溢地发言，表示坚决拥护党的领导，对祖国的未来充满信心。

张彦峰说，因为关心学院的发展，戴先生退休后并未将组织关系转走，仍然积极地参加支部组织的各项活动。"有时候我工作忙忘记了收党费，戴先生总会提醒我，并且按时缴纳，一次不忘。"

北京大学环境科学与工程学院院长张远航认为，戴树桂之所以成就卓著，在于他的一颗"赤子之心"。"戴先生是一位非常让我敬佩的人。他对祖国和母校有一种'献身精神'，他确实是把自己的一生都献给了中国的环境科学事业。"

沙仿先欣赏丈夫"对名利看得很淡"。戴树桂生前曾担任国务院学位委员会环境学科评议组召集人、南开大学研究生院第一副院长等职，当年，他的女儿想进入一家化工厂工作，只需他一句话便能成事，可他执意不肯走这个"后门"。他常说："永远不能做让别人戳脊梁骨的事儿。"

"严于律己、宽以待人"是戴树桂奉行的人生格言。他总是正面评价别人，从不计较个人得失。沙仿先回忆，很多年轻的教师因为职称、房子忧心焦虑，只需戴树桂开导十几分钟，便豁然开朗。他朴实而充满人生哲理的话总能令人感悟良多、受益匪浅。

"先生不仅在学术上才识过人，思路敏捷，在品德修养上也是高风亮节，世人敬仰。"蔡勇说，"他对一些事有着强烈的爱与恨，疾恶如仇，不追风媚俗，具有一身正气。这种高贵的品德和他本人在科学技术上的造诣是那么相得益彰。"

80 大寿时，戴树桂在自述中写道："支持我能长期孜孜不倦、开拓进取的，是我对'可持续发展'基本国策、环境安全与生态安全重要性的认识，以及对环境科学科教事业的热爱。"

（注：戴树桂先生于 2013 年 2 月 16 日逝世）

本文 2013 年 3 月 11 日发表于南开新闻网

谷书堂：垂老灯窗墨尚磨

陆阳　张建新

◎谷书堂（资料图片）

得知谷书堂先生去世的消息，很多他的"老学生"在悲痛之余夹杂几分惶恐，他们不知道，当自己的人生、学术再遇到困难时，该跟谁通个电话。

2016 年 3 月 27 日 19 时 56 分，著名经济学家、南开大学荣誉教授谷书堂与世长辞，享年 91 岁。与他的心跳一同停止的，是他 70 年来对政治经济学从不间断的思考。

风雨治学路

1925 年，谷书堂出生于山东威海。上小学时，谷书堂对于历史小说十分迷恋，通过阅读《西游记》《三国演义》《封神演义》等，他对学习产生了浓厚的兴趣，也逐渐形成了一种路见不平拔刀相助的侠义观念。

日本人侵占威海后，谷书堂辗转烟台、北京念完了中学。1946 年，他考取了由北京大学、清华大学、南开大学联合招生的西南联合大学，进入南开大学经济系读书。

1948 年，谷书堂加入了以建设自由、平等、民主的新中国为宗旨的民主青年同盟（新中国成立后转入共青团）。他后来回忆，刚上大学时，他像是"大海中一艘小船"，没有方向随风飘荡，只知道做人要诚实、忠厚，至于在整个社会中应处于什么位置、怎样对待生活，他从未考虑过。受进步氛围的影响，大学四年他的生活态度、人生观都发生了很大改变。

1950 年 10 月，从南开大学毕业后在中共天津市委宣传部工作的谷书堂重新回到母校，成为新中国成立后第一代青年经济学教师。在其后的日子里，出于工作需要和组织安排，谷书堂做起了"双肩挑"，不仅潜心教学和科研，还承担着经济系主任助理、党支部书记等行政工作。

谷书堂始终有一个信念，不管担负多少管理工作，教师的本职是教学，行政工作是一种有意义的奉献，但绝不是当官发财、谋取私利的阶梯。

1951 年，高教部成立了政治经济学研究室，聘请一些苏联专家，从全国抽调了 20 多名教师培养师资，谷书堂就是其中之一。经过 1 年的学习培训，谷书堂回到南开，接手了经济系最重要的教学任务——"政治经济学"课程的教学。他对讲好这门课兴趣很大，花了大量时间备课，翻阅了当时能够查阅到的所有资料。

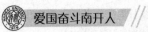

20 世纪 50 年代，正是全国范围内搞合作化、对私营经济进行社会主义改造时期，全国上下对"一大二公"唱赞歌，认为在公有制经济中，人与人之间的物质利益冲突已不复存在，人人都会"各尽所能"，很快就会实现"各取所需"。谷书堂敏锐地意识到这种认识有其局限性，因为在正常的经济社会中，没有物质利益的激励，生产效率是难以保证的。

经过认真研究，谷书堂与同事蔡孝箴合作完成了《论物质利益原则及其在解决国家合作社和社员之间的矛盾中的作用》的论文，并于 1957 年在《南开大学学报》公开发表，文中提出了"劳动者在生产中也需要获取物质利益"的观点。

此观点一出立刻争议不断，引发了学界关于社会主义条件下物质利益关系的讨论。1959 年反右倾运动时，谷书堂首当其冲，成为南开大学经济系重点批判对象，被勒令停职检查。

在上不了课的日子里，谷书堂就和同事跑到农村搞调查，收集一手材料。"文革"开始后，谷书堂被列入了"三不"人员的行列，即"不许上课，不许发表文章，不许做讲演和报告"。在他学术生涯的"蛰伏期"，他始终相信真理必然战胜谬误，等待重返讲堂的一天。

曙光终于被盼来了。改革开放后，谷书堂得到了平反，压在心头的石头总算落了地。1979 年，谷书堂被任命为南开经济研究所第一副所长兼党总支书记，那一年，他已 54 岁，他争分夺秒地工作，就是为了把失去的时间抢回来。

"我的信条是实事求是"

谷书堂先生去世后，很多人在网上自发组织悼念活动，他们回忆起大学时代的政治经济学课，回忆起《政治经济学（社会主义部分）》（北方本）。这本由谷书堂组织 14 所高校教师参加编写的教材，被教育部定为全国文科院校统编教材，先后 8 版，发行逾 150 万册。

"北方本"出版于 1978 年年末，在那个思想日渐解冻的时代，很多人正是通过阅读这本书，了解了社会主义国家的物质利益关系，了解到社会主义有计划的商品经济思想。全书既不是对已有经济学的简单模仿，也不是对中国制度政策的简单汇总，而是努力探索社会主义经济特有的内在逻辑。

从早年间关注苏联政治经济学理论体系，到专注于中国现实经济问题研究，学术道路上的转向源自谷书堂遇到的一个"尴尬的问题"。

经济困难时期，谷书堂到天津西郊一个大队搞调研。正是麦收季节，一位老农向他发牢骚，问吃不饱到底是怎么回事。作为一名经济学教师，谷书堂却无法回答这个问题。后来他回忆，"这件事使我认识到理论和实践之间的差距，促使我逐渐从现实出发去观察和思考问题"。

谷书堂说过，如果我们一定要到马克思的著作中去寻找解决现实经济问题的答案，那就会是无休止的争论。因为你可以从马克思一段话中发现这样的意思，我也可以发现另外一层意思。在谷书堂看来，马克思主义为我们提供了一套科学的世界观和方法论，对于一些现实问题，并没有也不可能都提出具体的答案。

曾经有记者请教谷书堂治学遵循的信条是什么，他不假思索地回答"实事求是"。这看似普通的四个字，却一语道破了谷书堂每提出一个新理论，就能在现实生活中产生深远影响的原因。

谷书堂的学生、南开大学原副校长逄锦聚介绍，谷书堂教授是我国较早主张发展社会主义商品经济、社会主义市场经济、坚持以市场经济改革为取向的学者之一。1987年，谷书堂教授在国内率先提出"按生产要素贡献分配"的观点，为党和国家决策提供了重要理论参考，对推动我国经济体制改革发挥了重要作用。

在谷书堂的经济学研究成果中，关于商品经济、价值规律及其内在机制的研究是其最突出的理论贡献，也是其全部经济思想框架的基础。有人形象地说，这是谷书堂的"第一招牌菜"。

谷书堂的学生、南开大学教授陈宗胜记得很清楚，1983年他跟着老师去烟台调研，谷书堂受邀在当地党校发表演讲，把商品经济、价值规律与包产到户联系起来，认为农村体制应当往这方面发展。后来陈宗胜回山

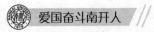

东老家与乡村干部聊天，听说他师从谷书堂先生，干部们个个竖起大拇指。原来他们都听过那次演讲，十分敬佩谷书堂的学识。

对于谷书堂的学术贡献，由著名科学家钱伟长任总主编的《20世纪中国知名科学家学术成就概览》载文从三大方面进行了总结，即对商品经济、价值规律及其内在机制的理论探索，对按要素贡献分配理论的探索，对政治经济学（社会主义部分）理论体系的探索。

"此生原不算蹉跎"

2003年，谷书堂的学生中有三位一起获得了我国经济学最高学术奖"孙冶方经济科学奖"，在中国经济学学术界传为一时佳话，被称为"南开现象"。

谷书堂把一生中的大量时间都放在培养学生上。他的学生中不乏著名学者、高级干部、大企业家，遍布各个工作领域，很多人毕业几十年依然与老师保持着密切联系。在与谷书堂相处的点点滴滴中，大家能够感受到他对学生、对学术事业发自内心的尊重。

清华大学教授蔡继明20世纪80年代在河南大学读书时发表了与谷书堂不同观点的文章，令蔡继明想不到的是，在后来他报考博士生时，谷书堂居然能欣然录取他。1988年，谷书堂与蔡继明共同撰写并发表了《按贡献分配是社会主义初级阶段的分配原则》一文，这是我国学者第一次较为系统地阐述按要素贡献分配理论。

有一年，山东的一位赤脚医生痴迷于研究《劳动价值论》，他慕名来到南开大学经济研究所，说想见一见大名鼎鼎的谷书堂。当时谷先生已近80岁，他非常爽快地在家里与这位医生见面，为他讲解政治经济学的发展以及劳动价值论的内涵。这位赤脚医生坦言，他拜访过不少高校，绝大多数都吃了闭门羹，没想到能在南开大学见到谷先生。

北京师范大学教授高明华曾经做过谷书堂的学术秘书，日常工作之一就是帮先生处理信件。谷书堂有要求，凡有考生来信必须很客气地回复，仔细回答考生关心的问题。考生求学的心情必须得到尊重和理解，即使是基础明显较差的考生，也不能直接拒绝，必须予以鼓励。

"做人比做学问更重要"，这是博士生入学第一堂课谷书堂每次都会强调的一句话。他对招收研究生十分慎重，学生通过正常的笔试、面试后，他甚至还会派专人到其就学的学校考查，并利用出差的机会亲自考核他们的学习情况和为人。一旦认准是读书的好苗子，哪怕是自学成才没有高校学历的农民子弟，他也乐意招入麾下。

很多人发现，在谷书堂身边工作和学习，身教常常胜于言传。

山东大学经济学院教授臧旭恒记得，有一年谷书堂应邀在全国高校社会主义经济理论与实践研讨会作总结发言。闭幕式前的小组讨论会上，80 多岁高龄的谷先生戴着老花镜，边听大家讨论，边修改总结稿，近半天的讨论过后，总结稿已被老人家改得"面目全非"。

谷书堂曾给人题字"冥思苦想，乐在其中"。他的夫人伏义琴也有这种感触，"我和谷老师一起生活了 60 年，他这一生不爱说话，唯爱思考"。

伏义琴在总结丈夫学术生涯时，曾引用袁枚的诗作："七龄上学解吟哦，垂老灯窗墨尚磨，除却神仙与富贵，此生原不算蹉跎。""此生原不算蹉跎"，这或许就是谷书堂教书育人、痴迷学术的真实写照。

谷书堂 90 岁时，学生们编写了一本介绍他学术经历与学术思想的书，谷书堂深思熟虑后，将书名定为"不平坦的治学路"。2011 年，南开校友张思民创办的深圳海王集团出资 1000 万元设立"谷书堂经济学学术基金"，支持中青年学者关于中国经济学基础理论与重大现实问题的开创性研究。这或许会让他们的治学路平坦些，虽然谷书堂再不能亲自指导他们学术了。

（注：谷书堂先生于 2016 年 3 月 27 日逝世）

本文 2016 年 4 月 11 日发表于《新华每日电讯》

杨敬年：百岁经济学家的"慢人生"

蒋肖斌

◎杨敬年学位照（资料图片）

　　杨敬年出生于 1908 年，或者换个更有历史感的说法——光绪三十四年。年逾百岁的他，做什么事都要比别人"慢一拍"。

　　上学时，因为家境贫寒，杨敬年不得不几次停学去工作补贴家用，直到 40 岁才拿到博士学位。1957 年他被划为右派，1979 年才获平反，其间 20 年无法正常教学。平反后，年过七旬的他开创了国内第一个发展经济学课程，直到 86 岁才正式告别讲台。90 岁，杨敬年仍然没闲着，翻译了亚当·斯密的经典之作《国富论》，至今畅销。

2014 年的第一天，记者来到天津杨敬年家中采访时，106 岁的老人早就端端正正地坐着等在客厅里。他说我们来"晚"了："以前我还能走，去年 8 月病了一场，就只能坐着了，不好意思啊。"

庚子赔款的留英公费生

出生于湖南汨罗的杨敬年，因为近代中国的时局动荡，求学经历十分复杂。他 4 岁起跟着外祖父启蒙，13 岁通读"四书五经"。为了将来能在乡下小学教书，叔祖父借钱送他到岳阳县城第一高等小学读书。1924 年，杨敬年考上了湖南省立第一师范学校，和毛泽东成为校友。1927 年，又考入中央军事政治学校为参加革命做准备，却遭遇马日事变，杨敬年愤而离校，一边教书养家糊口一边备考大学。1932 年，因为其他大学都要学费，他选择了中央政治大学行政系。毕业后，无意官场的杨敬年又于 1936 年考入了南开大学经济研究所。

1937 年，抗战全面爆发，南开复课无望，杨敬年携妻带子辗转于长沙、贵阳、重庆、兰州……颠沛流离中，第八届庚款考试录取名单揭晓。1945 年 8 月，已经 37 岁的杨敬年踏上了赴牛津大学求学的旅程，在途中听到了日本投降的消息。他觉得，好日子终于要来了。

在牛津的 3 年，杨敬年的日子过得很轻松。学杂费全免，每个月还有 24 英镑的零花钱，他唯一的任务就是念书。牛津大学贵族化的教育环境，杨敬年至今历历在目："宿舍是两个房间一套，书房和卧室。每天早上，有一个书童——其实是一个老头子，进来把窗帘拉开，说 'Good morning, sir'（早上好），叫你起床。白天有女工帮你打扫房间。晚上，老头又来了，拉上窗帘，说 'Good evening, sir'（晚上好）。学校规定学生晚上必须在房间，所以 9 点，他又来了，说 'Good night, sir'（晚安）。""吃饭也有规矩，即便住在校外，学生每学期也必须到学校吃两次晚饭。聚餐时，老师和学生都得穿上隆重的礼服，老师在台上，学生在台下，围

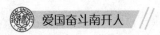

绕着长桌依次坐下，用拉丁文祷告后才能吃。"

牛津大学对博士的要求是"对知识作出原始性的贡献"，淘汰率高达50%。杨敬年回忆："我的论文题目是"英国中央政府各部职权的分配"，我去英国财政部（相当于我国国务院）采访，提了20个问题。他们告诉我，这些问题他们也正在研究。我听了很高兴。我花了两年多时间写论文，拿到了博士学位。"可惜这篇博士论文，杨敬年自己留的那一份在"文革"期间被红卫兵抄走；直到2006年，他才再次看见牛津大学存档的复印件。

在杨敬年百岁时写的自传《期颐述怀》中，有几张他在英国时的照片，梳着大背头，一身西装革履，风度翩翩。1948年，40岁的杨敬年拒绝了去美国的邀请，学成归国。1949年1月15日，天津解放，杨敬年从旧社会进入了新社会。

动荡年月不坠学术之志

1949年9月，踌躇满志的杨敬年创办了南开大学财政系。在一切都似乎好起来时，1957年8月3日，这个令他难以忘记的日子，他一夜之间成了右派，被判处到经济资料室"改造"。

在英国留学时，杨敬年除了日常必需，把省下来的钱都买了书。回国前夕，时任南开大学校长何廉寄给他的500美元旅费，也被他都用来买了书，他甚至把自己的打字机都卖了买书，"打字机国内有，有的书国内买不到"。于是，杨敬年回国时，500本书是最值钱的家当。

骤然成了右派，原本工资207元的四级教授，每月只有60元生活费，女儿还在念大学，根本不够花。杨敬年不得不去天祥市场（当时天津最大的旧货市场）卖东西补贴家用。有个旧书店老板说，外文书我都要，5角钱一本。杨敬年没舍得卖。

"文革"时，学生们推了三辆"排子车"闯到杨敬年家里，拉走了所有书。"我住在二楼，他们在楼下喊：'杨敬年，这些书都是你剥削来的！'"杨敬年说，"后来有人告诉我，我的书在天祥市场卖，我才去那买回了几本。'文革'结束后也发还了一些，让我自己去几屋子书里翻，又找到几本，但大部分都不见了"。

现在杨敬年家中有 10 个书架，大部分都是"文革"后买的新书，"准备老了看"。"没想到快 100 岁时生了一场病，眼睛不行了。最开始用 A3 纸复印，再拿放大镜看，后来只能让保姆给我读书。最近在读那个比我大两岁的老头（周有光）的书。"

在资料室"改造"期间，杨敬年觉得自己"很幸运"，还能做一些学术工作——他陆续翻译了 4 本书，前 3 本都是以经济系名义出版，第 4 本他可以署上自己的名字。

1979 年 3 月 28 日，杨敬年被平反，不仅恢复了工资，还搬进了学校的高知楼。有人羡慕地说："看你有多大变化！"杨敬年却觉得："我还是我，只不过我现在是一个堂堂正正的大学教授，能名正言顺地教书了。"

原本是早该退休的年纪，71 岁的杨敬年却刚刚开始工作。

中国发展经济学第一人

似乎是要把攒了 20 年的精力全部释放出来，在 90 岁之前，杨敬年做了这几件大事：开创了国内第一个发展经济学课程、撰写《人性谈》、翻译《国富论》。

杨敬年很实诚，称自己之所以开发展经济学的课，一大原因是被分配到研究非洲经济，"没可搞的，就扩大范围，研究发展经济学"。这门第二次世界大战之后建立的学科在西方已有 30 多年历史，在国内却还是空白，杨敬年成了中国发展经济学的第一人。他撰写了《西方发展经济学概论》和《西方发展经济学文献选读》两本各 50 多万字的教材，每一本都是自己手写，从不让研究生代劳，"他们有自己的任务，不能叫他们给我干活"。

1994 年，完全离开教研工作的杨敬年觉得到了总结一生所学的时候了。"我要找一根红线把学的东西都串联起来，这根红线就是人性。人性

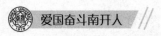

是一个永恒而且现实的问题，和我研究的发展经济学、中国当前的经济发展都有密切的联系"，杨敬年说。于是，一本以人性分析经济的《人性论》于1998年出版。

而真正让杨敬年开始成为"名人"的，是《国富论》。这是他90岁时的译著，一本经济学的专业书却出人意料地成为畅销书，至今重印十几次，发行10余万册。2011年，亚当·斯密的母校、英国格拉斯哥大学校长访问南开大学时，当天下午就拜访了杨敬年，送上了《国富论》的手稿给这位远方的知音。

时至今日，杨敬年一直庆幸两件事：一是没有去我国台湾，"不必像于右任那样'葬我于高山之巅兮，遥望大陆'"；二是没有去美国，"否则中国解放后与世界20多年的隔绝，也会使我终老异乡"。他说："我的一生，是和命运搏斗的一生。"

过了100岁，杨敬年又忙了起来，总有学生、记者、朋友来访。视力几乎消失的杨敬年思维仍然清晰，能滔滔不绝地讲两个小时，各种数字、年份记得尤其清楚。他原本每天凌晨3点起床，3至4点读书，4至5点锻炼，几个月前病了一场后，生活不能自理，于是总抱怨"恢复得太慢"。虽然一生的节奏总比同龄人"慢"，但杨敬年不能容忍光阴溜走。

现在每周一、三、五的下午，美国的学生会给他打电话，聊聊外面世界的新情况。"最近一个学生告诉我，现在中国人在美国很有钱，一个老太太买房子，经纪人陪她走了一天，老太太什么话也没讲。经纪人觉得'糟糕，今天要赔'，结果晚上老太太说，我都要。"讲到这里，杨敬年先笑了。吃完晚饭，他要听一个小时的音乐，从东方的古琴听到西方的交响乐，19点准时收看《新闻联播》。

时光倒流66年，有这样一幕：1948年，当杨敬年回到南开大学时，何廉给他留了金子，护照也在手上，要走随时能走。何廉赴美前，不无担忧地跟他说："敬年，你还年轻。"而当时的杨敬年窃喜："有所作为的时代终于到了！"

　　这一生虽然总是慢一拍，但好在天能假年，"有所作为"的目标，杨敬年终是赶上了。

　　（注：杨敬年先生于 2016 年 9 月 4 日逝世）

　　本文于 2014 年 1 月 14 日发表于《中国青年报》

申泮文: 爱国是心灵深处的"化学反应"

陈建强

◎申泮文（资料图片）

【学人小传】

申泮文，祖籍广东省从化市，1916 年 9 月 7 日出生于吉林省吉林市。

1929 年考入天津南开中学，1936 年考入南开大学化工系，1940 年毕业于西南联合大学化学系。1946—1959 年任南开大学化学系教员、副教授；1959—1978 年任山西大学化学系副主任、教授；1978 年起，任南开大学化学学院教授、博士生导师。1980 年当选为中国科学院学部委员（中国科学院院士）。曾任第三届全国人民代表大会代表，中国人民政治协商会议第五、第六、第七届全国委员会委员，国家教委第一届理科化学教学指导委员会委员，天津联合业余大学校长，天津渤海职业技术学院名誉院长，张伯苓教育思想研究会会长，南开大学新能源材料化学研究所学术委员会主席等职。

1982 年，已经 66 岁高龄的申泮文申请加入中国共产党。入党后，他始终坚信马克思主义，拥护中国共产党的领导，对中国特色社会主义事业充满信心。他具有坚定的政治立场和高度的政治自觉，始终在思想上政治上行动上同党中央保持高度一致，并经常在学生中开展爱国主义和集体主义教育，积极宣讲社会主义核心价值观。

申泮文十分重视高等化学教育与教学工作，长期坚持为本科生授课，是中国执教化学基础课时间最长的化学家。因为教学成果突出，他曾连续三届（2001 年、2005 年、2009 年）获得国家级教学成果奖，所讲授和重点改革的化学课程"化学概论"，被评为国家级精品课程和国家精品资源共享课程，他个人被评为国家级教学名师。同时，他出版书籍达 70 余卷册，累计 3000 余万字，是中国著、译出版物最多的化学家之一。他统编或合编的《无机化学》和《基础无机化学》两部教材至今仍被广泛地用作教科书或教学参考书。其中，《基础无机化学》还出版了维吾尔文版，获得国家教委颁发的高等学校优秀教材一等奖。

申泮文在国内率先开展金属氢化物的科学研究，他合成并研究了一系列离子型金属氢化物，包括硼和铝的复合氢化物；合成并研究了三类主要的储氢合金，研究了若干种非晶态储氢合金的合成和结构。离子型金属氢化物的合成路线，避免了应用昂贵的金属锂，至今仍是一项有良好应用前景的基础研究。他认为氢能在未来能源构成中必将占有重要地位。他用共沉淀还原法合成了镍基和铁基储氢合金，用置换扩散法合成了镁基储氢合金，使储氢合金的化学合成方法得以系统化，所得产品常比冶金法得到的更均匀、更易活化或活性更高，为清洁能源的开发利用作出了重要贡献。

2017 年 7 月 4 日，101 岁的申泮文教授在津辞世。这位年逾九旬还在给本科生上课的老人走了，这位南开园里几乎所有人都熟稔的"白发先生"走了，这位经常颇为自得地称呼自己为"南开土货"的科学巨匠走了……在他的身后，留下的是以身许国的非凡足迹。

"要努力把年轻人培养成才，为中国的教育事业尽一份力量"

申泮文曾经给自己的职业作了一个排序：首先是教育家，然后才是科学家。他说："我感到自己身上有一种责任，那就是要努力把年轻人培养成才，为中国的教育事业尽一份力量。"101 年的人生，有近 70 年站在讲台上，他也因此创造了一个纪录——中国执教时间最长的化学教师。

在三尺讲台上，申泮文倾注了一生的心血，因为他特别喜欢在课堂上跟同学发生"化学反应"。

这位"南开土货"有着英国绅士般的风度——2004 级本科学生彭宇星入学后聆听了申先生的"双语化学"课程后，不仅被他的渊博学识折服，也被老先生的儒雅风度感动。

因为知道是资深院士讲课，所以同学们都提早一个小时来到教室。上课铃响后，申泮文准时站在讲台上，但第一句话让所有同学目瞪口呆，"按照国际上女士优先的原则，请前三排男生起立，将座位让给女生"。至今，化学系所有的班级都保留着这样一个传统，无论大课小课，前三排的座位永远属于女生。

"申先生在授课的时候从来都不迟到，而且都是站着给学生们上课。"南开大学化学学院车云霞教授回忆，一年夏天，课前突然天黑如夜，暴雨瓢泼。有些学生都没能赶来上课，申泮文却准时手擎雨伞出现在了教室门口。看着半个身子淋得湿透的先生，同学们掌声如雷。

申泮文特别重视"基础"和"传统"，他说，西南联大和南开在中国教育史上的重要意义，就在于树立了真正的大学精神，并确立了很好的人才培养模式。"老教授、名教授坚持给本科生上课，这种情况在国际知名大学其实比较普遍，只是国内越来越稀有，这是不正常的！"在他看来，名教授上课，不仅是一种形式，更是传达一种气质，一种深入骨髓的对真理的思辨与追求，能对青年学生产生巨大的影响。"我希望南开能够保持这个传统，全国的大学也都能一起把它发扬光大。"

1980 年，从山西大学回到南开大学担任无机化学教研室主任的申泮文，面对人才短缺的情况，提出"培养高层次人才，应该立足于国内"的主张。他以建设无机化学重点学科为目标，制定了 3 个"五年计划"：以"传、帮、带"的形式，在第一个五年培养出一批副教授，第二个五年培养一批教授，第三个五年培养出一批年富力强的博士生导师。他倡导并恢复了助教制度：聘请品学兼优、责任心强的本科毕业生担任助教，专职助课、辅导、批改作业和实验报告，毕业后培养他们在职直接攻博。这样既提高了本科教学质量，同时也发现、培养了一大批优秀教学人才。他的这一培养教师的模式于 1989 年获得优秀教学成果奖。

此外，申泮文还安排开展了无机合成、配位化学、生物无机化学 3 个方向的科研工作，开设了一整套质量较高的研究生学位课程，为教师成长创造了良好的条件和环境。到 1996 年，南开大学无机化学学科脱颖而出，培养出教授 19 人、副教授 17 人、博士生导师 7 人，拥有在学博士、硕士 50 多位；建立起了新能源材料化学和应用化学两个研究所，承担"863计划"和"973计划"的多个研究项目，共取得国内外专利 30 项。

2008 年，申泮文带领的南开大学无机化学创新教学团队，入选教育部、财政部批准的我国首批国家级教学团队，成为化学教学领域的国家队。如今他的团队中有院士，还有国家级教学名师，先后获得 3 项国家级教学成果一等奖。

面对高校中渐盛的"重科研轻教学"风气，申泮文如鲠在喉，经常在各种场合呼吁:"教师要在教学改革上多用力。"

在人生的最后几年,申泮文最关注的还是教学改革,他最后承担的项目课题是关于"化学学科教育教学体系的改革"。即使躺在病床上,他依旧不断向前来探望的学校领导、同事和学生询问教学改革的进展。

申泮文曾经这样阐述他对化学这门古老学科的理解:"没有一门科学能像化学这样创造出新的物质,因此化学是一门创造新世界的科学。"申泮文教授在讲课或演讲中,经常与同学们互动,有问必答,有惑必解。他说:"我不喜欢那种鸦雀无声的课堂。因为只有在思想的碰撞中,才能溅出创新的火花!"

在人们眼中,申泮文一直是一个不保守、喜欢"赶时髦"的人。他80岁开始学电脑,90岁时在网上开通博客,成为我国年龄最大的网络写手。申泮文把博客当成"延伸出去的黑板",学生们既是他的弟子,也是他的"粉丝"。2015年9月10日,正值我国第31个教师节,南开大学为申泮文举行了一场特别的"生日会",家人、朋友、同事、学生以及学校代表纷纷从全国各地赶来为先生祝寿。

由于身体原因,申泮文未能来到大会现场,他通过视频向到场嘉宾表示感谢。他略微得意地说:"眼下,联合国教科文组织正在青岛召开国际教育信息化大会。而我是从1985年开始就在南开大学化学系开展了信息教育尝试,比联合国教科文组织推广这项工作整整早了30年!"

作为化学教育家,申泮文不仅注重培养学生的专业兴趣和学习能力,还特别强调爱国主义教育。他认为,南开学校之所以培养了无数治国良才,是与南开精神密不可分的。他经常对学生说:"我经历过抗日战争,深刻感受到爱国主义氛围对人才培养的重要性。"

申泮文是一位没有出国留学、没有博士学位的中科院资深院士,但是他积极创造条件让青年师生出国深造,参加国内外各种形式的教学培训和交流研讨。他常对学生讲:"科学技术没有国界,可是科学家有祖国,科学家的社会责任是为祖国人民谋福利。"

"我这一生就做了两件事：一个是爱国，一个是化学"

申泮文说："我这一生就做了两件事：一个是爱国，一个是化学。"

申泮文 1916 年 9 月生于广东从化，20 岁时考入南开大学化工系，1940 年毕业留校任教，此后的 77 年，申泮文从未离开过自己所钟爱的化学教育事业。

申泮文常常骄傲地说："我是南开的'土货'！"不明就里的人或许会诧异，但了解一些南开大学历史的人，都会从心底油然升起崇敬之情。1928 年，南开大学曾发生过一场全国瞩目的教学改革大讨论，最终确定：南开的发展方向应当"以中国历史和中国社会为学术背景，以解决中国问题为教育目标"，摒弃"全盘照搬西方教育"的办学模式，办出一个"土货化"的南开。

申泮文作为南开"土货"，在我国化学教育与研究领域创下了多项第一：编写出我国第一部中文化学教材，第一个引入美国科技出版物，研制出我国第一代镍氢电池，第一个在化学教学中应用计算机技术，主持完成我国第一部多媒体化学教科书软件，最早开展金属氢化物化学研究……

1959 年，申泮文响应国家号召，主动援建山西大学，担任山西大学化学系副主任，在一片空白的基础上建成了山西大学化学系。"文革"期间，他遭受迫害，但"为国家搞科研出成果"的决心愈加坚定。在许多人无所事事的情况下，他却主动寻找科研课题，为国家的经济建设默默地努力。

当时，因工业生产不足，农业化肥短缺，国家提倡用腐殖酸代替化肥。申泮文敏锐地抓住这个机会，到山西各地考察腐殖酸资源的分布，绘制成《山西省风化煤腐殖酸资源的分布图》，并研究出一整套腐殖酸的提取、检测方法。那时，学习外语常被人看成是崇洋媚外的事情。申泮文则顶着压力，公开支持学生学外语，组织师生翻译"无机合成"丛书。他把翻译工作分给英语水平参差不齐的学生，作为作业来完成。然后他再逐一批改订正。

　　申泮文还想方设法到已关闭的图书馆查阅资料，将国外的先进科学成果介绍到国内。"文革"结束后，时任南开大学校长的杨石先院士到山西大学访问，看到申泮文绘制的腐殖酸分布图和他翻译的"无机合成"著作，对他"千磨万击还坚劲"的精神大为赞赏。在杨石先的帮助下，申泮文于1978年底，以62岁的高龄回到南开大学工作。

　　申泮文一直有个梦想，就是"让中国的高等化学教育走在世界前列"。他说："这个目标要靠几代人去努力，所以培养人才是最重要的。"坚守三尺讲台，他直到90岁时还亲自给本科生授课；为了编写出"赶超国外最先进的教材"，他笔耕不辍，一生出版了总计70余卷册3000余万字的著作，堪称中国最"高产"的化学家。

　　车云霞清晰地记得当年跟随申泮文攻读博士学位时，先生给她指定的"博士论文题目"——"你把化学元素周期表给我'变'到电脑里去"。那是1997年，申泮文刚刚接触计算机，钻研多媒体编程技术，萌发了"研制出世界一流的现代化教学软件"的念头。于是他率领一批博士、硕士和本科生，运用计算机技术，对以往的教学手段进行改造。他们边学习、边讨论、边编程，编出的课件就在教学中试用。

　　经过3年艰苦努力，电子教科书《化学元素周期系》终于在2000年底由高等教育出版社正式出版，并随即获得2001年国家优秀教学成果一等奖。这套包含60多万汉字、4000多幅图片和1000多幅动画的软件，采用人机对话方式，以元素周期表为主菜单，将各种元素结构通过三维动画进行生动的演示，展示了丰富活泼的教学内容。

　　之后，申泮文又组建了分子科学计算中心，他的想法是要"打造一个教学与科学研究为一体的创新平台"，通过实验、理论、计算这"三驾马车"牵引化学学科的发展。那段时间，人们总能看到这位"白发先生"骑着一辆破旧的自行车在校园穿梭，而老人自诩的"上坡不下车，下坡不刹车"也成了南开尽人皆知的"名言"。人们感叹：这位耄耋老人哪来这么旺盛的精力？因为他们都知道，77岁那年，申泮文罹患癌症，切掉了五分之四的胃。

2005 年，申泮文入选"中国 10 位最令人感动的教师"，被誉为"我国执教时间最长的化学教师"。那一年，他 90 岁。

曾亲眼见证了祖国和母校的苦难历史，爱国的情怀早已融入申泮文的血液之中。1936 年，申泮文以优异成绩从南开中学考入南开大学化工系就读。日军发动全面侵华战争后，南大校园毁于日军野蛮轰炸，申泮文的求学生涯只得暂告中断。深受国破、校毁、辍学之痛的申泮文，深感"天下兴亡，匹夫有责"，毅然投笔从戎，南下参军。在接受紧急战斗训练后，他奉命开赴上海淞江一线参加战斗。淞沪沦陷后，申泮文随"临时大学湘黔滇旅行团"步行赴滇，进入西南联合大学。他用两年时间完成了三年的学业，于 1940 年毕业于西南联合大学化学系。抗战胜利后，申泮文受命承担清华、北大和南开三校复员返校的公物押运工作。历经一年波折，跨越 3500 公里路途，他和同伴将 300 多吨公物运回平津，为西南联大的历史画上最后一个句号。

每年新生入学，南开大学很多院系都会邀请申泮文开办"铸我南开魂"系列校史讲座，他不论多忙都从不拒绝："爱国主义教育是育人的根本，是我们教师最崇高的责任。"

这是一位精彩地走过了 101 个春秋的世纪老人。他的世界观、价值观、人生观无一不显现着中国传统优秀文化在老一辈知识分子身上的深厚积淀，他的一言一行，正是对"允公允能，日新月异"这一南开精神的完美诠释。

【记者手札】

允公允能 日新月异

申泮文十分推崇南开创校校长张伯苓先生"允公允能，日新月异"的教育思想。"这 8 个字的南开校训，告诉人们要'培养学生爱国爱群之公德，与服务社会之能力'，只有德才兼备，才是赋予大学长久创造力的精神力量，才能实现日新月异。"

对南开校训的诠释，申泮文能滔滔不绝地讲整整半天，而且举例生动，字字珠玑。他认为，一所大学不仅要传授知识，培养探究知识的能力，更要注重精神塑造，养成一种浩然之气。"知识会不断翻新，但精神却可以成为一种人文的底蕴和血脉的渊源，积淀为大学和人生最可贵的力量。"

从 1987 年起，申泮文把自己收藏的图片制作成展牌和幻灯片，每年都自费举办爱国主义教育展览，影响着一批又一批南开学子。2005 年，中国人民抗日战争暨世界反法西斯战争胜利 60 周年之际，他又亲自打印了南开大学被日军炸毁后一片废墟的照片，连同自己手书的"南开儿女奋起反抗"一并悬挂在校园里，号召大学生牢记历史，报效祖国。

南开大学化学学院 2015 级硕士研究生孙万喜充满感情地说："先生的爱国热情为'公'，先生对化学学科的贡献为'能'——先生用一生为我们诠释了南开的'公能'精神。我们年青一代一定不负重托，做一个大写的南开人。"

申泮文把自己的人生经历总结成一个公式：事业的成就=教育+勤奋+机遇+奉献，"而灵魂是祖国"。在南开校园，申泮文被师生们誉为"爱国主义教育的践行者"。他说："我们每个人都应该当践行者——我们办教育就是为了建设国家，只有每个人都爱国，国家才有希望。"

（注：申泮文先生于 2017 年 7 月 4 日逝世）

本文 2017 年 8 月 16 日发表于《光明日报》

刘泽华：名家故去，"南开学派"长存

聂际慈

◎刘泽华（资料图片）

他是一位从教 60 余年的老教师，一位党龄 60 余年的老党员，是一位"没有架子"的名师，更是一位时刻关注历史与现实的史学家。他的一生与"南开学派"紧密相连，他就是刘泽华先生。

北京时间 2018 年 5 月 8 日 15 时 28 分，这位著名史学家、中国思想史研究名家、南开大学荣誉教授，中国思想史研究领域的"南开学派"（王权主义学派）领军人物，在美国西雅图病逝，享年 83 岁。

"糊里糊涂"走进历史学

刘泽华曾自述，自己是"糊里糊涂走进了历史学"。他 1935 年出生于河北石家庄一个普通农家，只上了 4 年半小学即因内战辍学回家务农，还在"空闲时间迷上了武侠小说和武功"。1948 年冬得知学校开设补习班，刘泽华回校补习了两个月，考上了中学。

刘泽华就读的中学距离家有 15 里路，走读不易，而住校又交不起伙食费，这让他感到"痛苦至极"，于是他找班主任要求退学，但万万没想到的是，老师竟然帮助他解决了伙食费问题，这让刘泽华感激涕零。

1952 年秋，刘泽华被保送至位于天津的河北师范学院突击学俄语，他学习十分投入，一年下来，已能阅读斯大林在苏共十九大的讲演稿，并获得了专科文凭。回到中学母校后，刘泽华成为一名教师，于 1953 年秋教初中，1954 年春教高中。此时的刘泽华全力投入提高俄语水平，订阅了原版《布尔什维克》《青年一代》，并开始翻译其中的文章。

1957 年 6 月，正在石家庄市委宣传部做理论教员的刘泽华，为避免牵涉波谲云诡的政治运动，决定考大学，并在距离高考只有 15 天的报名最后期限报了名。与他同时报名的几名同事均名落孙山，而刘泽华则被南开大学历史系录取。对于选择历史的原因，刘泽华曾表示："就个人兴趣来说，我喜欢哲学，其次是政治经济学，但要加试数学，不行。文学嘛，缺乏天分，只有报历史学吧。"

1957 年秋，刘泽华来到南开这座与他一生相伴的学府，并最终留校任教，历任讲师、副教授、教授，并担任南开大学历史系主任、南开大学学术委员会委员、教育部人文社科重点研究基地中国社会史研究中心首届主任、"985 工程"三期建设重点项目"中国思想与社会创新基地"主任等，兼任国内多所高校的客座教授……

敢于顶撞"梁效"的人

1958 年，尚未大学毕业的刘泽华被提前抽调担任助教，谈到提前任教的原因，他表示这是由于"过去工作六年中我很少看电影和玩，全是集中精力学习，读理论著作，像苏联康斯坦丁诺夫的《历史唯物主义》（开始时是一章一章出版）、华岗的《辩证唯物论大纲》、冯定的《平凡的真理》，我都频频地读。大概领导认为我还有一点理论水平，又能写点文章，所以把我抽出来"。

当时，为了给时任历史系党总支书记的一名工农干部准备"历史科学概论"课程的讲稿，刘泽华进一步阅读了大量的历史学书籍。在此期间，他感到"思想史很有意思"，并发现思想史在南开历史系属于空白，于是提出增加思想史课程，并获得历史系领导支持，此后他来到广州中山大学，师从著名哲学家杨荣国先生进修，当时粮食定量少，刘泽华"饿着肚子，咬着牙把先秦思想史都读了一遍"，体重降了十几斤，又得了严重的肺结核，不得不提前返校。

回到南开后，讲授中国古代史的王玉哲先生由于患病，无法为学生上课。当时主管教学的魏宏运先生决定让刘泽华代课，而此时在讲台下的学生中，就有日后的明史专家南炳文先生。此时刘泽华进一步将研究方向确定为政治思想史，并成为来到南开任教的政治思想史专家巩绍英先生的助教和研究伙伴。他在这一时期还撰写了《荀子的重农思想》和《孔子的富民思想》两篇文章，刊登在《光明日报》上。

"文革"爆发后，刘泽华被贬入"中间组"，后又升级为"牛鬼蛇神"，遭遇抄家。1971 年，刘泽华开始主持编写中国古代史教材，1973 年写出百万余字的初稿。1974 年，当时正被下放劳动的刘泽华参加了在北京召开的"法家著作注释会议"，并在会上因坚持自己的观点，顶撞了北京大学、清华大学大批判组（笔名"梁效"）的主要负责人迟群，又上了"黑名单"。

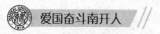

八十岁，不收笔

1976年10月，"四人帮"被粉碎，刘泽华的生活逐渐回归正轨，他又开始为史学界的思想解放积极奔走。1978年6月，史学规划会议筹备会在天津召开，刘泽华作了题为"打碎枷锁，解放史学"的发言，并发表在《历史研究》上。当年下半年，他还与同事王连升合写了《关于历史发展的动力问题》一文。1979年3月，全国史学规划会议在成都召开，刘泽华再次在大会上发言。这些文章、发言让刘泽华和史学界逐渐"从教条主义束缚中向外蠕动出来"。

而此时，让刘泽华最"得意"的是，他通过对战国时期的社会等级与身份进行系统的、全面的考察，发现了战国的"授田制"。1978年《南开大学学报》为此开辟专栏连续发表有关研究成果，开栏首篇文章就是刘泽华写的《论战国时期"授田"制下的"公民"》。经过20多年的学术验证，学界公认战国的"授田"是一个"大制度"，而刘泽华的这篇文章则是这一领域研究的发轫之作。

1979年，44岁的刘泽华晋升副教授，后又晋升教授。他在20世纪80年代担任南开大学历史系主任，这一期间他力排众议，主持开设了"文革史"课程，开全国高校先河。

刘泽华在80岁高龄仍在讲台上为学生讲课，他表示："只要我的身体允许，不拟收笔"，而他也正是这样做的。

2012年，刘泽华被授予"南开大学荣誉教授"称号。2014年，由刘泽华主编的《中国政治思想通史》发布，该书共9卷、总字数逾530万字，是国内首部完整、全面、系统介绍中国政治思想的通史著作，是以刘泽华为代表的一批学者经过30年的摸索与积累的智慧结晶。中国人民大学出版社社长李永强在新书发布会上高度赞扬了这部著作，表示这是一项重要的学术精品工程，是一部经得起历史检验的作品。

2017年，刘泽华自传《八十自述——走在思考的路上》出版。该书总字数约35万字，详细记录了刘泽华人生的各个阶段，以及他的学术心路历程。

直至今年 5 月 10 日，刘泽华的作品仍在《今晚报》刊登，而此时他已溘然长逝，这些文章成为刘泽华的遗作……

"南开学派"的一面旗帜

纵观刘泽华的学术生涯，都与政治思想史密不可分，他认为"政治思想史是中国历史的灵魂"，而围绕政治思想史研究，刘泽华提出了"王权支配社会""王权主义是传统思想文化的主脉""中国传统政治思想是一种'阴阳组合结构'"等命题和论断，并带起了一支专业素质较高的中国思想史研究团队，他们有着鲜明的学术个性、重要的问题意识和强烈的现实关怀，被学界称为"王权主义学派""南开学派""刘泽华学派"等，而刘泽华则被誉为"南开学派"的一面旗帜。

刘泽华认为，王权主义是中国政治思想的一个重要传统，可以此作为分析整个中国历史的一个基本思路与框架。在这一框架下，皇帝制度是王权专制主义体系的核心，帝王控制了宗教、宗法、真理（道）、理性、秩序的制高点，并具有无所不包的综合性最高权力。统治阶层是王权配给的产物，同时王权支配了思想和仕途，绝大多数士人也是王权的附属物。

在刘泽华看来，王权主义有三层含义。一是指以王权为中心的权力系统，二是指以这种权力系统为骨架形成的社会结构，三是指王权至上的观念体系。这种王权是基于社会经济又超乎社会经济的一种特殊存在，是武力争夺的结果。总而言之，王权支配社会。

研究王权主义的刘泽华也在高度关注现实，他认为，历史学应关注"命运"问题，时代的发展会促使人们反思历史，而反思是为了更好地面向未来。

刘泽华的学术思想不仅对国内史学界产生了重要影响，也走上了国际学术舞台，让南开大学的中国政治思想史研究成为具有重要国际影响力的学术品牌。刘泽华所著《中国传统政治思想反思》及其主编的三卷本《中国政治思想史集》在韩国翻译出版。著名的 *Contemporary Chinese*

Thought（当代中国思想）杂志，于 2014 年将刘泽华先生的 6 篇代表性论文译成英文，以专栏形式予以推介，《中国的王权主义》一书也在译介之中。

而当谈起"南开学派"，刘泽华则认为，学派是自然形成的，他从来没有建立学派的想法，也从来没有要求学生必须接受他的观点。他在团队里奉行的是学术自由，互相尊重学术个性。他们这一学术群体是"王权主义反思的一群人"，反思当中可以进行肯定，也可以进行批评。至于说是不是一个学派，需要每个人自己来决定。

桃李不言，下自成蹊

在朋友眼中，刘泽华是一名值得尊敬的人。在同事眼中，刘泽华是一名有个性的学者。在年轻人眼中，刘泽华是一名没有架子的"先生"。而在他的学生眼中，刘泽华是把每一个学生都装在心里的恩师。

南开大学周恩来政府管理学院教授孙晓春是刘泽华的学生，他回忆在刘泽华 80 岁寿辰时，学生从天南海北回到南开为先生祝寿。这个活动也是一场学术座谈会。会上，刘泽华回顾了在场每一个学生的学习经历，无论是博士还是硕士，对其考学过程、所作毕业论文题目的内容等，他都如数家珍，娓娓道来。

"令人敬佩的不只是先生超人的记忆，更重要的是，每一个学生都装在先生的心里。"孙晓春说。

出版于 1988 年的《竞争·改革·进步——战国历史反思》是天津师范大学历史系教授李瑞兰的首部著作，也是她与刘泽华的合著作品。她表示，"先生以先进携后进的大儒胸襟，将对战国改革的穿透性思考倾心授我，使我常有'听君一席话，胜读十年书'之感！先生是我在南开的第二导师"。

南开大学历史学院教授孙立群回忆，1975 年他留在南开历史系中国古代教研室任教，时任教研室主任的刘泽华曾给予他非常多的鼓励和帮助。"鼓励我上讲台，鼓励我参加写作。我的第一门课，刘先生亲自来听课。"孙立群还记得，当时刘泽华一再鼓励他"在学校就得上课"。正是在这种精神激励下，孙立群整整 40 年没离开过课堂。

"南开大学有我特别景仰的学者，其中一位是刘泽华先生，他是我国政治思想史上继杨荣国之后的一面旗帜。"著名剧作家、历史学者刘和平对刘泽华敬仰有加。2007 年，当刘和平的剧作《大明王朝 1566》开播时，刘泽华表示："和平很有抱负，总想为我们的民族写点新东西，我认为，在这部作品里，他做到了，他确实为我们的民族和历史争得了一份荣誉。"

刘泽华的学术魅力在国际上不仅在"走出去"，也在"引进来"。

斯人远去，学脉长存

刘泽华总说自己是一个"糊涂的人"——糊里糊涂走进历史学，书房也曾悬挂"难得糊涂"的书法，2009 年在纪念郑天挺先生 110 周年诞辰暨中国古代社会高层论坛上，刘泽华更是笑称自己已经"老糊涂了"，而在这"糊涂"之中，刘泽华却从未停止过对历史与现实的思索。

刘泽华的书房曾是南开大学北村的"再思斋"，满墙的书架"顶天立地"，上面排满了书，被他的学生戏称为"刘家庄"。"庄"的意思是"土"，书房也像农家一样讲究实用，他自己也曾表示自己"自始至终，都只是个农民"。2000 年，刘泽华搬到南开大学西南村居住，为庆贺乔迁新居，范曾先生送来一幅画，画的是"巢由洗耳"，于是他的书房又成了"洗耳斋"。刘泽华希望让人理解"洗耳"的真实含义：既是"洗耳恭听"的谦和，也是表达自己不容尘俗，对学术初心的坚守。书房里有数万张卡片，是他一辈子读书的结晶，他看得很重。

南开大学历史学院教授李冬君曾师从刘泽华。她记得刘泽华的书房曾先后挂过三幅字，最早是"神与物游"，此后换了"难得糊涂"，后来又换成了"死猪不怕开水烫"。刘泽华曾问学生们哪一幅境界最高，大家都认为是"神与物游"，刘泽华则说："差矣！"并指着"死猪不怕开水烫"说，"是它！"这让李冬君觉得："这一震撼，如雷贯耳，余威未尽，至今仍在心中留下波澜……"

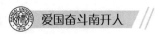

刘先生走了，留下桃李满园。

南开大学在以学校名义致刘泽华先生家属的唁电中表示，先生一生潜心史学、勇于作为，关注现实、重视反思，学问扎实、著作等身，在中国思想史领域勤勉耕耘，终成一代学者楷模；先生一生传道授业、桃李芬芳，为我国史学发展培养大批人才，为南开大学历史学的不断发展作出重要贡献；先生一生学为人师、行为世范，襟怀磊落、志趣高远，他的逝世是我国史学界和教育界的重大损失。他的品德学识永远值得我们学习和怀念。

南开大学历史学院院长江沛认为，刘泽华先生体现出一位真正史家应当具备的责任感，是为真理、道义勇于担当的学者楷模。

刘泽华的挚友、南开大学文学院教授宁宗一表示："刘泽华在很多事情上指点了我，我追随他的思想，很多青年也相信他的史学思想，这是了不起的，他得到了尊重，也是南开的光荣。"

2017年，刘泽华曾在访谈中谈到王权主义与社会形态等问题的再思考，以及今后政治思想史研究中值得关注的问题。而今，这些思考只能由学界的后来者继续思索了。

刘泽华先生走了，但他的思想长存。大师虽然远去，但"南开学派"将一直是中国政治思想史研究的一支劲旅。

（注：刘泽华先生于 2018 年 5 月 8 日逝世）

本文 2018 年 5 月 17 日发表于南开新闻网

倪庆饩：独辟"译"径 乐以忘忧

韦承金

◎倪庆饩在家中（韦承金 摄）

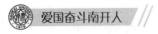

【人物小传】

倪庆饩，著名翻译家，南开大学英美文学教授。1928 年出生，湖南长沙人。1949 年毕业于曾被誉为"东方哈佛"的上海圣约翰大学。1947 年开始从事翻译工作，翻译发表了希曼斯夫人的诗《春之呼声》、契诃夫的小说《宝宝》等。毕业后先在北京某对外文化交流部门工作，后任教于湖南师范学院中文系、外文系，20 世纪 70 年代末调入南开大学公共外语教学部任教后重拾译笔。尤其擅长诗化散文翻译，出版译著《史蒂文森游记选》《英国浪漫派诗选》《小泉八云散文选》《绿厦》《诗人漫游记·文坛琐忆》《鸟和人》《苏格兰旅游回忆》等 20 多部。在中国翻译史和英美文学研究方面亦颇有建树，发表论文多篇。

毫无疑问，如果没有倪庆饩先生的译介，许多英国文学大家的散文经典，中国读者至今都不能读到。

《诗人漫游记·文坛琐忆》（威廉·亨利·戴维斯）、《鸟和人》（威廉·亨利·赫德逊）、《苏格兰旅游回忆》（多萝西·华兹华斯）、《水滴的音乐》（阿尔多斯·赫胥黎）……耄耋之年的倪庆饩先生，还在源源不断地推出一部又一部新的译作。他的译作近几年引起读书界越来越多的关注，《读书》《中华读书报》《文汇读书周报》《中国图书评论》《羊城晚报》等报刊都发表了评介文章。

虽然堪称"译作等身"，然而广大读者对"译者倪庆饩"仍不甚了解。对于这位曾被学者喻为"南开的门面"甚至"中国翻译界的劳模"的教授，在其工作、生活了几十年的南开园，也没有多少人注意他。所以寻访倪庆饩先生颇费了一番周折，打了几个电话，均被告"查无此人"。这令我心中不由生出"寻隐者不遇"之感。

七拐八拐，才终于联系上倪先生。穿过南开大学西南村的几条小巷，在一排白蜡树后面有一栋年代久远的四层红砖老楼，老先生便住在这里的三楼。起居室兼做书房，陈设十分简朴，虽是水泥地，但十分干净利索。

整一面墙的大书架，在没有书架的那面素白墙上，点缀着的一两幅油画，连同那窗前的摇曳树影，颇为这间略有些幽暗的老屋增添了几分灵动的自然之趣。

老先生神态朴素而清俊，不太善于言辞，但我们话题切入“翻译”时，他却开始侃侃而谈……

从“译”之由

倪庆饩最早发表的译作是希曼斯夫人的诗《春之呼声》，1947年刊发于上海《中央日报》副刊上。那年，他正就读于有“东方哈佛”和“外交人才养成所”之称的上海圣约翰大学。当时倪庆饩虽年仅19岁，但已经接受了多年的古典英语的熏陶——从圣约翰大学附中到圣约翰大学，倪庆饩一直接受的是全英文授课。

在圣约翰大学英语系，倪庆饩上得最多的课是文学课，“课程都是按专题设立的，如莎士比亚专题课、英诗专题课、小说专题课等，系统而深入地介绍英语语言文学史上的那些重要作家及其作品”。

教课的多是美籍教师，也有从中国北方的大学转到上海圣约翰大学教书的著名教授，如王文显、司徒月兰等。王文显曾任清华大学代校长、外国文学系主任，是中国现代戏剧的重要先驱之一，曾有学者认为当年曹禺从南开转学到清华，一半是因为王文显。而司徒月兰则是在教育界享有盛誉的英美文学家、南开大学英语系的奠基人。“司徒月兰教过我的英语基础课，她的英语发音挺好听的，讲得地道而流利。王文显教的是莎士比亚专题课，他讲课不苟言笑，然而有一种温文尔雅。而英诗、小说这些专题都是外籍教师教，他们的英语素养就不用说了，真是原汁原味。”这样的学习条件，让喜欢文学的倪庆饩如鱼得水。

对文学尤其英国文学的深深喜爱，使倪庆饩有一种愿望——通过翻译来检验自己的学习所得，并以此与他人分享英国文学之魅力。虽只是“学而习”的尝试，但他大学时的译作却时而能见诸报端。

1949年大学毕业后，倪庆饩曾在北京短暂任职于某对外文化交流部门，后因患肺病而被迫离职回老家养病。1953 年，他到湖南师范学院任教，在中文系教外国文学。十余年的教学与研究，让他"打通"了欧洲文学史的"脉络"，这对文学翻译工作来说是一个极为重要的视野之基。

教学之余，他也偶尔从事一些翻译工作，但都是"零碎不成规模"的。正当倪庆饶想在翻译方面进一步"扩大规模"时，"文革"使他不得不暂时放弃——他在中文系教的外国文学课被批判为"公然宣扬资产阶级人道主义"。当时他觉着自己很委屈："像雨果、狄更斯作品的价值，便在于人道主义精神，但当时讲这些，都是'犯错误'的，那就真是没法讲了。"

于是，只知道温文尔雅，还喜欢在课堂上高谈阔论人道主义，而不知"阶级斗争"为何物的倪庆饶，只得转到英文系教语法了。虽然起初中文系的学生仍然到外文系来批判他，但那些枯燥的"主语、谓语、宾语、动词、名词……"逐渐为他筑起了临时"避风港"。

倪先生重拾译笔，是在 20 世纪 70 年代末期调到南开大学外文系任教之后。改革开放带来了文艺的春天，初到南开，他便开始在教课之余做一些翻译工作，当然，只是"试探性的"，因为"还是怕又挨'批判'"，所以难免"有点战战兢兢的"，都是以零散的短篇为主。

倪庆饶先生虽然很低调，但还是引起了同事的注意。经同事张镜潭教授介绍，他认识了著名诗人、学者、南开大学原英文系主任柳无忌先生。柳无忌先生曾于 20 世纪 30 年代以 26 岁的年龄任南开大学英文系教授，一年后任系主任，他延聘多名留美人才来南开任教，彼时南开英文系阵容之强，可与国内任何一所一流大学匹敌。20 世纪 40 年代末后，柳无忌先生虽一直客居美国，然而一直心系南开。70 年代后他曾多次回国，专程来南开会晤亲朋好友。

柳无忌先生对倪庆饶的译才很重视，20 世纪 80 年代他主编的《英国浪漫派诗选》，其中"雪莱诗选"与"济慈诗选"的翻译，便由倪庆饶、周永启共同承担。柳无忌先生深受英国浪漫派诗人（特别是雪莱）的影响，他在耶鲁大学获得英国文学博士学位的论文题目便是"英国浪漫主义诗人雪莱"，由倪庆饶来翻译雪莱，可见其对倪的赏识。

在南开崭露头角的倪庆饩教授，很快引起时任南开大学中文系主任的著名学者朱维之先生的注意。他称赞倪庆饩是"年富力强的英文教授""有丰富的教学和翻译经验""译笔清新自然，足见功力"，并多次为倪庆饩的译著作序。

爱才心切，朱维之先生提出将倪庆饩教授从公共外语教学部调到中文系工作。但考虑再三之后，倪庆饩觉得自己是拙于应付人际关系的那一类人，来到南开大学公共外语教学部之后，好不容易才刚与周围同事熟悉起来，此时若是调到中文系，势必又要花很多精力来处理人际关系，这太折腾了。

因此，倪庆饩虽然很感激朱先生的赏识，但最终还是婉言谢绝了他的美意。"我就想凭自己的业务水平站稳南开的讲台，不想出什么风头。"他只想在教学之余安心读些书，搞搞翻译。

独辟"译"径

相比退休前的"小打小闹"，1989 年退休后，他的文学翻译水平可谓"勇猛精进"。日积月累，倪庆饩先生至今已出版译著 20 多部。

细心的读者发现，他的翻译并非"东一榔头，西一棒槌"的"任性"，而是自成体系的——他的翻译对象主要是英国 19 世纪到 20 世纪初的经典散文作品，他尤其擅长翻译"自然书写"的诗化散文。在当今世界盛行的生态思潮中，这些作品的价值日益得到彰显。而倪庆饩在许多年前就选择这类作品翻译，并逐渐形成自己的"译作系统"，足见其眼力之独到。

可以说，许多英国作家的散文经典，是经过倪庆饩的翻译，才让中国读者渐渐有了深入了解的。就算别人一时难以理解，倪庆饩仍对自己所做工作的意义有着清醒的认识。比如他在《格拉斯米尔日记》中文版序言中，不仅为多萝西·华兹华斯在文学史上作出了定位："英国浪漫主义文学的先驱和奠基者，在诗歌方面是威廉·华兹华斯（1770—1850）和塞缪尔·柯尔律治（1772—1834），在散文上筚路蓝缕，则华兹华斯的妹妹多萝西（1771—1855）功不可没。英国 18—19 世纪的女作家中，和简·奥斯汀、勃朗特姊妹、乔治·艾略特相比，由于我国缺乏介绍，她的光华不如她们耀眼，但她同样是一颗永放光芒的恒星，则是没有疑义的。"甚至以文学史家的远见卓识高度概括英国散文史："在英国文学史上散文的发展，相对来说，较诗歌、戏剧、小说滞后。如果英国的散文以 16 世纪培根的哲理随笔在文学史上初露异彩，从而构成第一个里程碑；那么 18 世纪艾迪生与斯蒂尔的世态人情的幽默讽刺小品使散文的题材风格一变，成为第二个里程碑；至 19 世纪初多萝西·华兹华斯的自然风景散文风格又一变，开浪漫主义散文的先河；随后至 19 世纪中叶，兰姆的幽默抒情小品，赫兹利特的杂文，德·昆西的抒情散文分别自成一家；此后大师选出，加莱尔·安诺德、罗斯金等向社会与文化批评方面发展，最后史蒂文生以游记为高峰，结束散文的浪漫主义运动阶段，是为第三个里程碑；至此，散文取得与诗歌、戏剧、小说同等的地位。"

大概每一种成功的背后，都有一份鲜为人知的艰辛。20 世纪八九十年代电脑还没普及，所有的译稿倪先生都是逐字逐句地手写。译完后，再逐字逐句地抄一份投给出版社。出版过程也不是那么轻松，有些译著甚至多次辗转历经十几年才能够最终出版。

比如 1984 年翻译完成的史蒂文生《巴兰特雷公子》，倪庆饩先是交给百花文艺出版社，本来已经通过了审核，将要排版时由于该出版社人事变动，又把它搁置下来了。后来，这部译著得到著名作家、翻译家李霁野先生的推荐而寄给另一家出版社，但编辑复信称，该出版社只出版现当代作品，古典的东西不列入计划。于是，这部译著躺在书桌里沉睡了十年，直到 1995 年才得以在百花文艺出版社付梓。

20 世纪 90 年代，倪庆饩就开始陆续翻译英国杰出散文家威廉·亨利·赫德逊的散文，但赫德逊的《鸟和人》直到近几年才等到它的"知音"。早在 1935 年，中国著名作家李广田在他的《画廊集》中，专文写到赫德逊和他的这本书（《何德森及其著书》）。机缘巧合，于 2010 年出版《李广田全集》的云南人民出版社，想找合适的译者来翻译此书。他们通过李广田的后人，找到了最合适的译者。此时，让他们惊叹的是，《鸟和人》的手写译稿已在倪庆饩先生的案头寂寞地躺了很多年，像是专门等着他们的到来。拂去封尘，2011 年，化身汉语的《鸟和人》终于与东方读者见面。

2011 年对倪庆饩先生来说，可谓是丰收的一年。除了赫德逊的《鸟和人》，倪庆饩先生还有另外三种译著出版：威廉·亨利·戴维斯的《诗人漫游记文坛琐忆》和多萝西·华兹华斯的《苏格兰旅游回忆》《格拉斯米尔日记》。这四种译著引起了中国文学界、读书界的重视。

中国社会科学院文学研究所编审祝晓风在《读书》杂志（2012 年第 5 期）发表了题为"英国散文的伟大传统"的文章，认为这四种译著"可谓之曰 2011 年中国散文界或曰文学出版界'倪译英国散文四种'"。

著名英美文学研究专家和翻译家朱虹曾认为，除了诗歌、戏剧、小说传统，英国还有着伟大的散文传统，其丰富是难以简单概括的，"但若要指出一个主要特点，也许英国散文的嘲讽精神值得我们特别重视"。

而祝晓风在《英国散文的伟大传统》中则认为，读了多萝西·华兹华斯、赫德逊、戴维斯等人的散文，会感到有另一个散文传统，也贯穿在英国文学中，而其同样可称得上是伟大的。或者说，这也是英国散文之伟大传统的重要的一部分，"这些作品从另一个大的角度描述了另一个英国，表达了作家们对自然的一种态度，同时也表达出对人本身的态度。这种态度，这种表达，就是他们的生活方式，就是他们的价值观。而从另一方面讲，因为他们热爱自然，与现实社会保持一定距离，这样才获得了一种反观社会、反观人性的立场，获得了一种反观的支点，才可能有一种超脱的气质。尽管未必是他们这些作家来直接地完成一种对社会、对现实的'嘲讽'，但这种精神气质为英国散文赢得了一种洒脱的精神，而从某种意义上说，他们对自然的热爱，对四季美景的审美，甚至对鸟的亲近，其本身未尝不可以就看作是对现实的一种温和的批评。热爱自然、审美自然，与'嘲讽'社会、批判人性，从大的文学传统来说，其实是相关联的"。

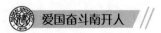

"译"近乎道

许多读者读了倪庆饩的译著深受启发，常常写了书评发表在文学和读书类报刊上。其中，有一名读者在《中国图书评论》上发表的一篇书评对倪庆饩翻译的《格拉斯米尔日记》这样评论："读这部日记，可以使我们在喧嚣的世界中感到一些清静和爽逸，可以使心灵在物欲横流的时代得到一种净化与抚慰。应该说，多萝西给我们纷繁躁动的现代生活提供了某种借鉴：我们似乎忘记了还可以从大自然中获得意义和启示，从而对抗庸俗、畸形、冷漠的城市生活，保持心灵的健康与安宁。"

当然，直到现在，更多的读者并不一定注意到"译者倪庆饩"，而只是关注译著本身的内容，但倪庆饩对此并不介意。他认为翻译本身是一个幕后工作，译者并不需要很大的公众知名度。

从事这样默默无闻的"幕后工作"，获得的物质回报实在是微不足道的。少得可怜的稿费"不足为外人道"。而在现行的大学评价体制下，翻译乃至文艺创作都不算"科研成果"，不能成为业绩考核和职称晋升的条件，因此不能借此获得优厚的"科研经费"。

从所居住的老房子来看，倪先生的生活条件并不太好。诚如著名艺术史学者、翻译家缪哲多年前所言，倪庆饩先生"以译介英国散文为职志，七十好几了还愁米盐，然其志不辍"。

但在倪庆饩先生看来，为志业而执着求索，虽苦亦甘甜。翻译威廉·亨利·戴维斯的《诗人漫游记·文坛琐忆》给倪庆饩的启发是：一个身患残疾的穷诗人也可以从徒步旅游中找到乐趣和朋友。"我同意他的观点：要使人快乐，需要的东西其实是那么少。"而洋溢在史蒂文生《驱驴旅行记》中的热爱生活、不畏艰险的精神，使倪庆饩"自愧弗如又受到鼓舞"。

也许翻译侦探类、时尚类的作品能获取丰厚的稿酬，但他向来不屑于此。因为对他来说，如果翻译过程中无法获得精神的滋养，稿酬再多也是得不偿失的。这让人不禁想起《论语》中"一箪食，一瓢饮，在陋巷"的颜回，"人不堪其忧，回也不改其乐"。

著名诗人、翻译家余光中曾说："读一本书最彻底的办法，便是翻译。"倪先生对此深有同感，对他来说，一部又一部译作的行世，也标志着自己完成了一次又一次"深阅读"的心灵之旅。

多萝西在《格拉斯米尔日记》中描绘了格拉斯米尔湖畔的湖光山色，其中有这样一段："向远处望去，在阳光下飞翔的乌鸦变成了银白色；当它们向更远处飞时，就像水波荡漾似的在绿色的田野上滚动……"如此灵动的文笔，清新而自然，仿佛诗中有画。每个词句看起来都很简朴，甚至是口语风格的，但组合在一起却能体现出一种诗意来。

虽然阅读的过程很"享受"，但翻译的工作并不像有些人想象的那么容易。碰到《格拉斯米尔日记》这样"词浅意深"的作品，倪庆饩先生从未敢掉以轻心。有些作品甚至近乎口语风格，其词汇与句式看起来比书面语要普通平易，但要译得"如闻其声，如见其人"确非易事。"比如'girl'这个词，书面语可译作'女郎'，或通译为'姑娘''女孩'，口语则可译成'闺女''妞''妹子''丫头''姐儿'等，但文学作品中的口语不完全等同于生活中的口语，是经过作家加工的口语，翻译如果在文体风格上也能跟原文吻合，就称得上是传神的译文，优秀的译作。"倪庆饩先生说。

倪先生觉得，对于翻译来说，"火候"十分重要，"译文读起来不能完全是洋文那样的味道，必须有中文的流畅凝练，但又不能完全地'意译'，要保留点'洋味'，这样才耐品——这个分寸的把握是十分重要的，又是十分的难"。

他认为好的翻译家必须具备很高的中文功底和文艺素养，诚如傅雷所言："一个成功的译者除钻研外文外，中文亦不可忽视……译事虽近舌人，要以艺术修养为根本：无敏感之心灵，无热烈之同情，无适当之鉴赏能力，无相当之社会经验，无充分之常识（即所谓杂学），势难彻底理解原著作，即或理解，亦未必能深切领悟。"

"很多时候，东西方历史上的那些优秀文学作品在精神层面是相通的。要提高自己的翻译水平，一定要读中国古诗文。那些丰富而凝练的词句，在翻译中随时可以派上用场。"倪先生喜欢读苏东坡、归有光、梁启超等的诗文。其实早在圣约翰大学念书时，他就选修了中文系的一些课程，如"中国文学史""杜诗研究"等。

有了这样的中文功底，倪先生在翻译外国文学时才能做到"游刃有余"。正是基于此，柳无忌先生才郑重地将其在北美具有广泛影响的英文著作《中国文学概论》（*An Introduction to Chinese Literature*），交给倪庆饩翻译成中文。倪先生至今还珍藏着柳无忌当年在美国收到译稿之后的复信。柳先生在信中说："《中国文学概论》译稿在阅读中，文笔畅通流利，至佩。现尚未读完，惟根据所阅各章，并无问题……"

虽然倪先生翻译的对象都是自己所喜爱的作家的作品，但他并非对其一味赞美，对其得失，他有自己的主见。比如，他对卢卡斯的看法是："他写得太多，有时近于滥，文字推敲不够，算不得文体家，但是当他写得最好的时候，在英国现代散文史上占有一席地位是毫无疑问的。"而对于自己十分推崇的小泉八云（原名拉夫卡迪奥·赫恩），倪庆饩认为："我并没有得出结论说赫恩的作品都是精华，他的作品往往不平衡，即使一篇之中也存在这种情况，由于他标榜搜奇猎异，因此走向极端，谈狐说鬼，信以为真，这样我就根据我自己的看法有所取舍。"

正因为眼界高，所以倪庆饩先生时常感叹"'译'海无涯"，每当翻看自己从前的译作，他总能发现不足，于是他总没法"消停"下来。

在长期的外国文学教学和翻译实践中，倪先生还开辟了一条属于自己的学术研究道路，他的研究方向侧重于中国翻译史。"中国翻译史是个冷门的研究方向，很少有人问津。但我觉得通过这个角度可以管窥中外文化交流的历史及其当代意义。"倪庆饩颇有远见地说。在这方面他曾发表过《我国历史上翻译制度的演变》《晚清翻译概略》《明清之际我国的科技翻译》《严复的翻译理论与实践》等多篇论文。

闲时，倪先生喜欢听舒伯特、贝多芬的音乐，欣赏莫奈、毕沙罗、西斯莱等印象派画家的画册。他觉得，文学与音乐、绘画确是相通的，能够直抵人性的本真。最近他还着手自学德语，仅仅因为喜欢读海涅的诗：

"虽然冯至的翻译很好，但我还是喜欢读原作。"

临别时，倪先生赠给我今年出版的一期《散文》（海外版）双月刊杂志，这本杂志有个栏目叫"海外佳作赏析"，该期赏析者是百花文艺出版社原副总编辑、著名作家谢大光先生，他所赏析的是布罗斯的《四月的气息》和小泉八云的《草百灵》。

谢大光所赏析的这两篇散文，译者分别是"林荇"和"孟修"。

"'林荇''孟修'一般人都不知道是谁。"倪先生稍微顿了顿，脸上露出一丝神秘而自得的微笑，"其实那都是我的笔名。这两个笔名我用了好多年。我还用过别的一些笔名，有的因为长时间不用，连我自己都忘掉了……"

（注：倪庆饩先生于 2018 年 6 月 2 日去世）

本文发表于《博览群书》2015 年第 8 期

王宏印：文海漫游　播种真知

蓝芳

◎王宏印（资料图片）

王宏印教授未能见到自己的获奖证书。

笔耕不辍 40 余载，出版文字约 2000 万字，这位事迹载入《中国社会科学家大辞典》（英文版）、《中国教育专家名典》（国际版）、《中国翻译大辞典》的著名中外文化典籍翻译家不久前刚获得了由中国翻译协会授予的"资深翻译家"荣誉称号。

然而令人遗憾的是，生命的寒冬悄然而至，时间最终定格在了 2019年 12 月 17 日：王宏印教授走了，享年 66 岁。

12 月 28 日，南开大学外国语学院为王宏印教授举办追思会。在近150 名师生亲友的见证下，外国语学院院长阎国栋教授郑重地将"资深翻译家"的荣誉证书转交到了王宏印教授夫人手中。众人真情流露，忆起与工宏印教授的生前点滴，缅怀这位著作等身的学者、甘为人梯的良师，共同讲述了一位把做学问视为人生追求的学人的一生。

"翻译未必要资深，自古青年出才俊。译坛代有名译出，融通中西师严林！"彼时，病榻上的王宏印教授曾在获奖后写下这首小诗共勉后学。

译林初心 乐此不疲

王宏印教授 1953 年生人，笔名朱墨，陕西华阴人。1976 年毕业于西安外国语学院，直至去世前的 43 年间一直从事翻译研究与教学工作。

以跨文化研究为基础，他学术涉猎广泛，主要从事中外文学文化典籍翻译与中西翻译理论的教学和研究，兼及人文社科类比较研究与文学评论，是一位已出版书籍 70 余部、发表核心论文 100 余篇的"高产"学者和学术带头人。

多年来，王宏印教授撰写了一批具有代表性的学术论著、译著、编著，包括《红楼梦诗词曲赋英译比较研究》《诗品注译与司空图诗学研究》《长安译论》《穆旦诗英译与解析》《中国传统译论经典诠释》《中国文化典籍英译》《世界文化典籍汉译》《中外文学经典翻译教程》《哈姆雷特》《诗人翻译家穆旦（查良铮）评传》《西北回响：汉英对照新旧陕北民歌》《中华民族典籍翻译研究概论》等书籍，以及《让世界共享中国优秀传统文化资源：〈古诗文英译选析〉编写原则与教学思想》《探索典籍翻译及其翻译理论的教学与研究规律》等论文。

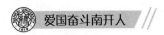

"我们几年出一本书或一年出一本书，王老师能够一年出三四本书。"旺盛的求知欲和创作热情，令他无时无刻不文思泉涌，学生们直言这是一位时刻保持好奇心而不会"变老"的老师，是一位永远愿意尝试新事物的浪漫主义者。

学术之余，他兴趣爱好广泛，对书法、音乐、绘画等颇有造诣，仅乐器就会吉他、笛子、二胡、箫、埙等。同时，他还进行诗歌、散文、小说和戏剧创作，出版有《彼岸集：旅美散记》《朱墨诗集》等。

"有一天下午我去找他，他说自己玩儿了一下午。结果所谓的'玩儿'就是在电视上看到张惠妹唱《听海》，他非常感动，于是就把歌词翻译成英文了。"南开大学校友、西安外国语大学教授李林波认为，自己恩师的不少学术成果正是这么"玩儿"出来的，这也在王宏印教授的一些文字中得到了印证："从事民歌翻译，还有一个最大的契机，从陕西刚调到天津时，有半年多时间我独自一人在南开大学，对家乡的思念情结需要一种情感寄托，于是很自然地开始搜集、整理、分类，进而翻译陕北民歌……我翻译的方法主要是找质量不错的带子，一边播放带子观看画面，一边记录歌词，这样有当场的音乐节奏感，会比阅读书本上的歌词效果好些，然后翻译时尽量照顾乐感。"

源于思乡情结的小试牛刀，2009 年《西北回响：汉英对照新旧陕北民歌》出版，随后王宏印教授开启了系统翻译民歌之路，《中国古今民歌选译》《英国诗歌选译》等佳作陆续有来，他还把民歌翻译纳入了自己典籍翻译的体系中。

"对于我的莎剧英译和英美诗歌汉译都有重要影响。如莎剧中的民歌，我的英译采用民歌体，而不是前人翻译时采用的文人创作体。这在莎剧英译中是个很明显的突破。"王宏印教授曾表示，对中外民歌的搜集和翻译的关注，帮助他提升了语言锤炼能力和翻译修养。

生活点滴皆学问，兴趣爱好皆养分，王宏印教授治学乐不思蜀。曾有人问他难道学术不枯燥吗，王宏印教授一言以蔽之，"子非我，安知我不知鱼之乐？"

三尺讲台 作育桃李

"古今中外的旁征博引，文史哲的自由出入，理论关照与实践渗透，皆汇于对翻译的学术洞察。"南开大学校友、鲁东大学外国语学院副教授王晓农至今难忘初次聆听恩师讲座时的情景。"他是一位学贯中西、横跨多科的学者，一位才华横溢的文学翻译家和诗人，也是一位深谙心理学和教育学的教学名师。"

2000 年，王宏印教授离陕入津，调入南开大学，事业得到进一步发展。

他先后担任外国语学院英语系主任、博士生导师，外国语学院翻译研究中心副主任，南开大学外国语言文学博士后科研流动站站长，长期在教学一线为研究生开设跨文化交际学、世界名作汉译选析、中国传统译论现代诠释、文学翻译评论与诗歌翻译鉴赏等课程。

"18 年前，我还是一名研究生一年级学生，听闻院里新调来了一位老师给大家上'世界名作汉译选析'，特别期盼。"南开大学外国语学院翻译系副教授商瑞芹的记忆中闪现了一段画面，"王老师给我们讲的都是柏拉图、亚里士多德、洛克、休谟、亚当·斯密等的名著。我们才知道，在他的教材里和课堂上，讲的不只是文字的对译或翻译技巧，而是一场思想盛宴。在他的指导和帮助下，我把学术方向从英美文学转向了文学翻译"。

追思会上，王宏印教授的 30 余位师生亲友发言，最令大家难忘的，还是三尺讲台上那个没有著名学者的架子，妙语连珠、启智开慧的"王老师"。

"那是 2011 年的暑假，我们联合北京大学等高校搞了一个 MTI 大讲堂。当时条件没这么好，外国语学院四楼顶楼的教室很炎热，没有制冷设备。王老师给学生们讲跨文化交际和典籍翻译等，经常是从早上 8 点开始一直讲到中午 12 点半。好几次是我怕他身体吃不消，临近下课打断了。"在外国语学院翻译系王传英教授的回忆里，王宏印是对学生倾囊相授而滔滔不绝的王老师。

作为学术带头人，王宏印教授还兼任全国翻译硕士专业学位（MTI）教学指导委员会委员、教育部英语教学指导分委员会委员、中国英汉语比较研究会副会长、中国典籍翻译研究会会长、中国跨文化交际学会常务理事、天津市政府学位委员会学科评议组成员、西安外国语大学"特聘教授"和丝绸之路语言服务协同创新中心名誉主任、《国际汉语诗坛》艺术顾问等。

于是，他成了亲友眼中行色匆匆的"大忙人"，平日里如此、七年前大病初愈后如此、2018 年退休后亦如此，只要身体状况不算太差，他就总是日程满档。

"这些年来，每一场硕士生、博士生论文答辩会上，我们都会看到王老师越来越瘦削的身影。对于全国各地高校的邀请，众多弟子的邀请，他总是不顾车马劳顿，有求必应，全力以赴。"外国语学院院长阎国栋评价这位共事近 20 年的同事，"他是我们的一面旗帜，为我国翻译学建设事业和南开大学外国语学院人才培养及翻译学科建设作出了重要贡献"。

王宏印教授逝世后，外国语学院收到了全国翻译硕士专业学位（MTI）教学指导委员会、外语教育与研究出版社等机构和兄弟高校学院等近 50 份唁电。

古今中外　传承文脉

"他很看重这本《哈姆雷特》，它对文化交流具有很深远的意义。"

2013 年，南开大学校友、北京大学外国语学院教授王洪涛在英国牛津大学作访问学者，王宏印教授托他把自己翻译的《哈姆雷特》带到大文豪莎士比亚的故乡，放到莎士比亚墓前。当地的莎士比亚中心随即收藏了这本来自中国翻译家的译著并致感谢信。这是一本耗费了王宏印教授 9 年时光的力作，他曾兴奋地赋诗一首："哈剧又出新译稿，毕生一卷无憾事。"

文字传承文脉。人类文明交相辉映，得益于像王宏印教授这样一批又一批的翻译工作者，他们充当着"文字使者""精神桥梁"，连接起了人类社会百花齐放的文化思想。

译者甘苦也正得于此。

将一种语言文字的意义用另一种语言文字表达出来像是破译密码，需要孤独而求索地面对着一种文字与另一种文字背后的历史文化人文基因。即便是对于王宏印教授这样著名的翻译学专家而言，也并非易事。

"语言并非简单的单词排列，它本身也是有生命力的。"追求文字的极致表达，王宏印教授把人生与学问高度统一的"学人"境界作为毕生追求。

"关注的重点大概是从中国古典、原始文化，到现代、后现代再到民间文学的回归和循环。这一总体倾向对我的学术视野、翻译的理论和方法都有直接的促进和影响。"王宏印教授曾在文章中介绍过自己的学术兴趣。"我总对文化、语言及人类的起源感兴趣，对原始文化感兴趣，对民间的象征符号感兴趣，这就形成了持久的学术兴趣中心。"

为此，他孜孜以求、严谨治学、厚积薄发。

他曾撰文写过一篇《自由出入学科之间才能做大学问》的文章，认为作为一名文科学者，需要自由出入文史哲之间，"对于一个人的为学之道而言，到了成年和成熟时期，是否具有整体性的认识，乃是个人学术能否持续获得创造性资源和取得重大突破的关键，舍此就只能在一个狭隘的专业领域里缓行，取得点滴的进步而自以为满"。

人们也常常惊叹于王宏印教授所展示的翻译世界，称赞他的翻译理论研究是立体的，能够感受到它并非枯燥而是有缤纷色彩的。想其因由，约是他把自己生命的色彩与温度，倾其一生的绝学与感悟都融入进去了。

"一个人把一门学问烂熟于心，搬上讲台，继而又能把它变成一种可以接受的教学模式，这个就是他的贡献。一个教育家，只有教育思想还是不够的，如果没有自己编写的教材，其影响和学问就是有局限的。有人认为典籍翻译可以没有教材，而我的典籍翻译就变成教材了，如《中国文化典籍英译》，还有《世界文化典籍汉译》。这是知识的传承。"2019年1月，在"第三届全国汪榕培典籍英译学术研讨会暨中国文学文化典籍翻译研

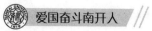

究高层论坛"上，王宏印教授作了主旨发言。他提到，凡属于重大的研究领域，重大的研究成果，都要设法进入教育系统，以便产生基础的、永久的、稳定的影响。

春风化雨，译笔生花。追思会现场摆放了一个长长的展示柜，里面放满了王宏印教授的著作，大家纷纷来到柜前细细阅览。

未完待续，翻开一本书，他还在。

（注：王宏印先生于 2019 年 12 月 17 日逝世）

本文 2020 年 1 月 13 日发表于南开新闻网

罗宗强：文学的美 思想的光

张毅

◎罗宗强（资料图片）

【学人小传】

罗宗强（1931—2020），我国古代文学研究领域著名学者，祖籍广东揭阳，1956 年考入南开大学中文系本科学习，1964 年研究生毕业，被分配到江西赣南师范专科学校。1975 年调回南开大学学报和中文系工作，先后任副教授、教授、博士研究生导师、中文系主任、校学术委员会委员等。曾任唐代文学学会、李白学会、杜甫学会副会长，中国古代文论学会、中国明代文学学会顾问，《文学遗产》杂志编委等。他开创了中国文学思想史的研究方法与学科方向，先后荣获首届中国高校人文社会科学研究优秀成果一等奖、第二届思勉原创奖。他的《魏晋南北朝文学思想史》《隋唐五代文学思想史》《明代文学思想史》，堪称中国文学思想史研究的经典之作；《玄学与魏晋士人心态》《明代后期士人心态》《读文心雕龙手记》《李杜论略》《唐诗小史》《因缘居别集》，亦是具有广泛影响的学术精品。其学术著作被编为十卷本《罗宗强文集》，2019 年由中华书局出版。他于2001 年获"全国模范教师"称号，又分别获南开大学特别贡献奖、南开大学最高学术研究成就奖。

甘泉

1931 年 2 月，罗宗强先生出生于广东省揭阳县榕城镇，少年时期曾入画家陈文希和黄独峰在榕城开办的国画研习班，接受最初的审美教育。念初中时，又得到郭笃士先生的文学启蒙。郭先生让他背诵王实甫的《西厢记》和《唐诗三百首》，引导他阅读胡风的《论民族形式问题》。少年的罗宗强不仅领会到文学之美，还知道这"美"里蕴含着许多思想理论问题。

1951 年秋，宗强先生考入当时的南方大学国文系，不久便被派往湛江做城市工作。1953 年春被调到海南岛，在一个橡胶种植场里做计划统计工作。

然而，工作的不断变换和辗转迁徙，并未改变宗强先生对文学的热爱和向往。1956 年秋，凭着对文学的爱好，他考进南开大学中文系。

在南开园，宗强先生从本科到研究生，一读就是八年。从先秦典籍到近现代文学著作，凡是图书馆里有的，他都找来读，并做了大量的读书笔记和卡片，打下了坚实广博的学问根底。

在南开求学期间，有两位老师对宗强先生影响最大。一位是南开大学中文系原主任李何林先生。课堂上，李何林先生一字一句地讲授鲁迅的

《野草》，并一一指出类似的句子和思想还出现在鲁迅的哪些篇目中。李何林先生对《鲁迅全集》的烂熟程度令人惊讶，他那种正直人格和严谨学风，对宗强先生日后的学术养成，起着十分关键的作用。另一位是王达津先生，他教导学生做学问应该具备广博的知识，广泛阅读原著，写文章不能引二手材料，有一分材料说一分话。这一点让宗强先生在后来的研究工作中受益匪浅。

1964 年，宗强先生研究生毕业，被分配到江西赣南师范学院任教。学校图书馆藏书有限，他带去的大量书籍在"文革"中被抄走，只留下一部《鲁迅全集》。那段时间，宗强先生除了劳动和思想改造外，便是反复读《鲁迅全集》，从中汲取精神力量。

那时，宗强先生常在江西赣南的群山中跋涉，在只有五六个小学生的山村学校里听老师教孩子们学拼音。他想不明白，这与他所学的研究生专业有什么联系。不过那茂密山林，那空山秋夜，那贫苦人民，让他难以忘怀。绵绵不息的生命，无处不在，这种精神是支撑他度过那段艰难岁月的"甘泉"。

1975 年，在江西赣南生活处境艰难异常之时，宗强先生意外收到调往南开大学工作的通知，原来是同窗好友看他日子过得艰难，征得学校同意，想办法将他调回母校。二入南开，再次走进熟悉的南开园，漫步在开阔的大中路上，宗强先生隐约预感到他的人生将出现重大转机。真是南开，南开，越难越开！对困难时刻给予帮助的好友和母校，他的感激之情难以言表。

奋斗

重返南开，宗强先生先在南开学报工作，然后到中文系任教，他这时已经人过中年。

书生老去，机会方来。宗强先生加倍珍惜这得来不易的时机，往往是白天上班和上课，晚上先料理家务，九点以后才能坐下来进行研究和写作，直到凌晨两三点，稍微躺一会儿，清晨六点左右又得起床，每天只睡四个小时。

就这样，仅用一年时间，宗强先生就完成了自己的第一部著作《李杜论略》，1980年由内蒙古人民出版社出版。《李杜论略》对唐代两位大诗人李白、杜甫的文学思想、创作方法、艺术风格和表现手法，作了全面深入的比较分析和批评。

在写作《李杜论略》的同时，宗强先生开始了对中国文学批评史的研究与思考，尝试运用中国文学思想研究的新方法，探索学科发展新方向。他先从古代文论入手，选定气、风骨、兴寄、意境、神韵、神形、格调等十多个范畴，搜集了大量的相关资料。可是，正当他对这些资料进行归纳整理，力求从中找出演变线索，以考察它们各自的理论内涵和特征时，却遇到了困难。因为每个文论范畴的提出和演变，都有当时文学创作的实际和文学思潮作为背景，离开具体的历史文化语境，理论范畴或术语便成了含义不明的只言片语。如果不弄清楚古人的这些只言片语是在什么情况下说出来的，仅凭现代文艺理论的框架把它们归纳到一起，实际上就是拿古代的文学批评材料为现代文学理论作注解。这是一种浮躁的学风，即使把文章或著作写出来，也不会有太大价值。

宗强先生决心放弃以往中国文学批评史的传统研究方法，转而进行更贴近文学创作实际、更能反映特定时期文学批评历史原貌的文学思想史研究。他的中国文学思想研究是从隋唐五代开始的，这是一个文学创作高度繁荣、文学思想十分丰富、成系统的文学理论批评相对较为薄弱的时期。

根据研究对象的实际情况，宗强先生认为必须从当时文学创作倾向的变化来考察文学思想，与文学理论批评相印证，这是他在读唐代历史资料的同时，读遍所有能够看到的唐人文集后形成的看法。

在隋唐五代文学思想史的研究中，宗强先生还发现了一些带有普遍性的问题。首先，文学思想的发展是通过逐渐的、漫长的演变完成的。一种文学思想潮流的出现，它的萌芽在上一个文学思潮里，而它的余波则存留在下一个文学思潮中，其间常常有一个过渡期。其次，文学思潮的演变与政局的关系十分密切。中国古代的士人作家，他们的出世和入世，与政局有着千丝万缕的联系，他们的文学观念不可避免地要受政局变化的影响。最后，文学理论批评的成就和文学创作实际并不都是一致的。一些体系庞大严密的文学理论著作和较为系统的诗论，对当时诗歌创作潮流的走向并未产生明显的影响，倒是一些近乎口号的主张，在文学思潮的演变过程中起着推动作用。

1986 年，《隋唐五代文学思想史》由上海古籍出版社出版，标志着南开独树一帜的中国文学思想史学科研究体系的成立。宗强先生认为，文学思想研究的关键，在于尽可能准确描述出特定时期文学思想发展的原貌。完全还原历史是不可能的，但尽可能地接近历史的真实却有可能，这需要付出极大的精力和耐心，对史料做全面认真的清理。除史书、子书、经注外，还需按时间顺序一部一部地读别集，通过全面阅读资料，形成自己的印象并加以总结，决不相信他人感觉，也不相信二手资料。只有在尽量描述出历史的真实面貌之后，才有可能对文学思想的是非曲直作出较为公允的评价。

精进

脚踏实地、认真务实的治学态度，不断进取、勇于创新的开拓精神，形成了宗强先生的学术研究特色。在进行魏晋南北朝文学思想的研究中，他发现，一个时代的哲学思潮、文人的生存状态和心理状态，也是制约文学思想发展的重要因素，这引起了他专门研究士人心态的兴趣。

通过对魏晋时期士人生存状态和心路历程的认真研究，宗强先生认为，玄学思潮起来之后，改变了一代士人的生存状态，改变了他们的志趣、行为甚至品格，这一点对于中国文学思想发展的影响甚为深远。更重要的是，哲学的、历史的、社会政治的种种外部因素对文学思想的影响，是以士人心态为中介而实现的。

对士人心态的研究，不仅可以打通文史哲的界限，更可以对民族文化的审美心理、对中国人的生命情调及美感，有更全面、更切实的把握和体会。在写作《玄学与魏晋士人心态》一书时，宗强先生试图说明玄学思潮与士人心态变化的关系，探讨士人心态的变化如何影响他们的审美情趣，影响他们的文学题材选择，甚至影响到文体的演变。

宗强先生从这些方面，对嵇康、阮籍、陶渊明等作家的创作和思想重新进行审视，对西晋诗风与东晋玄言诗作出新的阐释，对玄、释合流的意义予以充分重视。这样一来，文学思想史的研究与士人心态史的研究也就密不可分了，把细致入微的审美心理分析和以实证为基础的严密思辨结合在一起，让人既可以领悟到艺术享受的美感，又能获得清晰思辨所引起的理性愉悦。

《玄学与魏晋士人心态》于 1991 年由浙江人民出版社出版后，旋即获得广泛好评，《人民日报》《读书》和《文学遗产》杂志都刊发书评予以肯定。

周国林先生在《读〈玄学与魏晋士人心态〉》里说，这部学术著作"既有高屋建瓴的整体阐发，又有细腻入微的个案分析，既充满浓厚的思辨色彩，又兼具强烈的实证精神"。

吴相先生在《无奈的辉煌》中说："这是一部非常精彩的书，是'撄人心'的书，是有所见的书。读这样的书，确是'感到极大的满足，既有一种艺术享受的美感，又得到思辨清晰所引起的理性的愉悦'。"

时任文化部部长的王蒙先生，也在题为"名士风流以后"的文章中称赞《玄学与魏晋士人心态》对魏晋士人心态的论析"很别致"。他说："我已经好久没有读过这样有趣又有货色、有见地的书了。"

傅璇琮先生在《走向成熟的思考——读罗宗强〈玄学与魏晋士人心态〉》里说："他的著作的问世，总会使人感觉到是在整个研究的进程中画出一道线，明显地标志出研究层次的提高。"

学术研究是一项"体力活"，要著书而立说，非呕心沥血不可。在《玄学与魏晋士人心态》产生轰动效应后的一天深夜，宗强先生像往常一样青灯摊书，突然浑身疼得冒虚汗，趴在书桌上起不来了。师母赶到大中路旁的十一宿舍，敲门通知师从他多年的弟子。我又敲开住在同楼的校工的门，借了一辆破旧的三轮车，顶着满天星斗和寒风，吱吱呀呀地将先生送往天津总医院。

宗强先生的身体并不强壮，当他全身心投入研究和写作中时，经常熬夜都没事，但每当一部重要著作完稿之后，觉得可以松口气了，他往往会病上一场。

《玄学与魏晋士人心态》只是宗强先生研究魏晋南北朝文学思想的副产品。他的另一部断代文学思想史专著《魏晋南北朝文学思想史》，从动笔到完成，整整用了十年时间。后一部著作完成后，年届七十的宗强先生积劳成疾，酿成重症肌无力，喝水都无法下咽。

弟子们想办法把宗强先生送到北京医院。在学生和家人的陪护下，他积极配合治疗，终于经受住病痛的折磨，迎来了令人惊喜的康复与平安。

宗强先生不仅创造了顽强的生命奇迹，也在随后的耄耋之年里，创造了那一代学人学术精进的奇迹。

境界

宗强先生的学术研究是在"知天命"的后半生才展开的，可分为两个阶段：一是从五十岁到七十岁的前二十年，二是从七十岁到九十岁的后二十年。前二十年，他奠定了中国文学思想史研究的基本格局和学科发展方向，写出了足以传世的精品力作。后二十年，他依然老当益壮、笔耕不辍，陆续出版专著三部——《明代后期士人心态研究》（南开大学出版社 2006 年版）、《读文心雕龙手记》（生活·读书·新知三联书店 2007 年版）、《明代文学思想史》（上、下）（中华书局 2013 年版）；论文集两部——《因缘集》（南开大学出版社 2004 年版）、《晚学集》（南开大学出版社 2009 年版）；论文选集两本——《当代名家学术思想文库·罗宗强卷》（北京万卷出版社 2010 年版）、《因缘居存稿》（复旦大学出版社 2016 年版）等。年过七旬，还能有如此厚重丰硕的成果，充分展示了宗强先生自强不息的学术精进之路。

作为宗强先生前二十年中国文学思想史研究的思考和总结，21 世纪

初发表的《罗宗强先生访谈录》强调了三点：一是追求真实的历史还原，二是关注人之性情、个性的士人心态研究，三是回到文学自身的审美判断。

宗强先生为这篇"访谈"设定了一个长标题："自强不息，易；任自然，难。心向往之，而力不能至。"他在访谈中说："现在我已七十二了，依然可以刻苦奋斗，凭自己的爱好，朝着既定的目标日夜工作，我自己觉得，自强不息是做到了，可是要做到任自然却非常的难。任自然是什么呢？就是不以物喜，不以己悲，随遇而安，不受外界干扰，保持完全平静的心境，这不是那么容易做到的。"

由"自强不息"延伸出来的"任自然"，可以说是一种与时俱进的学术境界，它体现在宗强先生后二十年的一系列论著里。如果说前期的《隋唐五代文学思想史》《魏晋南北朝文学思想史》，偏重用"纯文学"的观念来观察和衡量古代文学思想；那么后期的《明代文学思想史》，则能在坚持纯文学标准的同时，兼顾属于"杂文学"的应用文体，将文学审美评判与讲求实用的文章学相提并论。

在晚年著作《读文心雕龙手记》里，宗强先生有两篇文章谈刘勰的"杂文学"观，即《释〈章表〉篇"风矩应明"与"骨采宜耀"——兼论刘勰的杂文学观念》和《释"入兴贵闲"——兼论刘勰的杂文学观念（之二）》。他以为，"在刘勰的文学思想中，不仅存留有学术未分时的文章观，而且有文学独立成科过程中逐步展开的对于文学艺术特质的追求"。刘勰的《文心雕龙》文体论，除了分别体裁、文类外，更重要的是体貌的描写和风格的辨析，后者与文学和文学思想的研究联系更为紧密，也更显重要。

宗强先生后二十年的中国文学思想史研究，是前一个阶段的自然延伸，密切关注学界的研究动态和学科发展趋势，具有"与时俱进"的特色，而贯穿始终的是对"文学"本原问题的深入思考。他在《古文论研究杂识》中说："文学是什么呢？它是一个永恒不变的概念，还是一个历史的概念？是一个严格规范的概念，还是一个弹性的概念？从它的形态看，从创作的动因看，从它的社会角色看，它的特质是什么？文学的社会角色，与它的功能是不是同一个概念？它的功能是自在的，还是受外界诸因素决定的？在现代科技迅猛发展的今天，它的功能与存在价值有没有受到影响？应该如何给它定位？它的社会的角色，从不同的层面看，有没有不同，如从政权的层面看，从社区的层面看，从接受者的层面看，有没有区别？左右文学的构成因素是什么，文学批评的标准等等，还可以提出一系列问题。"

宗强先生认为："要建立有中国特色的文学理论，还有一个主观条件的问题。要担负建立此种理论的人，至少必须对古代文学、古代文论有深入的了解；对国内外文学理论的研究进展了如指掌；对我国当代文学创作实际、对当前的社会文化状况和需要有所研究。而我们现在从事这三个领域研究的人，大多独立于本领域之内，兼通者较为罕见。一种新的理论的建立，不是单靠技术操作就能办到的，它是对创造者学术水准的全面要求……他们中的一些人，必当能达到中西兼通、有扎实的国学根底、有高度的理论素养、有自己的学术思想的学术境界。"只有同时具备开放的世界眼光和深厚的传统素养，才能在复兴中华文化的伟业中建立具有中国特色的文学思想体系。

因缘

宗强先生回到南开后，一直在校园里居住，他把晚年在西南村的住所称为"因缘居"。因缘，也就是随缘自适，拿得起，还要放得下，与"任自然"意思相近。他坦言："从我个人的爱好来说，从对人生的感悟、对人生的体验来说，我是非常喜欢庄子的。但任自然非常难，我做不到，问题在于我往往喜怒形于色，爱憎分明，喜欢就喜欢，不喜欢就不喜欢，从来不拐弯抹角。依我的气质和习惯，我达不到庄子那种理想的境界，所以只能是心向往之。理想化的东西，不容易做到；但做事要认真，要一丝不苟，却是经过努力可以做到的。"

宗强先生是性情中人，有诗人情怀和艺术才华，对真、善、美很执着；

美是自由的象征，亦是其"任自然"的精神寄托。如果说天行健而"自强不息"的奋斗精神，在他后半生的学术研究中有充分的体现；那么"任自然"则是其精神生活的新进境，具有人生境界与学术境界的双重意蕴。作为人生境界的"任自然"，是一切随顺因缘，近于庄子追求的随遇而安、平和淡定的精神自由，主要见之于他晚年那些写意怡情、游戏笔墨的诗书画创作之中。诗与画的关系，也就是人与自然的关系。

静观天地人，挥笔诗书画。宗强先生晚年在做学问之余，常常以书画自娱，喜欢涂抹大写意的花鸟画和山水画。他的《写李义山诗意图》，用灵动笔法画风中的柳条和树枝上站立的两只小鸟。画的右上方则题写李商隐的诗句："一春梦雨常飘瓦，尽日灵风不满旗。"再如山水画《何处三家村》，他以泼墨染出层层叠叠的山峦，于云雾缥缈的画面上题上自己写的诗："何处三家村，尽日闭柴门。荒径少行客，无人问晨昏。孤灯与青卷，偃蹇神犹存。山外醉歌舞，利禄相逐奔。姚佚复启态，使人空心魂。机栝相因依，成败如覆盆。会得此中意，万岁一成纯。"以游戏笔墨遣发逸兴，以题诗寄托情怀，讲究诗情与画意的水乳交融。

从小在书画艺术方面的修养，使宗强先生具有十分敏锐准确的审美判断力。他在《我与中国古代文学思想史》里说："对于文学思潮发展的敏锐感受，在很大程度上，要求具备审美的能力。一个作家、一个流派的创作，美在哪里，反映了什么样新的审美趣味，乃是文学思想中最为核心的问题。如果这一点都把握不到，那写出来的就不会是文学思想史，而是一般意义上的思想史。如果把一篇美的作品疏漏过去，而把一篇并不美的作品拿来分析，并且把它说得头头是道，那就会把文学思想史的面貌写走样了。"

宗强先生对美的感受贯通诗书画。他认为，文学的本质特征是审美的，面对审美对象，研究者不能无动于衷，因此文学思想研究的重心，应该由一般的理论批评转向文学作品的审美分析，转向文学思潮的辨认和把握，这需要敏锐的审美感受能力，不像研究理论批评那样，只要在材料梳理的基础上进行理性归纳就可得出结论。中国文学思想史的研究者，若不能感受文学创作显示出的审美倾向，不能把握作家独特的艺术个性及其作品风格，就难以把握不同时期文学思想发展的主流与大势。

（注：罗宗强先生于 2020 年 4 月 29 日逝世）

本文 2020 年 6 月 1 日发表于《光明日报》

高尔森：他以法学研究服务于改革开放

李炳通

◎高尔森（右）（资料图片）

高尔森 1929 年出生于安徽省安庆市，是南开法学的标志性人物，是我国国际税法学科的奠基人，我国国际经济法学科的重要开拓领军者。他也是"有理想信念、有道德情操、有扎实学识、有仁爱之心"的标杆教师。2020 年 7 月 15 日，高尔森先生去世。丹青不渝，风范长存，他的精神与事业值得我们永远铭记。

投身南开法学　撰写《英美合同法纲要》

第一次听到"高尔森"的名字，是从一位南开法学退休前辈的口中。

这位学问做得很好的前辈，说起高尔森来就像"粉丝"谈论自己的偶像。这让我格外好奇，于是认真拜读了高尔森的传记《从北大到南开》，实为先生的不凡经历和高贵精神所叹服。

1952 年，高尔森从北京大学政治系国际法专业毕业，被分配到南开大学工作。后来他被调到芜湖造船厂，在业余学校当老师。他辅导过科技人员学英语，教过高小算术，代过高中语文课，还当过五六年的初中英语老师。他利用闲暇时间翻译资料，写历史论文，编辑过英语谚语小册子。还有一段时间他被下放到车间，但却不甘寂寞，成了一名技术能手。

1979 年，高尔森回到阔别 20 年的南开园。后来有人问他一生中最幸运的事是什么，他饱含深情地说："是 1979 年调回南开。南开为我提供了为国效力的平台，回到南开，便不再是'心在天山，身老沧洲'了。"这正体现了他的豁达与乐观，命运的浮沉并没有把他击垮，他以自身经历告诫学子，即使身处逆境，也要保持信念，静待云开月明。

1981 年，高尔森被派到香港研修一年。他所在的律师行交给他一份十余万字的合同译本，请他帮助校对。译文是由毕业于伦敦大学、香港大学等名校的青年律师完成的，高尔森仔细校阅后，提出了译错与不准确之处，对方深感佩服。他一直有种"干"的精神，不管做什么都很认真，都要发挥自己的能量。在香港期间，他想尽办法搜集资料，光是自费买书就花了 2500 元港币，这在当时可以说是一笔巨款。他在香港大学复印了重达 35 公斤的图书资料，邮寄回天津，赠送给法律系资料室。

他在香港时决定将合同法作为今后的研究方向，考虑到美国在世界经济领域的影响力以及英美同一法系的特点，遂将英美两国的合同法放在一起撰写。1983 年年底，《英美合同法纲要》出版，首印 5000 册，上市不久便售罄。直到 1997 年又出版了修订版，也很快销售一空。后来有人向高尔森索书，因为他手里也没有多余的样书，又无法拒绝对方，只好扫描复印赠送。法学书籍推陈出新，更新极快，但他的这本书在学界着实具有不俗的影响力。

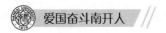

培训沿海开放城市干部　主讲国际经济法

1985 年，国务院交给南开大学一项任务——设立培训班，培训沿海开放城市的领导干部。校方派高尔森主讲国际经济法，具体内容包括国际投资法、国际技术转让的法律问题、国际税法、西方国家合同法和西方国家公司法。高尔森毫不犹豫地接受了任务，同时他还承担着有 17 名研究生的国际经济法专业研究生班的教学和指导，工作特别繁忙。

那时国际投资法和国际技术转让是新学科，找资料很困难，他去北京找到一些资料，但用来写讲稿仍不够充分。他又在南开经济研究所资料室发现"世界经济动态"这类资料也涉及法律规定，而且由于订阅多年，资料非常丰富，于是决定在浩如烟海的经济资料里寻找法律规定。这项工作大约花了他一个多月的时间，他一页一页地看，一条一条地找，大海捞针一般，零零碎碎地找到了几十条法律规定，内容主要是国际经济交往中需要遵守的法律规定和用于解决国际经济纠纷的法律规定。今天听来好像无法理解，但在 20 世纪 80 年代，这是查找资料的重要方法。当时高尔森已经年逾五旬，其决心、恒心和毅力都可见一斑。

第一期培训班开学后，高尔森经常加班到深夜，后半夜有时也会起床继续备课、改讲稿。有一次他昏睡了两天两夜，被送到医院做 CT，医生说："他太累了，幸好大脑自动罢工，否则会出大问题。"高尔森也因此得了个"拼命三郎"的绰号，他说："即使拼掉性命，也在所不惜。"还有一次，他在路上被自行车撞倒，导致右脚骨折。卧床养伤期间，他抓紧时间校对了即将出版的《国际税法浅论》，拄着拐到培训班授课。卧床刚满八十天，他又受中国人民大学邀请，到讲习班讲了国际税法。

那段时期，高尔森以深邃开阔的学术视野，瞄准国家经济社会发展的战略需求，将国际经济法确定为自己的学术研究方向，全身心投入到国家对外开放急需的科学研究和人才培养基础工作中，为我国国际税法乃至国际经济法学科的整体发展作出了开创性贡献。

1995 年，高尔森所在的国际经济法学科获得香港胡宝星律师的 100

万港币捐款后，他做的第一件事，就是从南开国际经济法专业师生所发表的论文中选出若干篇译成英文，结集出版。他逐篇挑选文章、校定英文译稿，花费了很多精力。

1997 年 4 月，论文集出版后，有学生问他："这本书的第一篇为什么不是您自己的论文？"高尔森回答："按照顺序，先有公司法，后有证券法，所以论文的排序理应如此。"按照学术的认识标准来谋篇布局，在高尔森看来是理所应当的事。学生说："我明白了，您不太注重个人名位。"高尔森又说："对个人名位，我一般不斤斤计较，但如果对我不公平或不公正，我也会有所反应。"

他是一位引路人 改变了学生的人生轨迹

高尔森常对学生强调："每部法律都是枝节，必须在国家的大背景下看这些法律，必须与国情相联系。"他对自己论文选题定下的基本原则是——必须为改革开放的需求服务。他撰写的著作《国际税法》概念明晰，体系完善，用语流畅，学术功力和治学精神可见一斑。他刻苦钻研，不惮辛劳，发表了一系列颇有见地的高水平学术论文，出版了《国际税收浅论》《国际经济法》等在国内具有重要影响的著作。他主编的 *Symposium On Chinese Economic Law*（《中国经济法论文集》）由法律出版社在海外发行，堪称中国法学走向世界舞台的代表之作。

高素质教师队伍是由一个一个好老师组成的，也是由一个一个好老师带出来的。高尔森要求年轻教师把学术研究放在重要位置，他指导年轻教师写论文，带他们选论文题目，对论文提出修改意见，帮他们改稿，甚至动手改写一部分，但他从来不署自己的名字。年轻教师们很快学会了方法，迅速成长起来。他认为：只有将科研成果用到教学中，才能收到良好的教学效果，假如不加强科研，教学工作也难以提高质量。

高尔森做事光明磊落，待人真诚友善，处理问题和矛盾时从来没有私心。他是一位引路人，改变了众多学生的人生轨迹。在他的带动下，南开国际经济法专业人才辈出，活跃在各个领域，他们不仅从老师这里学到了南开大学"允公允能"校训里的"能"，还传承了"公"。2009 年，曾师从高尔森攻读硕士学位的深圳同创伟业投资公司总裁郑伟鹤捐款人民币100 万元，设立"高尔森奖学金和学术创新基金"，用以奖励品学兼优的南开学子。郑伟鹤说，他敬佩高先生奉献社会、严谨治学、勤奋敬业的精神。

有趣的是，高尔森还具有深厚的人文修养，尤其对京剧艺术颇有研究。2008 年至 2011 年，他每年都在《中国京剧》杂志上发表一篇文章。他说："京剧不仅唱腔优美，而且里面有历史，有道德观，欣赏京剧、研究京剧，可以对法学教育有更深刻的理解。"

2019 年，我有幸参与了中国教育电视台关于高尔森先生专题节目的录制，进一步加深了对高先生的认识。那一年他回校时，我与他有过一面之缘，眼前的他精神矍铄、思路清晰，依然关心着南开法学事业的发展，他说："深深感到法学院有了非常大的进步，大家一起努力，南开法学一定会越办越好。"

2020 年，高尔森先生去世，听着追思会上的种种追忆，我不禁感慨万千。沐霜雨、历艰辛、成大道，高尔森先生实现了人生追求，他是中国对外开放事业的奋斗者，是中国法学教育事业的奉献者，是"四有"好老师内涵的杰出诠释者。

（注：高尔森先生于 2020 年 7 月 15 日逝世）

本文 2022 年 8 月 23 日发表于《天津日报》

魏宏运：史论结合 求真致用

周学军　武雪彬

◎魏宏运（资料图片）

【编者按】

魏宏运，1925 年 2 月 10 日生，陕西省长安县人，南开大学荣誉教授，中国现代史学会名誉会长。1945 年参加革命工作，1946 年考入北平辅仁大学历史系。1948 年转入南开大学历史系，1951 年毕业后留校任教。曾任南开大学历史系主任、国务院学位委员会学科评议组成员、中国现代史学会副会长、天津历史学会会长、《历史教学》编委会副主任、全国哲学社会科学基金评议组成员、香港学术评审局学科评议专家、澳大利亚中国省市研究中心客座研究员等。代表作有《中国近代历史的进程》《抗日战争与中国社会》《锲斋文录》等，主编《中国现代史稿》《中国现代史》《中国通史简明教程》等。

在南开园，人们经常可以看到一位精神矍铄、白发苍苍的老者，他就是蜚声海内外的历史学家魏宏运。魏先生主要从事中国现代史教学与研究，是国内现代史研究的开拓者和奠基人之一，尤其是他开一时风气，运用社会调查等方法研究华北区域史和抗日战争史，率先将社会学研究方法应用到中国现代史领域，体现了"读万卷书，行万里路"的治学风范。魏先生虽年近九旬，但仍笔耕不辍，时常为报纸和杂志撰稿。为使读者更好地了解魏先生的治学理念，本报记者采访了他。

初涉史学殿堂

《中国社会科学报》：您在历史学领域已辛勤耕耘六十余载，对历史学的兴趣是从何时开始的？请谈谈您的求学经历。

魏宏运：我对历史的兴趣源于父亲的影响。小时候，他常给我讲《水浒传》《三国演义》。稍长，又教我读《左传》《读通鉴论》《古文观止》等。对历史的爱好始于中学时期，在陕西省立兴国中学读书时，老师多为北京大学毕业。创办《老百姓》报和《民众导报》的李敷仁，担任我们的班主任。他让我销售报纸，给我看延安出版的书刊。著有《近世中华民族抗敌史》的武伯伦讲授历史课。这两位老师都是我的革命引路人。

攻读历史专业缘于偶然。1946年中学毕业，因为仰慕著名历史学家陈垣先生，我报考了北平辅仁大学历史系。入学后，学习四书五经、《书目答问》、史学要籍介绍、中国断代史、西洋史、英语等，有了一点国学基础，外文也有较大进步。1948年，出于学费、生活费的考虑，我转学到国立南开大学历史系。1951年毕业时，承蒙日本史专家吴廷璆先生和美国史专家杨生茂先生的器重，我有幸留校任教，至今已60多年。

业精于勤行成于思

《中国社会科学报》：您是如何走上历史研究这条道路的？在与学界前辈的交往中，有哪些体会？

魏宏运：1951 年留校后，我开始摸索并撰写了《民族英雄史可法》《革命民主主义者孙中山》，先后在《历史教学》上发表，研究兴趣逐渐浓厚起来。同时，吴廷璆先生吸收我参加《历史教学》编委会，负责中国近代史的审稿工作。编委会每月开一次会，讨论稿件的审阅情况，吴廷璆、杨生茂、郑天挺、雷海宗诸师均参加。诸位前辈的言行让我开阔了眼界，了解了学术动态，也丰富了自己的知识，对我的成长意义重大。1952 年，北京大学历史系主任郑天挺调入南开大学任历史系主任。他安排我为中文系和外文系讲授"中国通史"和"中国现代史"，让我在实践中锻炼。1956 年我又为历史系讲授"中国现代史"，从此开始在近现代史领域求索。

早在学生时期，吴廷璆先生就曾带领我们十几位同学到北京聆听范文澜先生的教诲。郑天挺先生来南开后，我担任历史系秘书（后称系助理）。他常带我到北京去，接触了众多学界领军人士，如郑振铎、沈从文、吴晗、单士元、尚钺、翦伯赞、周一良、邵循正、张芝联等。我获益匪浅。他们严谨的治学精神和学风，都或多或少地影响着我。

《中国社会科学报》：您在研究过程中有哪些治学心得？

魏宏运：人的知识是有限的，要不断积累。在教学中常会碰到问题，为了弄明白，我就去查阅大量资料，多读书，勤思考，丰富自己。南开大学图书馆馆长冯文潜对我特别优待，星期天也打开书库，让我在书海中徜徉，探求知识。我还经常到旧书摊，淘了许多珍贵书刊。

只有将读书和思考密切结合起来，才可以发现问题。我受郭沫若《请看今日之蒋介石》一文的启发，开始研究武汉革命政府。先到天津、北京的图书馆查阅资料，后又在吴于廑、肖致治先生的帮助下，在湖北省委党校抄录《民国日报》。基于此，我陆续写了七八篇文章，并发表在《历史

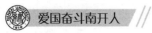

教学》上，有学者将其称为率先研究武汉政府之作。

有人说研究历史很枯燥，但一旦进入研究状态，就会感到其乐无穷。我研究孙中山，是因为他推翻了清王朝，建立了民国，其丰功伟绩很感人。我研究周恩来，是因为五四运动时他在狱中撰写《检厅日录》，给狱友讲马列主义。我深受启发，陆续写了六七篇关于周恩来的文章。周总理的侄子周尔鎏给我提供了其家系表和相关资料，对我帮助很大。历史学者的研究要客观公正，譬如研究抗日战场及其历史地位，不能只看到一方而忽视另一方，要充分认识到是国共合力打败日本侵略者的。

人的知识来自多个方面，除了向老师学习、到图书馆阅读，还应向社会学习。我认为古代史研究要有所突破，就要依靠地下发掘；现代史研究要有所突破，就应走向农村和城市，把文献研究与口述史结合起来。基层社会的变迁，广大群众怎样接受政府的政策，这类问题都可以在生动的口述史中找到答案。我多次到河北农村调查，与农民谈心，增长知识和学问。我和学生到冀东调查时，20 世纪三四十年代许多历史的当事人和见证人还健在。通过他们口述，我们了解了冀东近代社会的变迁，了解了在中国近代化的过程中，农民怎样涌向唐山、秦皇岛、山海关的港口和矿区，成为工人或亦工亦农。我们还发现冀东乡村的行商、小贩特别多，土改前丰润县有商贩 3529 人，土改后有商贩 3931 人。玉田县窝洛沽的每次集市，小摊贩都达到 1000 多人。通过考察冀东商业贸易、日常生活、生产状况以及政权变迁，我对冀东社会有了比较完整的了解，认识到冀东的现代化程度居华北地区前列。正是在这些调查的基础上，我才写成了《二十世纪三四十年代冀东农村社会调查与研究》。

历史研究不仅限于撰写文章，各种体裁的写作对自己都大有裨益。我撰写了《孙中山年谱》《魏宏运自订年谱》，和梁寒冰主编过《中国现代史大事记》，独立主编过《华北抗日根据地纪事》《民国史纪事本末》（8 册）。

上下求索现代史研究之路

《中国社会科学报》：您长期从事中国现代史的教学和研究，取得了显著成绩。请谈谈您是如何开展研究的？目前中国现代史研究有哪些发展和不足？

魏宏运： 20世纪50年代初，人们还不太把现代史当作一门学问来看待，各高校历史系也没有近现代史专业。1951年我毕业留校后，曾主攻南明史，也讲授过中国通史。1956年，教育部制定的教学计划中设立了中国近现代史课程，郑天挺先生让我讲授该课。当时没有教材，我只好根据教学大纲，收集资料，买了很多书，如斯诺夫妇的《西行漫记》和《续西行漫记》《冯玉祥日记》及一些回忆录等。然而在教学实践中只有史料，缺乏理论分析，讲起来还是不好把握，我便翻阅《新青年》和《向导》，这对我大有帮助。除了利用图书馆的文献史料外，现代史研究还要进行社会调查，收集第一手资料，然后分类整理。我多次赴华北农村，与学生一起调查华北某村或某地区的自然环境、人口变动、基层组织政权演变、农业生产、工商业状况、集市贸易及家庭演变、宗教信仰、风俗习惯等，收获颇丰。

为配合教学，我主持编写了我国第一本中国现代史教材《中国现代史稿》（上、下册），先后被100多所大学的中国现代史专业选作本科基础教材，并销往美、日、法等国，学界同行普遍认为该书在内容、资料、叙述、语言、观点上比较可取。针对教学需要，我主编了《中国现代史资料选编》（5册）、《中国现代史大事记》等配套书，这些书一直是中国现代史本科教学的基础用书。1992年，我针对外国大学生学习中国历史主编了《中国通史简明教程》（上下册），被新加坡的大学指定为中国历史学科教材。我主编的普通高等教育"九五"国家级重点教材《中国现代史》也被多所高校用作教科书。

20世纪50年代前半期，南开学人之间融洽的关系、勤勉踏实的学风对我影响很大。郑天挺、雷海宗、吴廷璆、杨生茂、冯文潜、滕维藻、杨志玖、王玉哲、黎国彬等先生都给过我教导和指点。在他们的关心和帮助下，我在中国近现代史领域取得了一定的成绩，所开设的课程也逐渐由基础课向专业课转化，先后开设了中国现代史、五四新文化运动史、武汉国

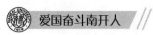

民政府研究、南昌起义、土地革命史、中国现代史研究、抗日战争史研究、中国现代史研究概论、博士生专业英语等。1982年，我开始招收中国近现代史专业硕士研究生。1986年，开始招收中国现代史专业博士研究生。

20世纪八九十年代，学术界对抗日根据地的财政经济资料进行搜索整理。我承担了晋察冀和晋冀鲁豫根据地资料的整理工作，先后出版了《晋察冀边区财经史资料选编》（4册）、《晋冀鲁豫边区财政经济史资料选编》（2册），并于1984年和1991年分别主持召开了两次国际学术会议，美国、日本、英国、法国、澳大利亚的汉学家出席了会议。会议既是他们了解中国近代史研究的窗口，也是中外学术交流的舞台。后来，我组织与会学者到延安和太行山根据地参观，两次会议也使我与国外同行成为朋友，此后常有书信往来。

据了解，1984年以后，有关抗日根据地的著作、回忆录、资料和工具书已达140部以上，文章有600多篇。研究内容丰富多彩，从毛泽东思想、中国历史道路到一些具体政策的背景，从宏观理论的探索到人物、事件的评述，从论述政治、经济和军事方针到考察一个村的农民生活，从政治体制到秘密社会组织，都在研究之列。根据地历史的研究，也得到前所未有的发展。现在，中国现代史研究更专门化、分工更细，出现了灾荒史、金融史、宗教史、教育史、少数民族史等。1978年前的研究主要侧重政治史，之后研究领域逐渐扩大，出现了百花争艳的可喜局面。但也出现了碎片化的问题，学者往往只讲一个问题，缺乏宏观的论述。这值得注意。

史论结合是治史之本

《中国社会科学报》： 史料是历史研究的基础，只有根据真实的史料才能得出可信的结论，但历史遗留下来的史料往往真伪混杂。历史研究者应该如何辨析史料的真伪？在研究过程中，如何处理史料与理论的关系？

魏宏运： 历史是过去存在和发生过的事情，不能虚构。确定研究题目后，就要寻找资料。资料有真伪，需要辨别，引用时要慎重。我们评论一篇文章时，总要问有没有新的资料，有什么新的观点，必须对资料进行诠释或解读。由于历史观和认识上的差异，研究者在资料分析上常常发生争执。资料虽然是第一性的，但如果一篇文章仅仅摆出了一大堆资料，人们必然要问：这说明什么呢？所以必须进行论述，做到史论结合。

历史研究不能只就事论事，停留在事情的表象。譬如，日本政府官员参拜靖国神社，历史学者就要探究其背景、目的和影响，认识到这是日本军国主义阴魂不散，不承认其侵略暴行的本质，也是中国和韩国坚决反对的原因。日本当政者粉饰其侵略行径，这是东亚各国都应该警惕的。

随着档案的不断解密，许多历史事实需要被重新认识。过去由于"左"倾思潮的干扰，特别是"文化大革命"对我国文化的破坏，在很多历史问题上，保留下来的档案很少。把被颠倒的历史再颠倒回来，是改革开放后的重要课题。

另外，多读一些哲学理论书籍也有助于史论结合。我曾读过施存统、刘若诗译著的《辩证法浅说》和胡绳的《辩证法唯物论入门》。我喜欢阅读梁启超、陈独秀等人的文章，常翻阅《新青年》《向导》等刊物，以提高自己的理论水平。人非生而知之，我信奉"开卷有益"的说法。

脚站八里台，胸怀全世界

《中国社会科学报》：学术研究需要与外界交流，忌讳闭门造车。请谈谈您与国外学者交流的情况。

魏宏运：中外学者的互动，让史学研究有了新气象。改革开放以后，我曾经 5 次到美国、日本，2 次到欧洲，3 次到澳大利亚讲学或参加学术讨论会，结识了不少汉学家。他们大多懂几国文字，知识广博、阅历丰富。1983 年至 1984 年，我作为富布莱特教授，在美国蒙大拿大学讲学两个学期。美国学生在课堂上喜欢提问题，教师当场回答。我在讲鸦片战争时，一个学生问道，美国没有参战，为什么也强迫中国签订不平等条约？我讲《中俄北京条约》时，一个学生提出："沙俄以什么理由占领中国领土？"这样的问题都是有启发性的。一位教授几次与我讨论冷战问题，我感觉他

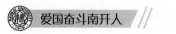

们很关注现实，美国学者的文章论述较多，日本学者的文章则具体叙述多。我们应该取其所长，补己之短。

经教育部批准，1990 年 8 月至 1995 年 9 月，我带领南开大学现代史的同仁们，与一桥大学三谷孝为首的六七位日本学者一道，对房山区吴家店、顺义县沙井村、静海县冯家村、平原县后夏家寨村和滦县寺北柴村进行调查。调查内容包括村政权、教育、农业、手工业、商业贸易、宗族家庭、乡土文化等。在中日学者的共同努力下，日本分别于 1999 年和 2000 年将调查资料出版成《中国农村变革、家庭、村落、国家——华北农村调查记录》（上下册）。2012 年 3 月，社会科学文献出版社也出版了《二十世纪华北农村调查记录》（汉文版），是南开大学"211 工程"重点项目。应该说这是一部很好的文化遗产。

我也经常鼓励学生要站在八里台，胸怀全世界，多与国际学术界交流。只有加强与国外学者的交流与合作，才能扩大我们的视野，深化我们的学术研究。

（注：魏宏运先生于 2021 年 7 月 21 日逝世）

本文 2013 年 8 月 7 日发表于《中国社会科学报》

李正名：把信仰种进泥土里

蓝芳

◎李正名（右）在田间工作（资料图片）

"他在生命的最后时刻还在背诵党章，在关心今年的粮食价格。"

2021年10月4日上午，中国工程院院士、南开大学教授李正名先生在身边学生的陪伴下走完了90年的人生历程。这位执教60余载的尊师长者，中国农药科学领域泰斗、南开师生敬爱的"001号"大先生永远地将背影留给了我们。

"每次开组会，先生总是先要讲讲党中央的最新精神，要求我们要朝

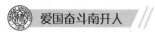

着党和人民的需要进行科研攻关，用创新的农药研究守住粮食生产这条'生命线'。"李正名生前始终坚守在教学科研一线，忆起恩师，课题组博士后孟凡飞眼含热泪："病榻前，他鼓励我们要这么继续干下去。"

从放弃优渥条件、排除万难回到祖国，成为新中国第一批"海归"，到扎根中国大地、"从0到1"研发绿色农药，当起躬耕陇亩的"农民"，他把"为人民服务"的中国共产党员信仰种进了泥土里，把南开"知中国，服务中国"的爱国之志刻在了风骨里。

他的一生，为中国农药"正名"，有志气、有骨气、有底气。他的一生，深爱这片土地，允公允能，日新月异。他的一生，培养了大批农药科学人才，主持研制出我国第一个具有自主知识产权的超高效绿色除草剂"单嘧磺隆"，将中国农药科学发展推向了新高度。

志气：要给中国人争气，一生为中国农药"正名"

李正名于1931年出生在上海一个知识分子家庭，投身于祖国科学事业是他儿时的理想。1948年，他申请到美国南卡州埃斯金大学的奖学金，远渡重洋学习有机化学专业。

"当时我们国家还很落后，在美国学习时经常遭'白眼'。那时，我便下定决心，一定刻苦学习、提升本领，给中国人争气！"20世纪50年代，新中国成立之初，"麦卡锡主义"在美国盛行，国际形势突变，美国开始阻挠我国理工科留学生归国。1953年，学业优异的李正名获得读研资格，但心系祖国的他决心踏上归国之旅，最终历经波折、几经辗转，成为新中国第一批"海归"。

"当时有人不理解，为何我要放弃在美深造学业机会，回到当时条件尚较艰苦的祖国。回国后自己能在工作岗位上发光发热，为我国教育和科技事业作贡献，不断得到领导和同志的鼓励帮助，这个决定是正确的。"今年1月，李正名曾在《九十岁自述》一文中感慨道。

回国后，经教育部分配，李正名来到南开大学工作，遇到了终生难忘的恩师杨石先校长，担任他的科研助理，随后又成为一名研究生。

我国作为农业大国，曾很长一段时期不能生产农药。新中国成立后，各项建设事业刚刚起步、百废待兴，农民逐渐开始使用农药，但来源主要依靠进口，价格昂贵，农药生产急需大量专业人才。

"由于当时外国对新中国实施封锁，学校谈不上有什么科研条件，仪器药品几乎都买不到。"在十分简陋的实验室里，李正名听从杨石先校长安排，将自己的研究方向主动与国家需要对接，由元素有机化学转向农药化学研究，自此一生与农药研究结缘。

1956 年，李正名从南开大学化学系毕业，拿到了新中国成立后南开大学"001"号硕士毕业证，随后留校工作。

1958 年，杨石先委派李正名负责组织协调几个年轻研究人员突击完成新建天津农药厂上马有机磷杀虫剂项目的合成工艺。这是我国第一个有机磷杀虫剂"对硫磷"，因为没有太多相关资料，研究过程非常艰难。李正名与同事为了赶任务吃住在实验室，一干就是 40 多个日夜，愣是把关键技术难点攻了下来，提供生产单位采用。

1962 年，南开大学建立起中国高等院校首个化学研究专业机构——元素有机化学研究所，开启了我国有机磷农药研究的新征程。作为研制有机农药的第一批中坚力量，李正名和其他科研人员没日没夜地攻关，他们把草稿纸上的化学分子式转化成一批批国家急需的农药，填补了国家农药研究空白，实现了我国农药生产"零"的突破，让亿万农民用上了我们国家自己生产的农药，为保证粮食增产作出了重要贡献。

骨气：农民叫你一声"老师"，就要做他们用得起的农药

"在我国经济困难时期我曾去过宝坻、沧州、吴桥等地。"李正名先生生前在接受采访时曾提起过一段往事。

为了搞好农药科学研究，当时的南开师生频频下乡锻炼。有一次，李正名来到沧州后史楼大队，看到生产队长每次做饭之前都要到邻居家用麦秸引火，很是诧异。"我问他：队长，你去供销社买盒火柴多好，才一分钱一盒。他说：老师啊，我跟你说，我家口粮都是队里发的，我每年还

欠队上好多钱，因此没有现钱呀。"

这件事令李正名感触至深，被他称为"思想再教育"的过程：做研究就要扎根中国大地。在个人研究事业前途与国家人民实际需要中，他选择了后者。

"比如说我们搞农药，一定要符合我们国家的国情。有些同志做出来的成果药效很好，但算计一下每一亩地要花费几百元来买药，农民哪里负担得起？在不了解国情的情况下搞科研，科研可以搞得非常好，文章也写得很有水平，但仍旧不能解决基层的实际问题。"

1980—1982 年，李正名在杨石先校长的建议下，受教育部派遣至美国联邦政府下属的国家农业研究中心做访问学者，学习研究解决农业科技创新和前沿问题。回国后，李正名集中精力开展了国内昆虫信息素的研究工作。这既是开拓无公害控制害虫新型研究方向，也是瞄准世界农药研究前沿的实践探索。

李正名先后承担国家自然科学基金项目"昆虫信息素和拟信息素的人工合成及其结构和生理活性关系研究"，国家"七五"科技攻关项目"槐尺蠖、茶尺蠖性信息素的分离、鉴定及化学合成"。此外，他还利用有机铜、有机锂、有机硼、有机砷等新型有机金属试剂立体有机合成了拟棉蚜警戒素、印度谷螟性信息素等。他在夜丁香花中鉴定出超微量物质 27 种，首次确定其中 4 种化合物具有明显的驱避蚊虫活性，并申请了中国发明专利。另外，为了进一步拓展天然生物活性调控物质的研究，李正名还从矮糠中鉴定出了芳樟醇、草蒿脑等 32 种化合物的超微组成，为这一领域的超微量生物活性分子的探索研究贡献了一份力量。

起初，李正名尝试考虑将昆虫信息素研究用于国内的茶叶种植研究项目中，却发现成本太高很不现实。于是，他放弃了"最先进"选择了"接地气"，立志要做农民买得起的农药。

20 世纪 80 年代初，一场小麦锈病在我国西北地区爆发并迅速向全国蔓延。"管用的药被外国垄断，价格炒到每吨 100 多万元，农民根本用不起，看着庄稼减产只能干着急！"

李正名临危受命，作为全国攻关组负责人之一，他带领团队开始了高效杀菌剂 FXN 新工艺的研究。历经 4 年多的艰苦付出，终于攻克技术难点，产品投放市场后，质量和使用效果均优于国际标准，而成本仅为进口农药的四分之一，这项技术也成为农药学科中唯一获得国家科技进步一等奖的科技成果。

"我们党始终保持着同人民群众的血肉联系，全心全意为人民服务，这是我们事业的基石。"1983 年，李正名光荣地加入了中国共产党，并出任南开大学元素有机化学研究所所长。今年 7 月 1 日，这位有着 38 年党龄的耄耋老人在观看庆祝中国共产党成立 100 周年大会后感慨万千，不忘嘱咐后学。

底气：20 余年努力，使中国成为具有独立创制除草剂能力的国家

"常有人问我：你们的农药有没有毒？每次我都耐心解释——这种新除草剂（注：单嘧磺隆）的毒性比牙膏毒性低 50 倍。"

20 世纪 90 年代初，李正名带领团队开始对磺酰脲类除草剂进行系统的基础研究。创制一种有自主知识产权的新农药是十分复杂的系统工程，据国外统计，创制开发成功一个新农药品种全过程需要 3 亿美元和 12 年以上的时间。

"我们经费少，但认为这是有意义的挑战，因为我们国家迟早要走自己发明创制新农药的道路。"谈起自己的农药科学研究事业，李正名先生总是神采奕奕、目光坚定。

在系统地研究了磺酰脲的相关文献以后，李正名认识到创制工作必须跳出国外大量专利所覆盖的保护范围。经过长期大量的工作，他带领团队首次发现含单取代嘧啶环的磺酰脲新结构分子呈现卓越药效，并在 1999 年联合国工业发展组织（UNIDO）国际会议上提出了磺酰脲除草剂三点构效新规则。

随后，李正名指导团队合成了近千个新结构分子，从中发现单嘧磺隆

（编号#92825）等 5 个新分子具有超高效除草活性。最终，从国内原料综合考虑出发选定了单嘧磺隆进行田间试验。

经过 20 余年的努力，李正名团队终于成功创制了我国第一个具有自主知识产权的绿色超高效谷田专用除草剂单嘧磺隆，并获得了国家颁发的创制新除草剂的三证，填补了国内外谷田专用除草剂的技术空白，解决了我国多年谷田除草剂药害的瓶颈问题，打破了发达国家创制新除草剂在我国的长期垄断，使中国成为继美国等发达国家之后，国际上少数几个具有独立创制新除草剂能力的国家。

"单嘧磺隆作为我国首个创制除草剂品种，在分子设计阶段就选择了低价化工原料，产品价格对一般农民来说都可以买得起。"

2017 年，为助力京津冀协同发展，推进科研成果更好地走向市场、服务农民，南开大学将单嘧磺隆绿色工艺技术独家转让给河北兴柏药业集团公司投入市场。目前，单嘧磺隆在全国已示范推广累计 600 万亩。单嘧磺隆配合其黄金搭档"张杂谷优种"，助力河北、山西等多地脱贫攻坚，实现精准扶贫。单嘧磺隆（谷友）除草剂配合"张杂谷优种"走出国门，作为我国自主创新的重要科技成果，被埃塞俄比亚、乌干达、纳米比亚、尼日利亚等国家先后引进并推广，在非洲等干旱国家的粮食生产中发挥着重要作用。

传承：30 年师恩难忘，60 载桃李芬芳

"我有幸能跟随杨老 30 多年，继承和发扬他的治学思想和科研事业，在南开传统的爱国主义和'公能'校训中熏陶自己，在思想和工作上不断进步，在岗位上恪守职责，努力贯彻党的方针政策不敢有所懈怠。与同志们共同努力、克服困难，取得成绩，深感自己没有虚度年华。"去年 12 月底，南开师生提前为李正名先生庆祝了他的 90 岁生日，他写下了《九十岁自述》一文。

校史资料里，留存了一张李正名先生与杨石先校长的合影。合影中，杨老静静坐着，李正名望着恩师，青春的脸上洋溢着笑容。

2015 年，在杨石先校长逝世 30 周年之际，已经 84 岁的李正名将获得的"天津市科技重大成就奖"的 50 万全额奖金捐赠给了"杨石先奖学金"——这个只颁发给每年度南开化学本科毕业生的最高荣誉。在捐赠仪式上，他说，只想与大家共同回忆杨石先校长光辉的一生和他为南开大学作出的杰出贡献，不希望大家为他捐赠、多费笔墨。

他骑着单车来，又独自骑着单车离去。

从年少到晚年，90 岁的李正名在南开园骑车穿行了 68 个年头，他长期投身于农药创制基础研究，在国内外重要学术期刊上发表论文 600 余篇，出版著作 8 本，为国家指导培养了 180 多名研究生。

李正名先后荣获全国科学大会奖（1978 年）、国家自然科学二等奖（1987 年）、国家科技进步一等奖（1993 年）、国家技术发明二等奖（2007 年）、化工部科技进步一等奖（1991 年）、教育部科技进步二等奖（1993 年，1998 年）、天津市技术发明一等奖（2005 年）、天津市科技重大成就奖（2014 年）、天津市优秀共产党员（2016 年）、中国化工学会农药专业委员会终身成就奖（2016 年）等 70 多项奖励和荣誉称号。

作为国内绿色农药的主要倡导者，李正名在 2002 年 9 月第 188 次北京香山科学会议上，首次提出"绿色农药创制"的指导思想。他先后主持了国家"六五"到"十三五"各类农药重点攻关项目、国家重点基础研究发展计划（973 计划）项目、国家自然科学基金重点项目等。他始终致力于扎根祖国，响应国家需求，为我国有机化学和农药化学的科研和教育事业作出了卓越贡献，把一生奉献给了教学科研，奉献给了祖国大地。

"习近平总书记指出，绿水青山就是金山银山。这对我们有很大启发。农药的生产与使用与生态环境密切相关，今后我们研发的目标是创制新一代农药，即绿色农药、生态农药、无公害农药，从分子创新开始就要考虑生产工艺绿色化、零排放和无害化，在提供给农业发展具有各种特殊功能的新型农药的同时，不容许在任何环节污染我们美丽的环境和破坏自然界的生态平衡。这些都需要不断提高我国的创制理论水平，需要我们担起对我国科技进步的社会责任。"2019 年，在习近平总书记视察南开大学后，李正名曾谈起自己接下来的工作目标。

"创新不是年轻人的'专利'。知识分子应该活到老、学到老、创新到老，要服务社会、回馈社会。"在教学科研一线，李正名先生总是穿着朴素、真诚待人，如春风化雨，教泽绵长。

"我跟随李正名先生整整 20 年，最难忘的莫过于先生总是平易近人，不肯给任何人添麻烦。他教导我们与人为善、水低为海，无论是做老师还是做科研，都要先学会做人。"南开大学化学学院副教授李玉新望着恩师的照片说，"最后我们陪着他，他给我们讲了从前的不易，叮嘱我们一定要'国家需要什么，我们就做什么'，把他未竟的事业延续下去。"

今年 6 月，为迎接南开园 102 届本科新生，李正名先生写了一封信。他深情地说："在南开工作与生活，老一辈知识分子爱国、敬业、立德育人的高尚品质深深感染着我，南开大学鲜明的爱国主义传统与'公能'校训精神也在不断哺育我。"

"年轻的小友们，也真诚希望你们能够将南开大学的优良传统秉承发扬，在这渤海之滨浸润学术思想，在这北辰学府磨砺奋斗精神，继续推动中国的原始创新和社会进步。'旭日初升'的你们，作为祖国未来的建设者和接班人，必将担负起伟大时代所赋予的神圣使命，真正做到'小我融入大我'，为国家的繁荣昌盛交出一份使广大人民满意的答卷。"

斯人已去，余音回响。

（注：李正名先生于 2021 年 10 月 4 日逝世）

本文 2021 年 10 月 6 日发表于南开新闻网

宋声扬：秉公尽能 行为世范

吴苏

◎宋声扬（资料图片）

  2016 年 7 月 12 日，南开大学离休干部宋声扬和他的老伴儿市统计局离休干部程毅，决定将省吃俭用积攒的毕生积蓄 100 万元捐给南开大学教育基金会，成立"宋声扬、程毅助学基金"，资助具有爱国心的贫困学子。10 月 31 日，100 万元的助学基金全部到位。他还决定，百年后将所藏的图书和剪报也捐给学校，供师生借阅。宋声扬常说："我们是很普通的人，做的也是很普通的事。"但是这件他口中"普通的事"，引发了"极不普通"的社会反响，让这个寒冷的冬季暖意融融。

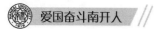

2016 年 11 月 25 日，"宋声扬、程毅助学基金"捐赠仪式在南开大学津南校区举行。校长龚克出席捐赠仪式并发表感谢致辞。南开大学教育基金会将此笔 100 万元的捐赠设计为永久留本基金，将每年投资运作的收益用于支持 10～20 名家庭困难的南开学子，希望通过这种方式让两位老人的高尚德行在南开永久传承，感染更多的南开人。

爱心老人：辛勤耕耘、简朴真纯

宋声扬，1927 年 12 月 15 日出生，1946 年参加革命工作，1984 年 12 月 15 日加入中国共产党，1990 年 12 月离休。曾先后在天津市财委、天津外贸局、天津外贸学院工作。程毅，1925 年出生，1949 年 3 月参加革命工作，1985 年从市统计局离休。

宋声扬在新中国成立前就加入了中共天津地下外围组织；程毅从参加革命工作起，就积极向党组织靠拢。新中国成立后，夫妇二人先后加入中国共产党。宋声扬经常和老伴儿在家里一起学习党的理论政策，积极参加党组织的各项活动。历经岁月洗礼的他，为祖国的快速发展感到欢欣鼓舞，也深知今日的繁荣是多么来之不易。虽已人到暮年，宋声扬仍希望能为社会作出力所能及的贡献。据他的邻居介绍，宋声扬一直是关心社会、关爱他人的热心肠。无论是社区还是周围邻居，只要有了困难，宋声扬知道后，一定会提供力所能及的帮助。遇到社区组织的捐款捐物，他总是积极地参与和捐赠。南开大学每次组织的捐款捐物活动也经常能见到宋声扬的身影。

"财迷"老人：食堂一幕，惦记一生

20 世纪 90 年代，宋声扬在校园食堂里看到一个场景：家境好些的同学会轻松买些好菜，家境有些困难的同学在买肉菜时总要掂量、盘算一下。"他们学习紧张，需要营养，应该有人帮助一下。"宋声扬回家和老伴儿一商量，就把捐资助学的事定了。这一来，就是几十年的坚持。

宋声扬、程毅夫妇都是离休干部，子女经济独立，除了生活开销外几

乎没有额外的开支。但是为了捐资助学，他们平日里精打细算，对自己甚至到了"财迷"的程度。宋声扬年近九秩，患有多种老年慢性疾病，程毅年过九旬，身体也比较弱。他们住在没有电梯的 6 楼，平日里买菜、吃饭都需要爬上爬下，中途要歇好几次，非常辛苦，但宋声扬一直没有置换楼层较低或带电梯的住房。他每次到学校办事，往返需要 1 个小时，由于患有哮喘，要走走歇歇，但他从不打车，还笑称多走路能锻炼身体。宋声扬的饮食起居、生活用品以干净能用、满足基本的生活需要为标准，节俭得近乎苛刻。这 100 万捐赠正是两位老人几十年日积月累的见证。

低调老人：分期支付，不事张扬

宋声扬为人低调，此次捐赠，他本意是不让别人知道，他不愿意麻烦别人，凡是自己可以克服的困难绝不向任何人或组织索要帮助，唯一一次请组织帮助的事情，就是这次捐赠。

程毅在 2016 年 9 月 29 日不幸离世，宋声扬正在老人院居住，他表示，捐资助学是他和程毅的共同心愿。"今年 7 月我通过学校离退休处联系到南开大学教育基金会，分 3 次转账捐赠，首笔 20 万元。10 月 31 日，最后一笔 30 万元到账，这个心愿完成了。"宋声扬说。

宋声扬的房间中整齐地摆放着一摞摞关于健康养生知识的剪报集，他说，剪报是他多年以来一直坚持的，"当代人太重视工作，却往往忽视健康"，希望这些能给年轻人"提个醒"。目前剪报集已有 200 多本，还在不断更新，他计划将这些剪报集全部捐给学校。除了剪报，宋声扬还有一面墙的藏书，也计划全部捐赠给南开大学。

"正能量"老人：乐观坚韧，情系学子

宋声扬在新中国成立后，先后在财贸系统及南开大学工作，77 岁仍坚持上讲台讲课。作为高校教师，宋声扬非常关心贫困学生能否顺利接受高等教育的问题。他表示："我觉得这没什么了不起，我们只是做了一个共产党员应该做的事情。希望能通过自己的一份力量帮助那些学习用功

刻苦、具有爱国心但家庭困难的学生，让他们学成之后报效祖国，成为栋梁之材。"

宋声扬十分欣赏当下年轻人开阔的视野与活跃的思维，同时也寄语大学里的年轻人，要抵制不良诱惑，要以提升自我修养和学习专业知识为重，要"将个人梦想与中国梦相结合"，做一个对国家、社会有用的人。此外，他还嘱咐年轻师生，在专注读书、学习、工作的同时，一定要注重身体锻炼。

宋声扬宽广的胸怀、坚韧的毅力，对家人、对年轻学子炙热的情感与坚定的责任感，堪称后辈典范，为当下社会传递着满满的"正能量"！

引发关注、反响热烈

宋声扬与程毅捐资助学的事迹引起了广泛关注与热烈反响。人民日报、中央电视台、光明日报、天津日报等多家媒体对此事进行了采访与报道。人民日报新浪官方微博发出此消息后，截至 12 月 6 日已获得 6 万多条点赞、近 5000 条转发与评论。许多网友被两位老党员的社会责任感打动，纷纷在评论区留言，表达对两位老人的景仰与祝福。南开大学离退休处也相继收到群众写给宋声扬的赞扬信、感谢信。

龚克在给宋声扬、程毅夫妇的感谢信中满怀深情地写道："你们将多年积蓄的 100 万元捐给南开教育基金会，用以资助具有爱国心的贫困学生，令我非常感动。我们一定十分珍惜，精心管理和使用好这笔基金，充分发挥其助学育人功能。同时，我们要学习你们为师爱生的高尚品德，秉公尽能，立德树人，正人先正己，以师德之优创南开之优。"

诚心诚意颂声扬

多年来，宋声扬一直坚持学习党的方针政策，了解国内外大事。这让他对中国的前途命运抱有坚定的信心，对学校的发展抱有坚定的信心。平日里，他积极参与"展示阳光心态、体验美好生活、畅谈发展变化"等市级老干部征文活动，表达心声，传递向上向善的精神力量。助学基金设立后，宋声扬语重心长地嘱托即将受捐的学子：当经济问题解决之后，没有了后顾之忧，应该全心全意地去求学去治学。在专业方面要力求专、精，不要做"大普通"。在发展方面，要全面发展，绝不要知识增加了，健康却下降了。不要做这亏本的买卖。此外，还要特别注意道德修养，特别注意提高政治觉悟，特别注意听党的话，特别注意与同学们打成一片。要为祖国的和平崛起添砖加瓦；要为中华民族的伟大复兴尽心尽力；要立足为国家服务，为民族担责。走出大学校门后，要成为一位适应新时代要求，合乎祖国需要的专业人才！

宋声扬对自己是计较和"财迷"的，但对社会是慷慨有大爱的。他和程毅为师爱生的高尚品德，秉公尽能、立德树人的贤者风范给我们年轻人上了一堂生动的人生大课，为社会注入了满满的"正能量"！

（注：宋声扬老师于 2021 年 10 月 23 日逝世）

本文 2017 年 10 月 31 日发表于南开新闻网

李万华：年轻播"火种"，百岁守初心

宋瑞

◎李万华在家中（宋瑞 摄）

"我的一生都是中国共产党给的，没有共产党，就不会有今天的我。"李万华眼神坚定，话语铿锵。

今年98岁的李万华曾是新中国成立后中共南开大学支部的第一任党支部书记。如今年近百岁的他，从未改变对党的一片赤诚。坚守党员初心、回报党和人民是他做了一辈子的事。

战争年代许初心

1923 年，李万华出生在贵州省瓮安县。在战火纷飞的年代，孩童时期的李万华经常跟随母亲离开住所避难，待炮火平息再返回家中。

"原想着家里会被再次'洗劫一空'，没想到中国共产党带领的军队经过村子后，家里没有遭受半点损失，这种艰苦朴素的作风和为人民着想的态度让人印象很深。"李万华回忆道。

抗日战争全面爆发后，北京大学、清华大学、南开大学被迫南迁，成立长沙临时大学，1938 年 4 月西迁入滇，改称国立西南联合大学。

受周围进步青年的影响，李万华经常阅读《新华日报》。"中国共产党的思想和理念很先进，在当时来看是划时代的，这非常了不起。"李万华说，那时他便许下心愿，坚定求学报国的志向，积极向国立西南联合大学的党组织靠拢。

备考大学期间，李万华"蜗居"在考点旁宿舍的走廊里，一床席子、一卷铺盖、一摞书籍就是他全部的"装备"。"没钱租屋子，我就在走廊尽头的厕所边找了一块空地，铺上席子就住了下来，这里看书清静。"

1946 年，三校北返复校。功夫不负有心人，这一年，李万华考上了南开大学，在哲学教育专业学习。"母亲变卖了不少家产，筹备了一年，才帮我凑齐学费。后来，我一路北上，辗转汽车、火车、轮船，历经一个多月终于来到天津。"李万华说。

奋发图强思进取

身处南开大学，满目疮痍的景象让李万华吃了一惊。原来的图书馆和许多教学楼与学生宿舍都被炸成了废墟。校园内杂草丛生，长得有人一般高。

入学不久后，李万华加入了党的外围组织"民主青年同盟"（简称"民青"）。1948 年 7 月，他正式加入中国共产党，成为一名地下组织成员。

"民族恨、爱国情涌上心头，我眼含热泪，庄严宣誓。"李万华说，"那是我铭记一辈子的场景，我暗自发誓一辈子要跟党走，必须在南开大学有所作为，报效国家。"

学校每月发放的面粉，李万华只吃一半，剩下的换成钱，购买学习用品和进步刊物。同时，他积极参加党组织举办的活动，淬炼品格，磨炼党性。"通过不断加强党的理论学习，中国共产党的形象愈发挺拔而鲜明，我真正了解了中国共产党是真心实意为人民服务的政党。"

复校后的南开大学百废待兴，近百个学生社团如雨后春笋般产生，很多社团是在学生运动中成立和发展起来的，李万华参加的南星合唱团等学生社团就是中共地下组织领导和影响的进步社团。

"社团里有很多地下组织成员和进步青年，我们一起出壁报、举办时事座谈会和演讲会，通过歌咏、戏剧等形式抨击当时的时政。"李万华说。大家凭着一腔热血参与到爱国民主的运动中，通过一次次斗争进一步认清了国民党的反动面目。

1949年1月14日，解放军对天津发起总攻，历经激战攻克天津。南开大学的师生们冒着炮火，把用白床单连接而成、写有"热烈欢迎解放军"的标语挂到了学校大楼外。"大家纵情欢唱，迎接新中国的曙光。"李万华说。

1949年10月，新中国成立，南开大学党组织正式公开，李万华担任新中国成立后中共南开大学支部的第一任党支部书记。"我深感责任重大，要带领学校党员们开展好组织生活，把学校建设好，培养更多立志报国的进步青年。"李万华说。

心系学校感党恩

搞基建、盖教学楼、建学生宿舍；支持物理系建设实验室，购置新设备；提议恢复经济学院，见证旅游系、法律系的发展……李万华留校工作后，南开大学校园建设、学科建设蓬勃发展的背后，都少不了他的身影。

"我刚参加工作时，学校道路两侧多是稻田、洼地和水坑。我们把洼地中的水排出后，垫土、建地基……渐渐地，一幢幢教学楼拔地而起，学校有了新气象。"李万华说。

1954 年，李万华兼任了物理系的党支部书记。在他的全力投入下，全套低温设备、机械加工设备，甚至价值十几万元的显微镜都一应俱全，很多仪器实现自主加工生产，一些重要的基础研究在南开大学物理系早早起步。

改革开放后，国家需要大量经济和管理人才，李万华提出恢复南开大学的传统系科——经济学院。"我本着'脑袋尖、腿脚快、嘴巴勤'的劲头和'硬着头皮、厚着脸皮、磨破嘴皮'的精神，四处争取办学投资。"李万华说。这时，他已经到了退休年龄，但因经济学院的筹建工作正在紧锣密鼓地推进，他申请了延缓退休，这一干又是 6 年。

待经济学院的教学科研工作逐步进入正轨，李万华才办理了离休手续。"现在学院发展得越来越好，一批批学生成长为建设国家的栋梁之材，我甚是欣慰。"李万华说。

年近百岁，加上身体不便、听力欠佳，李万华和老伴儿很少出门，但他们仍然时刻关心着国家的发展，看报、读书、看电视新闻成为老两口每天约定的"打卡项目"。他说，能亲眼见证党和国家一点一滴地发展和进步，这就是他最大的幸福。

"我几乎是与党同龄，见证了中国翻天覆地的变化，见证了中国共产党怎样带领中国人民过上幸福的生活。身为老党员，我与有荣焉，无比自豪。"李万华说。

（注：李万华先生于 2022 年 4 月 28 日逝世）

本文 2021 年 9 月 5 日发表于新华社客户端

杜滋龄：生命之境笔墨之歌

邵大箴

◎杜滋龄（资料图片）

在现代水墨人物画领域辛勤耕耘了数十年的杜滋龄，是我国当代具有代表性的水墨人物画家之一，他的审美理想和艺术追求，在许多方面和20世纪以来的前辈与同辈杰出艺术家有相同之处，但在题材内容和形式语言上却有自己的认识和理解，作品有独特的个性面貌。

成果卓越的现实主义人物画

有一种观点认为，我国现代人物画坚持的写实方法和传达的现实主义精神，与西方现代艺术背向而行，因而缺乏现代性，是陈旧的绘画形式。另外一种观点则认为，由于它借鉴和吸收西法以充实中国画人物画的表现手法，导致了人物画笔墨传统的失落，由此，现代写实的中国人物画"西化"了，缺少民族精神。

综观 20 世纪世界艺坛，不能不承认西方的现代艺术独占鳌头，影响很大，它的出现与西方社会走向现代的历史文化背景、与西方现代哲学、与人们现代的生存环境和新的审美追求有密切的关系。也就是说，它的产生与存在有其必然性。但是，这并不意味西方式的现代主义应该一统天下，包括现实主义在内的传统艺术形态都应该束之高阁，再无生存价值。事实上，艺术从传统走向现代，在各个民族和地域会有不同的表现形式，不能不受到特定民族和地域历史文化以及生产力发展的制约，不能脱离社会对艺术的需求和大众审美习惯。将一种艺术模式强加于各个不同的民族和地域是不现实的，也是不可能的。中国传统文化崇尚的"中和"与"天人合一"的哲学观念，决定了艺术在渐变中发展，不求急剧的变革，坚持对传统推陈出新的原则，而不是用颠覆传统的方式求新求异。

20 世纪西学东渐、西方写实绘画进入国门时，我国文化先驱们智慧地采取了有分析地接纳和借鉴的态度，主张在尊重、维护和发扬传统文化的基础上进行中西合璧、交融或结合的创造。对近现代中国美术创作和美术教育影响最大的徐悲鸿、林风眠等，都积极提倡中西合璧的方针。徐悲鸿在五四运动期间发表的《中国画改良论》明确指出："古法之佳者守之，垂绝者继之，不佳者改之，未足者增之，西方画之可采入者融之。"林风眠把融合中西当作美术运动的目标，他为杭州艺专拟定的标语是："介绍西洋艺术；整理中国艺术；调和中西艺术；创造时代艺术。"刘海粟主张："一面尽力发掘我国艺术史也属固有之宝藏，一面尽量吸收外来之新艺术，所以旋转历史之机运，冀将来拓一新局面。"众多人物、山水、花鸟

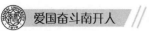

画家，均不同程度地从西画中吸收养分，为中国画表现语言增添了新元素。在中西融合或中西合璧的大潮中，具有现实主义品格的人物画成果卓越，涌现了几代杰出艺术家：徐悲鸿、蒋兆和、叶浅予、黄胄、杨之光、李震坚、周昌谷、方增先、刘文西、卢沉、周思聪、刘国辉、吴山明和杜滋龄等。这是阵容可观的新老艺术家群，他们用笔墨在宣纸上描绘历史和现代人物，创造了一个令人叹为观止的大画廊。我国现代人物画呈现出生气勃勃的局面，不仅一改长期以来中国画领域人物画的颓势，而且以其新的题材内容和以线为主要语言的表现形式在世界艺坛独树一帜。

坚持写生的多面手

杜滋龄之所以执着于写实手法和具有现实主义精神的水墨人物画，是因为他有用水墨语言使人物画发扬光大的坚定信念。出生于 1941 年的杜滋龄，自幼有绘画天赋，虽没有进过美术学院本科深造，但他靠勤奋自学成才，被破格吸收进专业单位。20 世纪五六十年代，杜滋龄在天津人民美术出版社做编辑工作，由于勤奋地强化造型与笔墨基本功，他绘画水平大有长进，在连环画和文学插图领域做出成绩，多次在国内外获奖，并受到叶浅予先生的看重，得到其悉心指导。1979—1981 年，杜滋龄就学于中国美术学院中国画研究生班，从师于叶浅予、李震坚等先生，学识与视野、功力与修养均有很大提高。学业结束后，已经跻身画坛的杜滋龄，又长期担任天津人民美术出版社副总编辑、总编辑，后又在南开大学东方艺术系任教授和系主任，一面从事繁重的美术编辑和教学工作，一面在绘事上做创新探索，取得丰硕成果。

杜滋龄是一位多面手，他创作了一些古代革命家和文艺界名人的肖像，也钟情于古代名士肖像和文学插图，如描绘苏轼形象及其诗意画、为老舍先生的《骆驼祥子》创作插图等。但描绘现代各民族人物形象构成了他艺术创作的主体，也是他主要的艺术贡献所在。

扎根生活，从现实生活中寻找创作的资源进行人物写生是杜滋龄认定的须臾不可离开的基本功。他的足迹遍及大江南北，他尤其醉心于西域边陲，对这块辽阔的土地、雪域世界上勤劳朴实的人民和自然风貌，怀有浓厚的兴趣和感情。他到藏、蒙古、回、傣、朝鲜、苗、布依、塔吉克、维吾尔、哈萨克、柯尔克孜、彝、壮、侗、瑶、哈尼等民族中间深入生活，创作了不少人物感情真挚和笔墨语言浑厚又不乏灵动的作品。

杜滋龄的坚实造型能力是通过大量写生和观摩中外经典作品获得的。受叶浅予、黄胄艺术的启发，他特别注意速写技巧的提高，反复练习，提高心、眼、手配合的敏锐观察力和迅捷准确的描写能力，训练对客观物象的记忆力和默写能力。从他大量普通人物的写生可以明显感觉到，他是在对人物认识和理解之后，专注于他们的精神世界，努力以形写神，求形神兼备，表现他们丰富的感情。他笔下都是有个性和有生命活力、使人感到亲切的善良的人。在形象刻画上，他尤其关注眼神，讲究画面和人物形态的整体感和单纯感。无疑，这些作品是名副其实的写生创作，而不是以搜集素材为目的的简单写生。

在继承中探索和变革

和许多当代中国画人物画家一样，如何处理素描造型与笔墨语言的关系，一直是杜滋龄人物画创作探索的重点。他继承前辈艺术家的经验，既重视人物造型的结构，又十分关注笔墨语言。他与许多同行一样有这样的认识：人物形象塑造的形与神是中外艺术共同的追求，只是表达的方式不尽相同而已。"不尽相同"说明绘画语言的差异，但并非完全不同。如表现客观物象的形，如何处理线与体面的关系，传统中国画主要用线，辅以块面；西画主要用体面，辅以线。前者重写意，也有形似的要求；后者重写实，也关注神韵。况且中西绘画不同的历史发展阶段，审美也有不同的侧重，表现形式也不尽相同，如我国当代文人画的表现语言与唐宋绘画就不尽相同。杜滋龄坚持广泛吸收中外绘画造型和传神的传统，狠抓造型能力的培养和笔墨功力的提炼。

新浙派的重要贡献在于创造性地把西画的素描造型与传统文人花鸟山水画笔墨有机结合，赋予人物形象更生动的神韵和情趣。在浙江美术学院读研究生期间，杜滋龄研究和运用了浙派的方法，对吸收山水花鸟笔墨用于人物画创作心领神会，之所以如此，是因为山水画也是他之所习、所爱。黄宾虹山水画笔墨中见骨力见墨韵的浑厚华滋画风，给他许多启发。他在水墨人物画创作上以兼有干、湿、浓、淡的洒脱笔墨，用点染加入线描作画。他在实践中不断摸索，思考如何克服重点染容易造成轻飘、松散零碎的弊端。他从北派层层积染的以求画面浑厚华滋的积墨法中得到启发，有意识地吸收南北两派之长，力求笔墨既洒脱华滋，又厚重、整体，严格、概括地把握形体结构，以形写神，达到刻画人物性格和内心活动的目的。他充分发挥黑白变化的表现力，在强化黑白对比中大胆布白，得心应手地安排虚实、繁简、浓淡，有缜密构思之工，也有偶然随意所得。画面上墨与色交融，相映成趣，巧妙地融西画富有变化的色彩关系于流畅笔墨之中。

作品的格调与作者人生经历和艺术修炼有密切的关系，也是作者思想感情的真实流露。杜滋龄为人真诚、朴实，经过长期奋斗，在艺术上取得了成就，他深知，虽然自己为此付出了无数艰辛，但时代的给予、改革开放大潮的激励、诸多贤者的助力、被描写对象的支持与配合，是他永远不会忘怀的。他低调做人，诚实作画，作品中有真挚、质朴之情，有为人民歌唱的浓浓之意，有为中国现代人物画复兴探索的志气。他的艺术得到了业界和观众的认可与赞许，但他从不自我满足，毫不懈怠，仍然在勤奋地耕耘。我们相信，他的艺术还会在探索和变革中展示新的光彩！

（注：杜滋龄先生于 2023 年 1 月 5 日逝世）

本文 2017 年 6 月 18 日发表于《中国文化报》

良师益友——躬耕不辍

王崇颖：与"自闭症"搏斗的女教授

张道正 陈鑫 吴军辉

◎王崇颖在课堂上（吴军辉 摄）

4月2日是世界自闭症关注日，作为研究自闭症方面的专家，南开大学女教授王崇颖这两日一直奔波于各种学术会议与公益活动的现场。

王崇颖是南开大学医学院的副教授，一位"海归才女"，将自闭症这个至今还没有明确病因的发育障碍病作为研究领域，源于十年前她在英国牛津大学读博士时的一段经历。

"那是2003年，我刚到牛津求学，勤工俭学时结识了第一位自闭症患者。那个四岁小男孩特别特别漂亮，可就是不停地在房子里跑动，跑得孩子妈妈心都碎了。"此情此景，对王崇颖触动很大，她真切地感受到了自闭症孩子和他们的家庭承受的苦痛。

王崇颖下定决心向自闭症发起冲击。归国后，王崇颖任教于南开大学，后担任南开大学行为医学中心主任。她带领其科研团队主要致力于儿童自闭症的诊断干预、教育康复及发病机制等问题的研究。

在对天津市公立医院自 1993 年以来确诊的近 2000 名自闭症患者资料的收集整理中，王崇颖发现天津市自闭症的发病率正在迅速增加，"只有 28 例是 2000 年以前发现的，大量患病者集中在近几年。此外，患者的平均就诊年龄仅为 43.66 个月，其中有 57 名婴儿不到一周岁就被诊断出患有自闭症。"

"目前，国内自闭症的筛查、诊断、早期干预及康复工作仍面临不少困难。"王崇颖介绍，目前国内医院都有能力进行自闭症诊断，但对于自闭症患者来说确诊后的漫长时间需要在专业的康复机构中度过，而国内这样的康复机构缺口仍然很大。

据了解，当前天津市各类自闭症康复机构不足 10 家，按每年每家机构接收 100 名自闭症患者计算，每年天津市只有 1000 名自闭症患者可以接受专业的康复治疗。然而，按照国际权威机构统计的自闭症发病率计算，天津市 1300 万人口中将有 2 万余名自闭症患者。这就意味着 20 名患者中只有 1 名能够接受专业的康复治疗，供需比例仅为 1:20。

"自闭症专业教育也存在薄弱环节。"王崇颖告诉记者，由于高校医学学生接受的是全科培养，教学计划中没有开设专门的自闭症相关课程，教科书中自闭症的内容也大都一笔带过。学生只有进入医院接触到自闭症患者后，才能开始进行专门的研究，这样的学习研究过程缺乏系统性和专业性，因此教育环节存在的短板，亟待补足。

面对重重困难，王崇颖和她的团队矢志不渝地从事着自闭症相关研究，并不断争取来自政府与社会各界对于这一疾病的关注和支持。2009年，王崇颖被国际自闭症研究协会授予"发展中国家专业人士奖"，以表彰她在发展中国家儿童自闭症研究中所作的贡献。

2012 年，南开大学行为医学中心与天津市政府合作启动的妇女儿童健康促进计划中新增了自闭症早期监测内容，这一举措走在了全国的前列。目前，王崇颖的课题组已完成中国自闭症谱系障碍的流行病例调查报告，首次将中国的数据纳入了世界卫生组织的流行病调查数据库。

今天，天津市残联成立了自闭症专业委员会。王崇颖率领南开大学行为医学中心的同事参与其中并为推动天津市自闭症工作提供科研支持。他们联合天津市妇女儿童保健中心，开展对天津范围内社区医生的自闭症专业培训，并针对社区内 1 岁左右儿童进行自闭症早期风险发育连续监测，每半年一次，以期通过测查及时发现潜在的自闭症患儿，及时实施行为干预，帮助患儿获得最好的康复效果。

与自闭症斗争多年，谈及从事国内自闭症研究的感受，王崇颖说："从 2008 年回国至今已有 6 年，我深切感受到了国内发生的巨大变化，特别是公众对自闭症的认识程度大大提高。国内主要城市的地标性建筑都选择在 4 月 2 日'世界自闭症关注日'这一天亮起蓝灯，天津也连续两年参加亮灯活动，与世界一道呼吁公众关注自闭症。"

"关注自闭症永远都不晚！"王崇颖强调，虽然中国自闭症研究的基础相对薄弱，但如今信息技术不断发展，可以随时与世界前沿研究取得交流，中国的自闭症研究也在不断进步。"我也希望通过不断努力，能够与世界同行一道早日攻克自闭症这一科学难关。"

本文 2013 年 4 月 3 日由中国新闻社发表

杨令侠：我国首位加拿大史研究博导

陈建强　马超

◎杨令侠在办公室（马超 摄）

近日，南开大学的教授杨令侠成为新闻人物——凭借在"加拿大史"研究领域的杰出贡献，获颁"加拿大总督奖章"。这是加拿大官方最高级别的荣誉，而杨令侠也是迄今为止中国大陆社科领域中唯一获此殊荣者（截至文章发表时）。

杨令侠走上史学研究的道路并不偶然。她的父亲杨生茂是国内美国史研究的"一代宗师"。"每天翻的是世界地图，听的是历史故事"，杨令侠就是在这样的环境下成长的。她在 1979 年高考后，选择到南开大学历史系就读，毕业后回到南开大学历史学院任教。

为了不使人们有"大树底下好乘凉"的想法，她决心与父亲的研究领域"划清界限"，"我希望在别人的印象里离他越远越好"。最终，她在博士生导师张友伦的引导下，一头扎进了加拿大史的研究。仿佛发现了金矿一般，杨令侠一下子迷上了这块"处女地"。"这真是一个非常值得研究的国度！"杨令侠告诉记者，"过去我们对于加拿大了解得太少了。人们通常只知道加拿大是紧邻美国的一个幅员辽阔的国家，却很少有人了解，它还是一个 100 多个民族和谐共处、多元文化兼容并包的国家，深入研究其独特的政治体系、稳定的社会架构、宽容的国民性格、完善的社会政策体系等，对于建设中国特色社会主义，实现'强国梦'，有着重要的参考价值"。

"知难而进，锲而不舍。"张友伦这样评价自己的得意弟子。她曾作为南开大学加拿大研究中心主任，独立操办国际学术研讨会，只身代表中国学界参加国际加拿大研究会常务理事会议，她也是中国第一个在网络上教授加拿大史课程的老师。在她之前，我国加拿大史学研究几乎空白。"直到目前，全心全意搞加拿大史研究和教学的，全国也只有杨老师一个人。"杨令侠的同事丁见民告诉记者。

"对加拿大的了解不能仅停留在书本上。"1995 年，杨令侠以访问学者的身份踏上了她研究了多年的土地。在赴多伦多大学访学期间，她除了废寝忘食地汲取书本知识，更努力创造机会去体验当地的风土人情和社会文化。"那一年我女儿只有 11 岁，我每两周打一次电话，想跟女儿说什么都提前写下来，怕自己会控制不住情绪。"在学术道路上披坚执锐的"女侠"，在多伦多大学图书馆拆开女儿的来信时，竟也会泪流满面……

离开加拿大时，杨令侠带回了整整 4 大箱复印资料，为自己的学术研究准备了充足的养分。回国后，她先后为本科生、硕博研究生开出不同层次的课程，并在《历史研究》等核心期刊发表论文数十篇，专著《战后加拿大与美国关系研究》一书被张友伦誉为该领域的"奠基之作"。

"杨老师对我们要求严格但不严厉。"2009 年杨令侠获得南开大学

"良师益友"称号后，她的学生都这么说。"历史研究本身就是一门寂寞的学问，练就的就是坐冷板凳的功夫。"杨令侠常说"气可鼓不可泄"，因此，对于学生所取得的点滴进步，她都不吝予褒奖。她还经常悉心倾听学生在学习和生活方面遇到的困难，鼓励他们战胜学术道路上的一切挫折。

为了提高研究生的科研能力，她从对资料的敏感性、获取资料的技术手段以及对选题意义的理解等方面对每个学生进行针对性的训练，几乎每天都与学生有邮件、短信或电话联系，追踪每个学生的进度与状况。她最注重对学生进行良好的史学习惯的训练，一篇本科生论文她都要改上6稿。

20多年里，杨令侠培养了很多学生。她衷心地希望他们能在加拿大史的研究道路上走下去。"这样我就不会被人称作'独行侠'了……"杨令侠说："父亲是中国第一位招收美国史研究生的博士生导师，我是中国第一位招收加拿大史研究生的博士生导师。这一点成绩大概可以告慰父亲的在天之灵吧。"

本文 2013 年 12 月 3 日发表于《光明日报》

逄锦聚:"追求真理的心不能老"

朱虹

◎逄锦聚(资料照片)

　　经多轮专家评审,中国特色社会主义经济建设协同创新中心日前进入国家第二批"2011 计划"公示名单,成为全国首家以经济建设为主攻方向并进入公示的协同创新中心。记者向中心主任逄锦聚教授表示祝贺时,不见他有丝毫轻松······

　　"行百里者半九十,协同创新中心培育、申报不易,要建成世界一流的学术高地、国家智库和人才培养重镇，则需要付出更加艰苦的努力。"逄锦聚说。

平和、睿智、远虑、持重，初见逄锦聚，其学者风范让人顿生敬意。

逄锦聚，南开大学讲席教授，1947 年出生，做过工人、农民，恢复高考后进入大学学习，后考取南开大学经济研究所攻读经济学研究生，1984 年毕业留校任教，长期从事经济学教学和研究工作，2006 年被授予全国"杰出专业技术人才"荣誉称号，2008 年被聘为中央马克思主义理论研究和建设工程咨询委员。

"一部好的教材，让人终身受益，会影响一代甚至几代人"

在南开大学 30 多年，逄锦聚一直没有离开教学和科研岗位。由他指导的博士生达 50 余人之多，毕业后大多成为国家栋梁。他培养学生强调德才兼备，并身体力行教学生"做人做事做学问"。

逄锦聚对教材建设情有独钟，认为教材是教学之本，"一部好的教材，让人终身受益，会影响一代甚至几代人"。20 世纪 80 年代末，他参与由谷书堂教授主持的全国财经类专业研究生教材《社会主义经济学通论》的编写，2000 年开始作为第一主编主持编写《政治经济学》。该教材已发行五版，为全国财经类本科专业采用，2005 年获国家级教学成果一等奖。

2004 年，中央实施马克思主义理论研究和建设工程。逄锦聚被聘为首席专家，他主持编写了全国大学生思政课教材《马克思主义基本原理概论》。此后，他花了 3 年时间，阅读文献、专题研究，与编书组成员一起，从提纲到成稿修改 30 余次。

在逄锦聚看来，好教材的标准至少有三个：一要反映时代和实践发展的最新进展；二要反映理论发展的最新成果；三要概念准确、结构合理、逻辑严密、表述规范，符合教学的基本规律要求。他认为，一本好教材要定期修订而不能一成不变，应该是开放的而不是封闭僵化的。

担任咨询委员后，逄锦聚已不再局限于自编教材。马克思主义理论研究和建设工程的重要任务之一，是建立以马克思主义为指导，凝聚马克思主义中国化最新成果的哲学社会科学学科体系和教材体系。咨询委员会聚集了学养深厚、德高望重的多学科专家，逄锦聚是唯一的京外委员。从教材提纲拟定到书稿撰写，需要他一次次仔细审议，高峰时审议会一个月要召开一到两次。每逢审议会召开，逄锦聚清晨 5 点便从天津动身赶赴北京，一天会议结束，又匆匆返回，到家时往往已近深夜。

参加审议对逄锦聚而言，既是履行责任，又是学习机会。在审议过程中，他认真听取别人意见，诚恳提出建议。为准备审议会发言，他要阅读几十万字教材初稿，又要查阅有关经典著作和相关资料。

苦是苦了点，但他很欣慰，"这几年读的马克思主义经典著作比此前几十年读得都要多"。逄锦聚说。

"经济学家不是算命先生，不是万能的"

逄锦聚几十年研究的主要领域，是政治经济学特别是中国社会主义经济理论与改革发展实践。2004 年马克思主义理论学科独立设置后，他又加强了对马克思主义理论的研究，并把对这两个学科的研究结合起来，相互促进、相得益彰。

逄锦聚主张，学习和研究马克思主义经济学，不仅要把握其基本理论、基本观点以及基本方法，还要坚定为人民群众服务的立场。他常与学生共勉：马克思主义立场就是人民大众的立场，经济学工作者应当代表广大人民大众的利益。

重视调查研究、问题导向和向实践学习，是逄锦聚对自己的硬要求。不管怎么忙，他每年都坚持到实践中调查，向实践学习。正是这样持之以恒的坚持，使得他能够准确发现重大课题并进行前瞻性研究，提出具有重要理论价值和应用价值的观点和政策建议。2001 年，在对京津经济调查的基础上，他撰写了"京津经济一体化"研究报告，提出了若干政策建议，其中关于京津经济统一规划、产业结构调整互补、加快京津间快速铁路和高速公路建设等建议已大多付诸实施，产生了很好的经济效益和社会效益。

对于经济学和经济学家的社会责任，逄锦聚认为，在经济改革和社会转型的过程中，各种类型的经济学家大量涌现并活跃在多个舞台。这一方面反映了经济社会发展对经济学知识的需要，另一方面也在某种程度上存在着经济学家"泛滥"和"贬值"的问题。

"经济学家不是算命先生，不是万能的。"逄锦聚认为，相对于丰富的实践，任何人对复杂经济社会的认知只是非常有限的一部分，任何经济学家都应当向实践学习，向人民大众学习。在经济学知识炙手可热的今天，经济学者针对现实社会中的一些复杂经济问题的言论，一定要持之有据，讲求科学，而决不可为迎合某种需要而信口一说，否则可能误导民众、误导社会、误导舆论，这有悖于人民和社会对经济学家的期望。

"年龄可以老，为民为国尽力的心不能老"

主持国务院学位委员会马克思主义理论学科评议组、教育部全国高校经济学教学指导委员会等学术机构的工作，参与全国哲学社会科学的规划和项目评审，在南开大学和中国社会科学院指导博士生，做调研，写文章……逄锦聚2006年从南开大学副校长岗位退下后，参加的学术性社会活动更多了，用于休息的时间反而更少了。

"作为学者，就是活到老，学到老，做到老。年龄可以老，但追求真理的心不能老，为民为国尽力的心不能老。"逄锦聚说。

其实，对于逄锦聚这样的知识分子来说，"退而不休"已是常态。他们"欣于所遇"而"不知老之将至"，别无他求，只求将全部的心血与精力倾注于酷爱的学术研究和人才培养。

尽管可能因此而牺牲了休息时间，甚至影响了身体健康，但逄锦聚无悔："经济学是经世济民之学。我没有任何理由不把毕生的精力献给经济学研究和人才培养。我的志向在此，追求在此，乐趣也在于此。"

本文 2014 年 9 月 9 日发表于《人民日报》

叶嘉莹：叶落归根再出发

张道正

◎叶嘉莹（张道正 摄）

2016 年 12 月 15 日，叶嘉莹在南开大学参加"叶氏驼庵奖学金"发放仪式。仪式上，这位 93 岁的中国古典诗词大家感慨地说："我从各种人生苦难中走出来了，还活到了今天。如今我的人生即将走到尽头，但教书育人的初心不改，我想把在中国的藏书、书画还有身后积蓄全都留给待了 37 年的南开，衷心希望南开学子能有所建树。"

"叶氏驼庵奖学金"是叶嘉莹先生于 1997 年以恩师顾随先生名号"驼庵"而设立的，至今已 20 载。颁奖典礼上，忆及与顾随先生吟诗相和的往事，叶嘉莹用"师弟因缘逾骨肉，书生志意托讴吟"来评价。

93 载岁月如流，叶嘉莹教书就有 73 年之久。"与老师认识 70 余年，来南开 37 年，这算是百年的缘分了。"叶嘉莹这样笑看教书育人生涯，她向青年学子们展示乱世漂泊之中保留下来的恩师顾随先生当年讲课的笔记，称这是"宇宙间最宝贵的东西"。

一直怀念祖国

"我为什么回到南开来呢？我一直怀念祖国。"2016 年 4 月 6 日晚间，叶嘉莹在天津大剧院进行一次上千人的讲座，回首目睹战乱、背井离乡、身陷囹圄、亲人死难的人生经历时，她这样表达对祖国的思念。

"转蓬辞故土，离乱断乡根。已叹身无托，翻惊祸有门。"叶嘉莹再吟起这首 1950 年写的《转蓬》，当时她与故乡音讯全断，又在台湾遭遇"白色恐怖"，夫妻二人先后被捕，已别无栖身之所。

出生于 1924 年的叶嘉莹，20 多岁时就已经历尽沧桑。"如果说女人是花，自己是很早就凋落了。"

回首往事，叶嘉莹感慨现在很多年轻人可能不会理解自己当年怀念故乡的感情。因为现在有微信、传真、电话，拿着一部手机与海外人面对面讲话，但在当年隔绝就是隔绝，现在很多人不易理解那个时代人的感情。

"我常常梦见我的老家北京，我进去以后院子还在那里，所有门窗都是关闭的，我也梦见我的同学到我老师那里，就是后海附近的位置，芦苇长得遮天蔽月，就是怎么也走不出去，我梦见我在课堂上听我老师讲课，我也梦见我在课堂上给学生讲课……"言及故乡往事，叶嘉莹将梦中每一个细节都记得清清楚楚。

"我从来没有忘记过祖国大陆。"叶嘉莹说，不能回到祖国的时候，就读杜甫的诗，"夔府孤城落日斜，每依南斗望京华"。

"我当年每每念到这个诗，就感觉像回到了自己的祖国，中国的语言文字真是有特殊的美好的效果和力量。"

怀着归乡的渴望，叶嘉莹把强烈的乡愁写进了诗词里。她在美国哈佛校园内感叹"秋深客梦遥""天涯人欲老""从去国，倍思家"。1971年她游历欧洲，欣赏山光水色之余，仍眷恋未能重返的故土："早知客寄非长策，归去何方有故庐？"

1974年，中国与加拿大建交，叶嘉莹马上申请回国探亲，终偿夙愿，她写下长达268句的《祖国行》长歌，开笔即云："卅年离家几万里，思乡情在无时已，一朝天外赋归来，眼流涕泪心狂喜。银翼穿云认旧京，遥看灯火动乡情，长街多少经游地，此日重回白发生。"

谈及回国的情景，叶嘉莹显得有点激动："当时飞机落地了之后，看到北京就流泪。"她甚至有点"妒忌"当晚听讲座的观众："你们是生在多么好的年代，真是太幸福了，太美好了，你们没有这种战乱流离的感觉，所以你们不会珍惜，也不会理解。"

离开将近30年，她终于踏上故乡的土地。1977年，叶嘉莹又和丈夫带着小女儿一起回来。她们在全国旅行，在火车上看到许多人拿着《唐诗三百首》之类的诗词在读，这样的画面很让叶嘉莹感动。回到温哥华，她开始申请回国教书。此时，她已定居温哥华近10年，早被聘为加拿大不列颠哥伦比亚大学终身教授。1979年，她的申请被中国政府批准。

不再是故乡的过客

1979年，叶嘉莹回到祖国访问讲学，当时穿的是"人民装"，就是20世纪70年代流行的那种蓝色女干部服。那是她回国时特意在香港的一家国货商店买的，为的是入乡随俗。

在北大短期讲课以后，叶嘉莹便接受恩师顾随先生之好友李霁野先生的邀请，转到了南开大学。她还清楚地记得，是当时南开大学的书记把她从北京接到南开大学来的。

那是 1979 年的 3 月，叶嘉莹第一次来天津，她记忆犹新："当时的南大操场上还搭着许多临建棚，当然也没有像现在这样的外国专家楼，我只能住在市区的一个饭店里边。那时中国经济不发达，又经历了唐山大地震，南大的老师一个月的薪水只有几十块人民币。"

叶嘉莹回来全是自费，讲课也不要任何报酬。叶嘉莹觉得国家很穷，自己是心甘情愿回来的，不能跟国家要一分钱。

当年南开大学中文系为叶嘉莹安排的课程，是讲授汉魏南北朝诗。她已经 55 岁，每周上课两次，地点在主楼一间约可坐 300 人的大阶梯教室。

初回南开授课，盛况空前。教室里满满当当，台阶上、窗户上都坐着学生，叶嘉莹得从教室门口曲曲折折地绕，才能走上讲台。她穿着蓝色中式上衣，站在讲台上，仪态高雅，激情四溢，京腔婉转，让刚经历"文革"的学生们惊为天人。

一位学生回忆道："叶先生在讲台上一站，从声音到她的手势、体态，让我们耳目一新。没有见过，真是美啊。"

叶嘉莹继承了她的老师顾随先生的讲课风格，"纯以感发为主"，全任神行、一空依傍，注重分享心灵的感受。在黑板上的板书也很好看，竖排繁体，一边说一边写，速度很快，学生们都听呆了。从那以后，一传十，十传百，很多外校的学生也赶到南开大学旁听。临时增加的课桌椅一直排到了讲台边缘和教室门口，以致有时叶嘉莹想要走进教室、步上讲台都十分困难。

学校无奈规定：只有持听课证的同学方可入场。但这样一来引起了其他院校学生的不满。天津师范大学一个女生竟找来一块萝卜刻了一个南开大学文学院图章，自制了一个假听课证。一时间，真假听课证统统洛阳纸贵，每回上课，教室的阶梯和墙边依然挤满了或坐或立的人。

叶嘉莹白天讲诗，晚上讲词，学生听到不肯下课。她与学生们就这样如痴如醉地沉浸在诗词的世界里，直到熄灯的号角吹起。她做了一首诗："白昼谈诗夜讲词，诸生与我共成痴。临岐一课浑难罢，直到深宵夜角吹。"

形容当时的场面。

能够用自己的母语教课，叶嘉莹深感幸福。"不管是在台湾，还是在大陆教书，我可以随便讲，讲到哪里就是哪里。"

自此后，叶嘉莹像候鸟一样，在加拿大和中国之间飞来飞去，她的身影曾出现在南开大学、天津大学、南京大学、复旦大学、四川大学、云南大学、武汉大学等数十所高校里。直到2002年，她终于获得了在华长期居留证。对于故乡，她终于不再是一个过客。

定居南开

近些年，叶嘉莹把自己在海外寄居多年的教学资料、录音录像，一箱一箱地搬回中国，其中包括以前她学生时代听顾随先生课的笔记。动荡岁月中，她曾把这些笔记宝贝似的带在身边，它们现在已由顾先生的女儿整理出版为多种著述。

叶嘉莹认为，这些讲课笔记是"宇宙间最宝贵的东西"，她希望自己短暂的余年能把这些资料整理出个样子来。

1991年，叶嘉莹在南开大学创办"比较文学研究所"，后更名为"中华古典文化研究所"。1993年，她受邀担任南开大学中华古典文化研究所所长，并捐献出一半退休金设立"驼庵奖学金"和"永言学术基金"奖掖后学。2002年，南开大学根据叶嘉莹教授提出的在华永久居住的要求，向天津市公安局申请为其办理在国内长期居留的身份以及相关手续。

2015年10月17日，在南开大学96周年校庆日当天，学校为叶嘉莹修建的"迦陵学舍"正式启用，叶先生正式定居于南开园。

学舍以叶嘉莹先生的号定名为"迦陵学舍"，是一座四合院式的中式书院，位于南开大学八里台校区，建筑面积约为550平方米。迦陵学舍东邻南开大学现存最古老的建筑思源堂，西邻国际数学大师陈省身先生的故居宁园，这是继陈省身先生后，南开大学第二次为学术大家修建"学舍"。

迦陵学舍的建设得到了海内外社会各界的支持。叶嘉莹就读的辅仁大学校址原在北京恭王府中，府内海棠深受叶先生喜爱。此前，得知迦陵学舍即将落成，恭王府特地送来两株海棠，移植在迦陵学舍院内。

站在新启用的学舍前，叶嘉莹表示，自己从小就是读中华传统文化著作长大的，也希望可以把古代传统文化的精华，把古代的诗人、词人们的生命、理想、志意、品德，带着鲜活的生命流传下去。"所以我虽然衰老，但还有未完的志意，将继续努力工作下去。"

她特意赋诗一首以表谢意："结缘卅载在南开，为有荷花唤我来。修到马蹄湖畔住，托身从此永无乖。"她说，诗中的"永无乖"包含了三重意愿：其一表示她将长久以此为家，不再远离；其二是以湖中荷花的君子之德"自相惕励，永无乖违"；其三是对于继起青年学子的美好祝愿，因为"人虽可老，来者无穷，人生之意义与价值正是如此"。

愿做诗词"摆渡人"

叶落归根，叶嘉莹求的不是安定，而是一个新的起点。定居南开后，叶嘉莹依然有一种时不我待的紧迫感。虽然身体每况愈下，但她仍加大了在祖国各地讲座讲学的频率。她说，自己要做的，是打开一扇门，"把不懂诗的人接引到里面来"。否则，上对不起古人，下对不起后人。"我平生志意，就是要把美好的诗词传给下一代人。"

每次讲课，叶嘉莹必然坚持站立。讲起古典诗词，这位素衣华发的老人便焕发出异样的青春。历朝历代诗词的精华，仿佛已然融入叶嘉莹先生的生命。纵情吟咏之后，叶嘉莹感慨，诗词有生命，读诗词能让人有心灵的力量。"稼轩 60 余岁仍想报国，我 90 多岁还在教书，心情也是相近的。"

正是这种书生报国的愿望，让叶嘉莹超越了"小我"生命的狭隘与无常，她牢记顾随先生常跟她提到的话，"要以无生之觉悟，为有生之事业；以悲观之体认，过乐观之生活"。教书育人，广种诗词之花。

创办中华古典文化研究所，捐献积蓄设立"驼庵奖学金"，叶嘉莹希望能借此给予年轻人一些鼓励，使其能认识到在文化传承方面青年人所担负的责任。她希望得到奖学金的青年学子，看到的不仅是这一点儿微薄的金钱，而是透过"驼庵"的名称所表现的一种薪火相传的重要意义和责任。

"我认为，老师和学生之间，尤其是教诗词的，有一种特殊的传承。"叶嘉莹说，中国诗词特有的是承载了作者怀抱、心性和意志的作品，而吟诵尤为重要，能传达诗人的生命和感情。中国几千年诗人和词人的精神和品格都在诗词吟诵之中了。

至于以老师顾随的别号"驼庵"命名奖学金，叶嘉莹表示，这与金钱无关，为的是纪念我与他、我与弟子之间具有的超过血缘的关系。当晚的演讲中，她还笑意盈盈地展示了身上所穿的衣服，还有一件绣有荷花的披肩，说这是许多年前讲课时一位学生所赠。

叶嘉莹重吟"师弟因缘逾骨肉，书生志意托讴吟"这句诗，称"逾骨肉"是因为子女和父母都未必有相同理想，"我却和老师还有弟子建立了思想与心灵的交流"。

"我之所以 90 多岁还在讲诗词，是因为我觉得既然认识了中国传统的文化，这么多美好有意义、有价值的东西，就应该让下一代的人能够领会、接受。"叶嘉莹说，如果我不能够传输给下一代，是我对不起年轻人，对不起古人，也对不起我的老师。

叶嘉莹多次在讲座中表示："我个人平生离乱经过微不足道，但是中国宝贵的传统，这些诗文人格、品性，是在污秽当中的一点光明，希望能传下去，所以是'要见天孙织锦成'，莲花是凋零了，但有一粒莲子留下来，我希望把中国文化传统美好的种子留下来。"

"莲实有心应不死，人生易老梦偏痴。千春犹待发华滋。"这是叶嘉莹曾经写的一阕词。她说，岁月如梭很容易过去，但自己有一个"千春犹待发华滋"的"痴梦"—— 在千年以后，自己种下的莲子还能开出莲花。

本文 2017 年 2 月 12 日由中国新闻社发表

吴学国：用生命点燃思想

郝静秋

◎吴学国（右一）与学生交流（吴军辉 摄）

"哲学是一门很特殊的学问。卢梭曾说，人皆生而自由，却无时不处在奴役中。人的存在本质是自由，但他却由于自己的平庸和惰性，总是在逃避自由。哲学则试图恢复人的生命与这个自由本源的连接，使人确立生命的正当意义。"在南开园里默默躬耕20余载的吴学国如是说。

从青年博士到哲学教授，从中国哲学、西方哲学到印度哲学，吴学国始终致力于研究好的哲学。他认为好的哲学应当唤醒并时刻保守对自由的良知，恢复人的生存与自由的正当关系，使人认识到自由才是自己真正的存在使命。

哲学是一种天生的气质

1967 年，吴学国出生在湖北省荆州市公安县的一个农村家庭。当时，几乎所有的人都在忙着解决温饱问题，可是十几岁的吴学国却是沉迷于玄想。"傍晚时分，干完农活回家，我总喜欢思考：宇宙从哪里来？地球是怎么产生的？我们从何而来？……"每当回想起这一幕，吴学国总是感慨万千。

因为有太多的问题等待解答，吴学国在四年的大学生活里，没有浪费一丝光阴，阅读了大量的哲学著作。"我最爱读黑格尔的古典哲学，那些闪耀着辩证法光芒的话语，让我感受到思想的魅力，带给我观察世界的新视角。"

随着时间的深入，吴学国逐渐发现，哲学是一门学习难度特别大的学科。"它的创作不可能是哪天灵光一闪就能实现的，想要成为一名合格的哲学家，就必须把自己生命的全部时间投入其中。"既是反思自己的过去，也是为了迎接更高难度的挑战，本科毕业后，吴学国毅然报考了复旦大学哲学系。

研究生在读期间，吴学国深深体会到，"哲学是一种特殊的体验和经历，一旦真的入了门，你可能就不会再对其他工作感兴趣了"。他说，对于今天的我们，选择哲学既是一种万幸又是最大的不幸。所谓万幸，是你会和许多哲学家打交道，他们都是人类历史上最伟大的天才，留下了许多宝贵的精神财富；至于不幸在于他们的天才与卓越，会把你压迫得喘不过气来，不得不经常感到自己的平庸。

带着这样的压力，吴学国开始了痛苦并快乐的哲学之旅。1997 年，他考入复旦大学继续攻读博士学位。2000 年获哲学博士学位，专业为佛教哲学。同一年，吴学国进入南开大学哲学系任教，主要从事中国哲学、佛教哲学、印度哲学和比较哲学研究，承担的课程有"印度哲学史""佛教哲学""比较哲学"等。

一个精神世界的孤独探寻者

"哲学同宗教、艺术、道德一样，是人类实现自由的途径。这种自由实现是精神的一个自我否定过程。我们只有不断打破一个旧的自我，才能孕育一个新的自我！"像凤凰涅槃一样，吴学国带着他对真理、对自由的无尽热爱，以及不断自我超越的激情，潜心研究哲学，不断挑战自我。

2003 年，吴学国第一本学术专著《境界与言诠——唯识的存有论向语言层面的转化》由上海人民出版社出版。2006 年，《存在·自我·神性——印度哲学与宗教思想研究》开启了吴学国研究印度哲学的脚步。2017 年，吴学国又出版了专著《奥义书哲学与宗教思想研究》（全五卷）。

为了做好比较哲学研究，吴学国想办法弥补自己在印度哲学方面的不足。2005 年，他开始接触奥义书，而这一研究，至今已进行 11 年。

没有捷径，吴学国只能孜孜不倦、全身心地投入。对他而言，工作就是他的生活，工作就是他的全部。由于长时间地趴在书桌上研究写作，吴学国的眼睛慢慢看不清了。高达两千度的近视，让他的同事和学生忧虑不已。

年近七旬的周德丰是哲学院的一名退休教授，与吴学国既是数载的同事，又是多年的邻居。他回忆："学国老师常常在北村的报栏踱步，一晃就是两个小时。我从那儿经过，他经常看不见我。一方面是他在思考问题；另一方面是他的眼睛真的看不清我。直到我叫他，他才知道。"提起这位老同事，周德丰字里行间都是对他的钦佩与欣赏之情。

"在这个急功近利的浮躁时代，学国老师踏实、淡泊，像是一只潜心研究的'书虫子'，更像是精神界里徜徉的一名战士。他一个人在哲学研究的道路上前行，与史料、文字、精神海洋搏战，其中的辛酸与艰难不是常人能体会的。"

孤灯清茶，见证了吴学国一个个不眠之夜；海量文献，记录着他付出的心血和汗水。2017 年初，这部耗费了吴学国十余载努力的《奥义书思想研究》终于出版。此书一经问世，很快在学术界受到了广泛关注。年近八旬的中国社会科学院学部委员、中国哲学史学会名誉会长方克立教授在读到该书后，亲自致电哲学院，表达对这部专著的赞赏之意："全世界关于奥义书的研究有很多，但是吴学国老师的这部著作是目前国内汉语学界关于奥义书研究做得最好、最全面、最充分的，这是南开大学的一笔重要财富。"

周德丰在看到这部专著后，赋诗一首赠与老友，以表达自己的激动心情："效法屈子赋离骚，楚客廿载何辛劳。披沥肝胆怅寥廓，煎熬心血照天烧。三部心经献荆璞，十篇佳制呈虞韶。手抚简编道珍重，持续海航勿停锚。"

"'板凳坐得十年冷，文章不写一句空！'吴老师这些年来潜心研究，不太被关注，但他是一个真正有影响的学者。他的学术价值在于长远，并会留在学术史上、留在同道者和知音的心里，咱们中国的学术圈子需要这样的孤军'战士'！"哲学院院长王新生说。

大学最终在于培养真正的"绅士"

"谦谦君子""彬彬有礼"是大多数人对于吴学国的第一印象。在他看来，"教育的真正目标是要发现、激发和培养学生心中的自由种子，让它不断成长、发展，形成一个自由的人格，让学生认识到自己内在精神的价值，把真理和正义作为生命捍卫的一个基本目标。"

他说："在我们这样的综合性大学，教育的根本目的不应该仅仅是制造符合市场要求的所谓'人才'，而是要培养懂得并勇于捍卫人类内在精神价值和尊严的真正的'绅士'人格。"

吴学国坦言，自己有一种"好为人师"的冲动。看到朝气蓬勃的学生们，就像是看到春风中马蹄湖畔刚发嫩芽的柳树，充满了生机与活力。他会情不自禁地喜欢他们，并努力在他们身上发现一颗"自由"的种子，精心浇灌、培育，让种子不断发芽成长，让学生不断破茧重生。

"一个好的学生碰到一个好的老师，对于学生和老师来说，都是一种幸运。如果一个学生具有自由发展的可能性，我希望自己可以在学生的成长过程中发挥一点指引作用。"吴学国郑重地说。

在哲学院，有不少学生都喜欢私下里称呼吴学国为"吴大师"或者"大师"，甚至有些老师也这么叫他。吴学国了解后笑笑答道："主要是调侃。"

"我认为这种称呼更多的不是时下鄙俗的调侃与吹捧，而是发自内心的一种敬畏与仰慕。吴老师没有任何的架子，对待学生，有的只是倾听和尊重。"吴学国的博士生单虹泽说。

吴学国长时间在哲学上的追求与探讨，也潜移默化地影响了自己的学生。

曾经在北京大学哲学系旁听了一年半的周会民，特别敬仰吴学国这样博学的教授。因此，他从来南开就打算要延期两三年，以期不负他这个默默无闻的导师。"吴老师所学的内容和所写的内容，是目前国内绝大多数学者所不敢学、不敢想的，比如唯识学、奥义书学，这在之前都只有大师才敢接触，而他却能醉心于此，并且能将这种醉心变成现实中汩汩流动着的清泉，滋润着许许多多像我一样身在沙漠里的干渴之人，这一点让我尤其佩服。"

他和他的"自由本体论"

吴学国一直有一个清醒的认知：哲学是一门奢侈的学问。作为哲学工作者，不能只是享受思辨的乐趣，而是要解决人类生存面临的问题，促使人们更自由、更有尊严地活着。

带着这样的想法，他每天都会面临哲学创作的艰难处境，"就像马克思说的，'科学的入口处，就像地狱的入口处一样'。我们搞原创性哲学，就仿佛是在跟黑暗和虚无打交道，刚开始什么也看不到，但你需要天天盯着它看，逐渐发现某种轮廓，然后越看越清晰，当它最终完全清晰后，再把它如实描绘出来。"因为经常看不出轮廓，吴学国常常几个月一个字都写不出来，而一旦动笔，又会发现篇幅远远超过预期，似乎一个很小的问题都是千言万语难以说清。

20 多年来，他一直努力在建构接续西方哲学传统、吸纳印度哲学传统的一种全新的精神哲学，学生们给他这套理论命名为"自由本体论"，这项研究的完成，将结束新中国成立后国内原创哲学体系极为匮乏这一极度尴尬的现实。

在这套理论里，吴学国揭示出自由是存在、生命和精神的本质。他认为，人之为人的一个特点是生活在彼岸，总是想脱离现有的处境，到达一个理想的境界。这个舍此就彼的运动不是一个线性运动，它是从一个中心或者原点开始，向无限方向发射的爆炸性运动，具有无限维度。而每一个维度都会面临环境的不同阻力、密度和温度等状况。因此向不同方向发射的爆炸碎片，在一定程度后会慢慢凝固，形成一个确定的生命形态，并最终指向自我的中心。

吴学国分析，在精神的自否定运动中，有 4 种维度是最基本的，它们构成了精神生命展开的坐标。这就是精神的自身建构（自组织）、自身维持、自身否定和自身出离运动。这是生命不断扩张自己的 4 种意志，也是生命维持自身存在的先天必要条件。只有生命才有这种自由。作为自否定，自由自身的本性促使它从无过渡到有，从虚无创造出存在。

吴学国多次强调哲学研究的真正意义。他说："哲学应当是一种回忆，就是对人的本真自由的回忆。好的哲学应当唤醒并时刻保守对自由的良知，恢复人的生存与自由的正当关系，使人认识到自由才是他真正的存在使命并勇于承担它。"他认为哲学史研究可以促成这种回忆。哲学通过这种回忆守护人类自由，从而守护人类文明自身。

在《奥义书思想研究》的结尾处，吴学国写道："人类精神史的任何有价值的创造都是在自由推动下做出的成果，都是自由的实现，没有自由，人什么都做不了，没有自由，人什么都不是。"

本文 2017 年 5 月 28 日发表于南开新闻网

陈晏清：哲学人生 家国情怀

郝静秋

◎陈晏清在南开哲学百年庆典上（宗琪琪 摄）

"我在南开的半个多世纪里，一直努力弘扬符合于马克思主义的实践批判本性的哲学精神，为我自己、为我的学生、为我所在的学科培育一种新的学风，即强调现实关怀、注重理论与实践相结合的学风。"80 岁的陈晏清，在自己最新的文集中这样写道。

这套近日由南开大学出版社出版的文集——《陈晏清哲学文集》（八卷本），收录了陈晏清从事哲学研究各阶段的重要著作和文章，全面呈现了他的哲学研究成果和心路历程。

作为我国著名的马克思主义哲学家、南开大学荣誉教授，陈晏清在马克思主义哲学、社会哲学、政治哲学等多个哲学领域都作出突出贡献，但他自谦只是一名普通教师。

"我一直想要对自己几十年的学术活动作个总结，希望给南开哲学的后继者留一点历史资料，把我过去的经验介绍给他们，对他们有一点启发。"一心致力于学科建设和人才培养的陈晏清，在谈起文集编写的由来时如是说。

返本开新 现实关怀

因为兴趣使然，陈晏清走上了哲学研究这条道路。他见证了哲学的"热闹"和混乱，也见证了哲学的冷落和贫困。陈晏清把兴趣升华为一种信念，始终坚持马克思主义理论，和自己的同道们一起探寻出哲学发展的新路向。

1962 年，刚刚从中国人民大学本科毕业的陈晏清，被分配到了南开大学哲学系。而这一待，就是整整 55 年。

从哲学理论上的"拨乱反正"，到清理 20 世纪 50 年代以来我国主要错误哲学思潮，从哲学体系改革到哲学发展创新，陈晏清不断用自己的自信和勇气，探寻马克思主义哲学的真正精神。

陈晏清真正意义上的学术研究，是从"文化大革命"结束以后才开始的，他借用"返本开新"这个概念来概括自己的哲学研究历程。所谓"返本"就是恢复马克思主义哲学的真精神，所谓"开新"就是开创马克思主义哲学研究的新局面。《陈晏清哲学文集》鲜明地体现了返本开新的发展历程。他说："'返本开新'并不是我的发明、我的独创。中国马克思主义哲学的发展必须走'返本开新'之路，这是由新时期中国的哲学状况和社会状况决定的，是新时期中国哲学发展的客观逻辑。我只是逐渐地、比较自觉地把握到了这种客观逻辑。"因此，他和他的学术团队总是依据各时期中国哲学发展、社会发展的实际出发，去安排自己的哲学研究工作。

1979 年出版的《"四人帮"哲学批判》是陈晏清在"文化大革命"结

束后做的第一件有益的哲学工作;《论自觉的能动性》一书于 1983 年 7 月由上海人民出版社出版,对唯意志论和"斗争哲学"进行了深入批判;20世纪 80 年代初期,陈晏清连续几年为南开大学哲学系本科毕业班开设了"哲学原理提高课",讲了 40 多个专题,多是当时有所争论或有所疑惑的问题。这门课程讲授的内容,大都有选择地收入了他编写的教科书《马克思主义哲学纲要》。

"粉碎'四人帮'后,我国哲学界亟须系统性的批判性专著,陈老师连续奋战,日夜不休,一本 20 多万字的《"四人帮"哲学批判》脱颖而出。"陈晏清的 1972 级学生周德丰,对老师的专业素养佩服不已。

1984 年,陈晏清开始担任南开哲学系的系主任。面临当时南开哲学的发展处境,陈晏清暗自设下目标,要把南开哲学学科建设成为一个达到南开平均水平的学科,要把马克思主义哲学建设成为一个强大学科。

他为此开始进行不懈的探索。考虑到当时其他高校在哲学研究上的各自优势,陈晏清认为,只有出奇制胜才能突出南开哲学的特色。20 世纪 80 年代中期,陈晏清开始带领团队进行社会哲学的研究,并于 1990 年出版了由他主编的《当代中国社会哲学》一书。

但在当时的社会环境里,许多人认为中国已经有了历史唯物主义,社会哲学没有研究的价值,为此纷纷质疑。面对众人的疑虑,陈晏清选择了相信自己。1991、1992 年,他停止招收博士生,用自己的全部时间研究这个问题。

经过几年的探索,陈晏清和他的团队在社会哲学的学科观念上获得了具有决定性意义的突破,这就是把握到了马克思社会历史理论的两个哲学维度,即历史哲学维度和社会哲学维度的关系。明确了这两个维度的区别和联系,就为建立马克思主义的社会哲学找到了最基本的理论依据,也找到了研究社会哲学的基本方法。

20 世纪 90 年代之后,哲学的发展进入创新期,陈晏清所率领的南开团队也取得了丰硕的成果,即出版了他主编的"社会哲学研究丛书",开辟了独具南开特色的社会哲学研究方向。近几年,陈晏清又将研究重点集中在了政治哲学上，使学科建设更加规范。

无论"返本"还是"开新"，都是有明确而强烈的问题意识引导的，都是适应于中国社会改革发展的现实需要的。"陈先生是有家国情怀的一个人，他对哲学的所有研究都是跟国家民族的命运紧密相连，他对哲学学科的责任感和使命感深深影响了我们这一代人。"哲学院院长王新生说。

三尺讲台 桃李芬芳

陈晏清在教学上身体力行，一丝不苟。初登讲台，陈晏清把它看得重要无比，甚至看成是决定个人命运的事情。

"对一个教师来说，那三尺讲台是他最重要的活动舞台，是基本讲台，如果在讲台上趴下，就可能一辈子也起不来了。"陈晏清郑重地说道。

为了讲好一堂课，陈晏清可谓煞费苦心。因为当时刚刚毕业，丝毫没有教学经验的他，只能根据自己在人大上学时的一些感受，即自己当时喜欢听什么样的课、不喜欢听什么样的课，来确立一些最基本的教学观念，设计课程的讲授。

"但是我有一个清楚的认识，最重要的是一定要把课真正讲成哲学课。"陈晏清回忆，当时上课学生总是要求多举例子，他往往拒绝这种要求，因为"举点例子有时是必要的，但那是通俗化的需要。学生靠例子理解的概念往往是似是而非、似懂非懂的，运用这样的概念去思考不可能有清晰的哲学思维"。

陈晏清认为，哲学课应当教学生学会思辨，应当用逻辑的力量征服学生，并使学生逐渐学会使用逻辑的力量。所以在他的哲学课上，必须把概念的准确放在第一位，必须有清晰的概念分析。

除此之外，陈晏清在课上还要求自己不讲废话，脱稿讲课。"一节课没有了啰嗦，也就增加了知识含量"，"教师讲课时，不能看天花板，不能看窗户外，也不能总是去看讲稿，而应当看着学生。你看着学生，学生也就看着你，这才有可能让学生跟着你思考"。

周德丰回忆："入学教育有一课是由陈老师以'我们当下为什么要学

好哲学'为题作报告。当时他是哲学系教改领导小组成员之一，年纪只有35岁。他连一片纸也没有带，在大约一个半小时的时间中，却能深入浅出，史论结合，引人入胜，解疑释惑。我第一次领略到一位青年哲学家的风采。"

凭借自己对讲课的热爱和用心，陈晏清赢得了众多学生的认可。

"陈先生特别具有求真创新精神和理论批判精神，关注现实问题，敢于打破学科方向，在教学和科研上都给我们做了很好的榜样。"南开大学哲学院教授、陈晏清的1986级博士研究生李淑梅说。

全国政协经济委员会副主任、天津市政协原主席邢元敏谈道："陈先生帮助我树立了理论意识、问题意识、责任意识，对我的工作学习产生了深远影响，是我一生中的重要导师。"

"陈老师在个人修为方面，担当哲学系主任和人文学院院长后，更觉责任之重大，日益严格要求自己。人们都感觉到，陈老师愈老愈谦和厚重，善择各方面意见；愈老愈严格自律，永葆学者风范。我个人是把陈老师当作榜样来学习的。虽不能至，心向往之。"陈晏清的学生、多年的同事阎孟伟这样评价道。

"上课之余，陈先生对我们的生活也是关怀备至。"李淑梅回忆："当时我们博士论文答辩时，因为没有钱请从北京来的专家吃饭，陈先生就和师母想办法在家做饭，令我们感动不已。"

像李淑梅这样的博士生，陈晏清培养了56名，他们大多活跃在党政机关、文化教育部门和新闻单位。

"我们一直都保持着密切联系，时不时他们还会回来看看我和老伴儿。"谈及自己的学生，陈晏清面带笑意。

今年将步入耄耋之年的陈晏清，由于年轻时过度透支身体，现在眼睛和耳朵都不太灵光。虽然已经退休在家，他却总是闲不下来，目前仍在南开大学当代中国问题研究院担任学术委员会主任，主持协商民主理论研究的课题。只要是哲学院的领导、老师和学生请求帮助，他都会尽量满足。"6月21日我还要去院里参加学生的毕业留影，学生愿意、学生需要，我就乐意。"

　　有时老伴儿难免会抱怨，陈晏清总是回答："人不能享清福，清福不是'福'。人老了，心里就总是惦记着自己的那点儿'家当'，哲学院是我奋斗了大半辈子的地方，人现在虽然不在院里了，但心还是一直都在那儿的。"

本文 2017 年 6 月 24 日发表于南开新闻网

孙红文：朴素爱国情 恢宏奋斗篇

王音　张雯婧

◎孙红文与学生们（资料图片）

孙红文，女，中共党员，汉族，1967 年 7 月出生，教授，博士生导师。现任南开大学环境科学与工程学院院长，环境污染过程与基准教育部重点实验室主任。

在新中国浓厚的爱国主义教育背景下成长，孙红文从小就有着朴素的爱国情结。从南开中学到南开大学，从本科到博士研究生，深受南开精神影响的她，"允公允能，日新月异"的校训早已深入骨髓，成为激励她不断奋斗前行的座右铭。如今，孙红文作为南开大学环境科学与工程学院院长、环境污染过程与基准教育部重点实验室主任，行政工作自不必说，教学、科研任务也十分繁重，还同时身兼各种学术与社会职务。在笔者看来，孙红文就是女超人，是巾帼不让须眉的女英雄。孙红文秉承南开大学教学理念，以为社会输送"公能"人才为目标导向，在教学一线一干就是二十余载，她爱岗敬业，静心教书，潜心育人，德业双馨。在教学与人才培养中倾注大量心血，凭借扎实的专业知识和过硬的教书育人本领，取得了突出成绩，受到广大学生和各级部门的肯定。对照习近平总书记的"有理想信念""有道德情操""有扎实学识""有仁爱之心"的好教师标准，她是当之无愧的好教师。

在课程与教材上见真功

孙红文承担系列本科生、硕士研究生及博士研究生课程，她高标准对待每一门课程，并努力打造精品课程。作为课程负责人，她主持的本科生专业课"环境化学"以及"环境化学实验"入选国家级精品课及国家精品资源共享课。她教学理念先进、教学体系完整、教学手段灵活、课堂气氛活跃、教学效果好，历年在学生评教中名列前茅。她还积极推广南开大学在"环境化学"课程的教育教学改革成果，使之惠及全国。她与时俱进，为使新生代大学生取得更好的学习效果，她积极拍摄慕课，建设课程网站，课程网站资料被收入教育部"爱课程"网站及超星数字图书馆，获得极高的关注度和点击率，成为享誉全国的优秀课程。她还被教育部高校教师网络培训中心聘为特聘教授，负责指导全国高校"环境化学"课的师资培训，对全国高校"环境化学"课程的建设起到引领与示范作用。课程得到教育部教学指导委员会主任委员等广大同行的高度评价。

好课程更需好教材，她十分注重教材建设，编写专著及教材多部。她参编的《环境化学》及主编的配套教材《环境化学电子教案》连续入选普通高等教育国家级"十一五""十二五"规划教材，8年售出24万余册，成为权威教材，得到教师和学生的广泛好评。她还特别注重向国外相关课程与先进教材看齐。在调研了十几部国外环境化学相关教材并作为课程参考资料的基础上，受高等教育出版社委托，孙红文主译了由 Manahan S.E.主编的 *Environmental Chemistry (Ninth Edition)*。另外，她还受邀作为《环境科学大辞典》编委，编写环境化学相关词条，并主编《环境科学大百科全书·环境化学分支》，在编写工作中参考了大量国外相关材料，为我国本科生及研究生教学提供了丰富的资料。

因材施教做好学生的引路人

她一直注重本科生综合素质的培养。在为本科生开设"环境化学"课的学期，实行实验室开放日，让学生了解天津市与教育部重点实验室的研究方向以及最新科研工作；与课程组成员一道，指导国家大学生创新性实验计划/南开大学本科生百项创新工程10余项（申请人指导6项），其中2项获得学校一等奖，2项获得学校二等奖，并将实验室仪器向其他进行百项工程研究的本科生开放；每年都接收优秀本科生进入实验室进行非毕业论文的科学研究，这些学生大多数因为这额外的科研经历，科研能力得到提升，顺利拿到国外以及香港著名大学的奖学金，或被保送到国内著名科研机构与高校读研究生，实现了继续深造的梦想。

孙红文平等对待每一个学生，以仁爱之心对待问题学生，想方设法不让任何一个学生掉队。她总是引导学生关注国家和地方发展，将自身发展与国家发展战略结合起来，鼓励学生战胜各种困难，勇往直前。她出色地完成了传道和授业、教书和育人的双重任务，担负起学生健康成长指导者和引路人的责任，成为学生的良师益友。在研究生培养中，她以"为学生成功学术人生奠基"为己任，更加注重学生意志品格的锤炼，以德立身、以德立学、以德施教。从帮助学生树立正确人生观与价值观入手，培养学生"天下兴亡，匹夫有责"的爱国情怀，增加他们时不我待的紧迫感、舍我其谁的责任感，以此提升高层次人才培养水平。

潜心科研成果惠及全社会

孙红文在科学研究工作中刻苦钻研，表现出较高的学术造诣。她承担各类科技项目 40 余项，发表期刊论文 280 余篇，其中 SCI 摘引论文 140 余篇，获得国内外同行高度赞赏，SCI 论文被引用 2000 余次。在注重基础研究的同时，她还注重实用技术的开发与推广。她发明的重金属复合生物固定剂被农业部选定，在天津市受重金属污染的农田大范围推广，辐射面积达 1000 多亩，挽回了农田资源因污染造成的损失，取得了巨大的社会效益与经济效益。2015 年，孙红文被选拔为"百千万人才工程"国家级人选，今年获得"131"创新团队资助。她学术交流活跃，担任中国生态学会污染生态专业委员会副主任，以及其他国内若干专业委员会委员和国内外学术期刊编委。

孙红文平易近人，温文尔雅，既可见科学家的严谨，又不乏管理者的睿智。爱国情怀，贯穿孙红文答记者问的始终，深深感染着我们这个采访团队。她对学科发展的高度责任感、对人生理想的执着追求、对科学研究的终身学习态度，以及扎实渊博的专业知识和丰硕的学术业绩使她成为一面旗帜，成为青年学子的楷模。她把自己的爱国情怀化为前进动力，用中国梦激扬青春梦，为学生点亮理想的灯，照亮前行的路，激励学生自觉把个人的理想追求融入国家和民族的事业中，为实现"两个一百年"奋斗目标贡献智慧和力量。

本文 2017 年 9 月 8 日发表于《天津日报》

陈军：千淘万漉虽辛苦 吹尽黄沙始到金

马超

◎陈军在实验室工作（赖鸿杰 摄）

　　"感谢国家对科技事业的大力支持，感谢中国科学院学部特别是化学部院士们的鼓励支持，感谢南开多年来的教育培养和各级领导的关心支持，感谢团队成员的密切配合，同时还要感谢家人的默默奉献和理解支持……"浅蓝衬衫外搭深色西装，系一条藏青色、带有元素周期律花纹装饰的领带，陈军以这样的装束同其他 60 位"新科院士"一起参加了中科院 2017 年新当选中国科学院院士座谈会。从中国科学院院长、学部主席团执行主席白春礼手中接过证书那一刻，陈军脑海里想说的话，就是"感恩感激感谢"。

幼年的一支手电筒让陈军对电池产生了兴趣，大学时他作为学生党员带头学习"冷门"专业，如今凭借"电池"入选 2017 年中科院化学部院士……陈军戏称，他的生活就是一部"电池人生"，不仅因为电池研究占据了他绝大部分时间，他本人更是如电池一般，不断学习积累、不断充电放电。

自幼结缘 开启电池人生

"电池研究有两个重点，一个是转化效率，一个是储存密度……"说起电池来，陈军如数家珍。

陈军于 1967 年出生在安徽省宿松县，那时农村用电还很难，一支小手电筒引起了陈军浓厚的兴趣。一按按钮就能给黑夜带来光明，是什么让它亮起来？这束光照亮了他的童年和未来的科研之路。

中学时一本《中学生数理化》让陈军记住了杨石先、高振衡、何炳林、申泮文等大师的名字，而这些大师均出自南开化学，这让陈军心生向往。1985 年，陈军如愿考入南开大学化学系。

大学毕业报考研究生时需要选择研究方向，陈军选择了电池。"那时电池研究不像现在，还是个冷门。我们一届学生中几乎没有人选择这个领域，作为系里仅有的几名学生党员之一，我就带头学起了'冷门'专业。"此后的 20 余年里，陈军对这一"冷门"充满兴趣，并投入了全部热情。陈军发现，"这个方向既能进行基础理论研究，又与应用紧密结合，很值得去做"。

硕士毕业后，陈军选择留校工作。陈军那时心想："教书育人和科学研究，将成为我一生的事业。"陈军说，这就是他刚刚开启职业生涯时的"初心"。

陈军于 1996—1999 年在澳大利亚伍伦贡大学材料系学习并获得博士学位；1999—2002 年在日本工业技术院大阪工业技术研究所任 NEDO 研究员；2002 年，陈军在日本 3 年的工作合同到期，他毅然决定回国，加

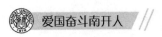

入到南开大学化学学院，将学到的知识和经验贡献给南开和祖国的科教事业。

无论在澳大利亚留学，还是在日本工作，陈军始终没有忘记自己的"初心"。哪怕是现在，陈军当年的同学中已不乏"开豪车、住洋房"的"亿万富翁"，他也从未后悔自己的选择。

千淘万漉　坚持充电放电

陈军将 2002 年回国并受聘为南开大学特聘教授视为自己独立开始科教事业的真正起点。

实际上在新世纪之交，国内的科研条件已经有了很大改善，国家对科技创新的重视也提到前所未有的高度，从国家层面设立了一系列支持学科发展、科教活动的人才项目。陈军一步一个脚印，千淘万漉，在自己的"电池世界"中刻苦钻研，在回国转年就获得国家杰出青年科学基金。

当年埋藏在心中的种子已经破土萌发，梦想仿佛就在不远处闪光。然而，陈军的科研道路并不是一帆风顺，他经历了研究的"瓶颈期"，也有"求之不得，辗转反侧"的彻夜难眠。

2003 年，陈军将研究的目光投入到二次电池能量密度最高的"金属空气电池"，但即使到今天，该类电池研究的难度依然很大。记得当时在研究"金属空气电池"过程中，他反复设计实验方案与环节，反复改进实验操作，可无论如何努力都做不出预想结果。正在陈军怀疑自己"是不是搞错了"的时候，2006 年英国一个实验团队"抢了先"：该团队在"锂空气电池"研究方面率先取得突破并在国际顶尖杂志《美国化学会志》上发表了研究论文。

"该论文完全印证了我们的实验思路，但当时，我们就是做不出来预想的结果。我们也不知道问题出在了哪里。"陈军回忆起当时的心情，用"既不服气，又不甘心"来形容。

在此后的艰辛探索中，陈军和他的团队终于发现了问题所在，导致问题出现的原因是与他们的艰辛探索极不相称的——实验设备的漏气，即

"锂空气电池"实验过程中用到的惰性气体氩气保护的"手套箱"漏气，导致实验原材料遇到氧与水的氧化失效，从而总是不能做出预想结果。

这样的阴错阳差，让陈军错失在"锂空气电池"研究领域拔得头筹的良机，但陈军并未因此气馁放弃，相反，他总是鼓励自己的团队，要善于发现问题，善于解决问题，"电池本身就需要多学科交叉，需要化学、能源、化工、材料、环境等多学科的支撑，这更需要研究人员掌握多学科知识和技能，只有吹尽黄沙，才能寻找到新能源电池领域的突破"。

在此后的日子中，陈军不断充电、积聚能量，并释放出越来越强大的"电流"：他带领团队在室温条件下研制出成本低廉、性能优良的纳米尖晶石，并成功应用于"锌空气电池"，美国两院院士 Goodenough 评价说"室温合成的纳米尖晶石展现出优异的氧还原和氧析出催化性能"；他研发了高容量、高稳定性的金属氧化物电极材料，康内尔大学材料化学家 Archer 评价其材料"已成为下一代锂离子电池高能电极材料的研究范例"；他构建出"新型钠/镁-硫化物"电池，该领域专家 Bando 教授认为"其在低成本和稳定的钠离子电池应用中展现出光明的前景"……截至目前，陈军已发表 SCI 收录论文 290 篇，他引 21000 次，单篇最高他引 1130 次，获授权发明专利 16 项……

陈军的办公室内挂着这样一幅书法作品："合抱之木，生于毫末；九层之台，起于累土；千里之行，始于足下。"这是陈军做事的风格，也是他教育学生的名言——任何事业都应从小事做起，并勤奋坚持。

历尽千帆 归来仍是少年

"当选院士是新起点，一定要以老一辈科学家为榜样，更加静心做好能源化学的科学研究和教书育人。"育人和科研，是 20 多年前陈军作为"实习研究员"留在化学系时许下的"初心"。

陈军是今年中国科学院化学部新进院士中最年轻的一位，也是自 1977 年恢复高考以来南开大学本科生中第一位院士，打破了"南开本科无院士"的"魔咒"。"这个'第一'，对南开来说来得晚了一些。"提及此，

"新科院士"不禁慨叹，以南开在国际国内的学术地位本应有更多的院士，期待将来会有更多的南开人当选。

"南开化学入选了'双一流'建设学科名单，我们一定要抓住机遇，肩负起责任，实现日新月异的发展！"作为化学学院院长，谈及一流学科建设，陈军强调两点"学习"：一是保持"中国特色"，梳理整理我们自己并学习国内兄弟高校学科建设的优点；二是与世界接轨，主动学习哈佛、剑桥等世界名校先进经验，分析关键性指标，以为我所用。"南开大学百年校庆之时将迎来一流学科评估，希望自己与全体南开化学人一起，凝心聚力，不辱使命，以满意的成绩向母校献礼！"陈军这样说。

每天早出晚归泡在实验室，假期被学术会议占满，莫说是带女儿出游或是陪家人逛街，就是陈军自己身上穿的衣服，每一件都是他爱人买好洗好……回国后陈军只有一个春节没有在自己的实验室度过——那一年他在日本学术访问。这 20 多年，陈军对电池的"陪伴"，远远多于家人。

陈军拿出一张明信片，上面稚嫩的字体映入眼帘："祝爸爸文章 yue 来 yue 好！"这是女儿 6 岁那年送给自己的父亲节礼物，这么多年陈军一直把这张卡片收藏在办公室。提及女儿，这位"侠骨柔情"的院士也不禁摘下眼镜擦拭湿润的眼角。陈军的办公桌上，还摆放着女儿幼年时的一张照片：头戴博士帽，身穿小博士服，笑容灿烂，大大的眼睛中闪烁着光芒。

"千淘万漉虽辛苦，吹尽黄沙始到金。"这是陈军最喜欢的两句诗，陈军说，在今后的"电池人生"路上他将继续勤奋积累，不忘初心——那是对待科教事业一片热诚的赤子之心！

本文 2017 年 11 月 29 日发表于南开新闻网

王先明：丈量乡村中国

赖鸿杰

◎王先明（前排居中）与学生一起讨论（赖鸿杰 摄）

党的十九大提出实施乡村振兴战略。乡村问题是一个现实问题，同时也有着广阔的历史背景，包含其近代以来自身形成、发展和演变的基本线索，曾经是近代历史进程中人们努力想要解决的问题之一。

南开大学历史学院王先明教授带领科研团队多年前便将学术研究聚焦于士绅群体与城乡发展，后逐步深入到百年来中国乡村史研究，多年来著述颇丰。今年6月，基于国家社科基金重大项目的最新成果——《中国乡村建设（思想）百年史》《百年中国建设乡村理论与实践论集》两部专著由商务出版社出版，在实施乡村振兴战略中发出南开之声，贡献南开力量。

开乡村研究先河

在早年研究中国历史上士绅群体的过程中，王先明发现，近代以来，城乡发展呈现出背离化的态势——"精英们"从乡村单向流出，走向城市，打破了传统士绅"出者为官、退者为绅"的社会文化，造成了城乡发展的不平衡。尤其是 20 世纪以来在以工业化为主、以城市化为重点的历史变迁中，乡村社会整体衰落持续发生，构成了百年"三农"问题的内在致因。

中国社会的发展本质是乡村社会变迁的延续。王先明认为，要想深刻认识中国社会的特征、了解其内在规律，从新时代的高度去理解乡村振兴战略的意义，还须深入探寻中国百年乡村史、20 世纪中国乡村的变迁。

南开大学在乡村研究方面具有一定传统，民国时期在校任教的著名政治学家萧公权先生就曾出版专著系统梳理 19 世纪中国乡村问题，该书当时被美国多所大学列为教材，影响十分广泛。"19 世纪是传统时代的象征，20 世纪是向现代化转型的过程，那个时候的中国乡村有什么变化？"在延续学术传统的同时，南开团队在新世纪之初开创性地提出新的课题。

2000 年，王先明的文章《开展 20 世纪中国乡村史研究》发表于《光明日报》，在国内率先倡导关注这一学术领域。此后，南开团队多次组织召开全国范围的中国乡村史研究学术会议，许多年轻学者的选题也朝这一方向靠拢。2010 年，该领域的第一套丛书——由王先明担任主编的 8 卷本"20 世纪中国乡村社会变迁"问世，得到了广泛认可和肯定，南开团队声名大振。

汇众家学说所长

同样是在 2010 年，南开团队开始进一步扩展研究范围。这年秋天，以南开大学历史学科研究人员为基础，王先明牵头联合南京大学、山东大学等著名高校的专家学者，以及政治学、经济学等多个学科方向的学术骨干，申报国家社科基金重大项目"中国乡村建设思想（百年）史"并获批立项。

在此之前，学界对该领域的研究都较为分散，国外更多地关注中国乡村革命运动与社会变迁，就乡村建设思想的探讨十分有限。而国内研究多从"局部地区的乡村建设运动""梁漱溟、晏阳初等乡村建设思想家的个人思想""中国革命史""党的领袖的思想"等方面来开展，关于近百年中国乡村建设思想的整体研究，尤其是"乡村建设思想与社会建设思想""乡村建设思想与民族-国家建设之间的历史关系及其演进过程中的动态联系"等具有现实理论意义、实践意义、时代高度的问题，未予以足够关注。

项目开题后，研究团队分赴北京、河北、山西、南京、台湾等地图书馆、档案馆调查搜集资料，开展实地调研，汇总编纂史料。"我们将近百年来的中国乡村建设思想置于近代以来中国现代化历史进程中，揭示其独特的时代特征、传统文化要素与现代性要素的互动价值、发展演进的历史轨迹及其社会实践效应。同时对其历史教训进行深入的学理性研究，以有助于当代乡村建设理论的发展和实践。"王先明说。

中国现代史学会副会长、北京师范大学教授朱汉国等业内专家认为，研究梳理百年中国的乡村建设思想，不仅是对中国乡村建设思想的一次深度挖掘，更为开启新时期的新农村建设提供了深刻的历史经验和路径选择。

"既是基础研究，也是应用研究，不仅描述而且影响下一步的走向。"《中国社会科学》杂志副主编李红岩这样评价该项目。

助"三农"现代发展

"从传统上来说，中国是一个以农为本的国家，无论现代化还是城市化，如果没有农业农村农民的现代化，什么都谈不上，这是关键！"王先明从多年前就深刻意识到了"三农"问题对国家发展的重要性，作为一名学者，他带领团队所进行的研究也一直为中央有关政策提供重要参考。

百年历史发展的工业化进程、城市化进程和现代化进程，基本上都是

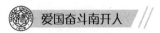

以牺牲农业农村农民为代价的,在这一条件下,现代化发展才取得了可观的成就。城乡一体化要互惠互利,现代化建设取得的成果也应该城乡共享,这样的发展才是正常的发展道路。抱着这样的初衷和理想,研究团队始终坚守百年乡村史研究。

他们的足迹遍布祖国的大江南北,用脚步丈量乡村的历史;他们从繁杂不一又浩如烟海的文字中细细寻找乡村变迁的蛛丝马迹;他们克服档案封闭和阅览权限等多重困难,多方查证、一遍遍编纂。十余年间,研究团队完成了《20世纪之中国——乡村与城市社会的历史变迁》《乡村社会文化与权力结构的历史变迁》《走近乡村——20世纪以来中国乡村发展论争的历史追索》《乡路漫漫——20世纪之中国乡村(1901—1949)》等数十卷专著,发表了上百篇学术论文。

他们的研究得到了海内外学者的热切关注。美国得克萨斯大学历史系教授王笛认为,研究系统梳理了中国20世纪的社会变迁,在视野、理念与方法上都具有前沿性,对进一步了解目前中国政治、经济、文化的发展有很大帮助。中国社会科学院近代史研究所副所长汪朝光表示,当前学界对于在城乡关系的统合视野下进行研究不够充分,而南开团队的研究在注重历史性的基础上,具有强烈的现实观照。

今年3月,王先明主持的又一国家社科基金重大项目“近代中国乡村建设资料编年整理与研究(1901—1949)”开题。该项目作为整体研究的奠基工程,拟将此前近20年研究中积累的近代乡村建设资料进行分类汇编,形成5编15卷本约600万字的《近代中国乡村建设编年资料辑录》。

在百年历史长河中寻找“三农”问题的解决办法,为新时代实施乡村振兴战略提供历史智慧。南开团队将学术研究方向和国计民生紧密结合,在祖国各地的乡村里,在浩瀚无垠的历史资料中,探求20世纪中国乡村发展的史鉴,在漫漫史学科研路上为中国乡村建设提供新的借鉴与启发。

本文 2018 年 10 月 8 日发表于《中国教育报》

罗维斯：讲台给了我力量

马超

◎罗维斯（受访者供图）

自 2015 年 7 月从北师大博士毕业来到南开大学文学院任教，罗维斯开启了"三尺讲台谱春秋"的教书生涯。不久前，这位广西姑娘在第四届全国高校青年教师教学竞赛中从来自 105 所高校的 129 名选手中脱颖而出,一举获得文科组一等奖,这也是此次天津市参赛选手获得的唯一的一等奖。大青色的上衣,海蓝色的阔腿长裤,知性的短发和眼镜,罗维斯以这样的装束参加了颁奖典礼。

"其实此次参赛,最大的收获并不是手中这座奖杯,而是在全国的舞台上看到那么多优秀的青年教师,并且了解到他们的优秀之处。"凝视手中的奖杯,罗维斯如是说。

"相对于比赛,加入这样的团队压力山大"

此次比赛要求每位选手选择一门不少于 2 学分的参赛课程,并提供教学大纲、20 个学时的教学设计和与之相对应的 20 个教学阶段 PPT。比赛当天选手现场抽签确定参赛的具体教学节段,并在课堂教学竞赛结束后撰写教学反思材料。

"所以在比赛赛场上,完全是选手们平时讲课状态的呈现。"带着这样的认识,罗维斯并没有针对比赛做过专门"应试"性的准备,然而入职三年的时间里,她每时每刻都在准备着。

罗维斯所担任的"大学语文"课程是首批"国家级精品资源共享课",在天津市文联主席、南开大学讲席教授陈洪领衔的教学团队中,每位教师都有自己的特色和风格,但大家的共同之处是饱满的教学热情和斐然的教学科研成果。

罗维斯一遍一遍地观看团队中每位老师的教学视频,特别是陈洪老师的教学视频,她已经数不清自己看了多少次,陈老师渊博的学识、完美的衔接、潇洒的讲述,无一不深深吸引着这位即将"登台首秀"的年轻教师。罗维斯一颗火热的心被点燃,她变得愈发跃跃欲试。

入职后的整整一个暑假,罗维斯都是在准备教案中度过。"研究综述要看、专著文集要看、最前沿的科研论文也要看,我希望把基础知识和新的研究思路结合起来。"这是她对自己授课内容的定位。

在撰写教案过程中罗维斯发现,要讲述的内容太多而课时有限,如何筛选内容、布局谋篇、安排详略,如何起、承、转、合,这些都需要精心设计。有时候躺在床上睡觉，一旦有了好的点子，罗维斯也会一骨碌爬起身记下来，生怕错过自己的任何"灵光一现"。罗维斯形容，那个时候自己大脑时常保持"兴奋状态，根本停不下来"，以至于连觉都睡不好。

"其实相对于一次比赛，面对大师云集的教学团队、优秀的同事和优秀的学生，我才是'压力山大'，且这种压力每天都伴随着我，我生怕招牌会砸在自己手里。"罗维斯这样说。

"在这样的氛围中，谁去比赛都不会太差"

南开素有重视教学的传统。学校会为青年教师搭建成长发展平台，帮助他们提升自身素质和能力。

"比如参加这次比赛，校工会、教师发展中心、教务处组织的所有培训不仅仅是指向参赛技巧、包装等方面，更多的是着力提升我们青年教师的教学技能。"回忆起一些参赛选手带着精美的 PPT、"表演性"的教学内容甚至提前设计好的"舞台动作"，罗维斯坦言，那样不是不好，而是不那么真实，台下的评委都是教学方面的资深专家，他们知道在大学的课堂上是什么情形。反观最后能够拿到名次的选手，基本上都是平时讲课时真实状态的呈现。

"功夫用在平时，就是最好的备赛。"罗维斯说，她非常感谢学校工会、教师发展中心、教务处等部门确立的正确"作战方略"和对青年教师们提供的帮助。

课堂上，罗维斯每当自己讲到"两眼放光"时，学生们的眼睛也会放光；每当自己课程设计不够好时，学生的眼神就会黯淡下去。因此她上过的每堂课自己都会撰写分析报告，总结经验教训。对于那些没能够让学生"眼睛放光"的课程设计，罗维斯会去学习团队中其他教师的讲授方式或是带着问题去向前辈请教。

在南开大学，一些退休的老教师会被聘为课程督导，他们会随机去听年轻教师授课并帮助他们改进课堂教学。

在一次讲授"晚清诗歌改良"的课后，罗维斯被课程督导张老师叫住，指出她在讲授时不应单一向学生传达"晚清诗作文学性不强"的观点，而应多层次、多角度引导学生看到"晚清诗作在文学史上的价值和意义"以及在当时时代条件下"开眼看世界和寻求诗歌革新"的难得。

"这让我认识到，教师不仅仅是知识和单一价值观念的传播者，更应培养学生从不同视角看待问题的思维方式，启迪他们的思考。"罗维斯开始意识到，正如一位德国哲学家所说，教育意味着一棵树摇动另一棵树，一朵云推动另一朵云，一个灵魂唤醒另一个灵魂。

教务处开放优秀教师观摩课程时，罗维斯曾迫不及待地去观摩了全国教学名师、数学科学学院教授顾沛的课，"大师"级别的顾沛老师对授课内容形式等依然不断反思和改进，这种"追求课堂完美"的精神震撼着她；"宁一弘道"奖教金评选时，罗维斯目睹了学院资深教授们一一登台，他们的风采吸引着她；罗维斯还曾参加教师发展中心的培训，观摩了公共英语课教研室主任李霞老师的"有效教学"课程，课堂的活跃氛围和李霞老师强大的控场能力感染着她……

"我们学校重视教学的整体氛围浓厚，又有一大批大师和前辈为我们作出了榜样，在这种氛围下，不管谁去参加比赛，成绩都不会太差。"罗维斯有感而发。

"站在讲台上，我就会心无杂念"

今年是罗维斯站在讲台上的第三个春秋。从最初的忐忑、兴奋到现在的从容、淡定，罗维斯也经历了诸多的学习和"打磨"。而这些，让她愈发成熟起来。

"罗老师极富有启发性的讲解拓展了我的思维，提高了我的语文素养，我非常喜欢这门课！""我对于这门课程很满意，目前没有需要改进的地方。""大语老师就是我的女神！最爱上她的课！""不仅从文学知识，而且从价值观等各方面对学生施加积极的影响"……选修过罗维斯"大学语文"课程的学生们在评课系统中这样评价。

"我至今感谢罗老师往我这个'理工男'的身上注入了'文艺'的元

素。"回忆起本科时代选修罗维斯老师的"大学语文"课程，已在计算机学院攻读硕士研究生的刘越说，在罗老师的启发下，自己阅读了一些文学方面的书籍，第一次去认真感受母语的魅力。

有些学生课后会找罗维斯"认老乡"，有些文学爱好者会把诗作发给罗维斯请她帮忙点评，还有些学生在听课后表示希望"转专业"到文学院……这些都是罗维斯在讲课过程中收到的"小确幸"，让她既感欣慰，又压力陡增。

"以前我不明白，为什么我的导师在经历了连续讲课、学术会议、小组会等系列高强度工作后，依然能够在讲台上神采飞扬，现在当自己也成为一名老师，我忽然意识到，作为老师，一走上讲台仿佛就被赋予了超能力一般，就能够从'庸常'状态中抽离出来，全身心投入到讲课之中。"罗维斯说。

事实也的确如此。就在罗维斯走上全国赛场前不久，她的母亲罹患重症，经抢救无效离开了人世。遭受如此晴天霹雳的罗维斯整个人的身体和精神都垮了下去。

"以前维斯说话的时候眼睛总是放着光，但那段时间明显能够感到她情绪极为低落，即便现在她也还没有完全走出来。"同在"大学语文"教学团队的文学院副教授卢桢告诉记者，即便如此，倔强的维斯也丝毫没有退缩，她坚持走上讲台、走到赛场，以她的话说，就是"我一站到讲台上，就会心无杂念"。

"讲台给了我力量，我希望让更多学生感受到中国语言文化的魅力。"轻轻摩挲手里的奖杯，罗维斯的眼眶渐渐湿润起来。

走到今日，罗维斯依然清晰记得自己第一次踏入文学院所在的范孙楼，看到李何林先生塑像时情不自禁鞠上一躬；记得第一次见到叶嘉莹先生时才明白那句"她站在那里就是一首诗"；也依然记得第一次登上讲台，面对一群"眼睛里闪光"的学生讲授"大学语文"时，心中那份忐忑和虔诚。

本文 2018 年 12 月 5 日发表于南开新闻网

朱守非：坚守非常之路

马超　王之康

◎朱守非（右）在办公室工作（马超 摄）

　　深夜 11 点半的南开大学校园已经是一片寂静，41 岁的朱守非像往常一样，从化学学院"石先楼"的实验室离开，快步走回家，他要争取在"今天"入睡。而第二天早上 6 点 10 分，他会准时起床，不到 7 点就精神抖擞地出现在实验室。

　　这是朱守非多年来坚持的一份"时间表"，而自从 2016 年开始担任化学学院副院长，他甚至连周末、节假日都搭了进去。

　　迄今为止，这位"70 后"化学家共发表 SCI 论文 90 余篇，入选国家万人计划，获得国家杰出青年科学基金、"中国化学会青年化学奖"、"天津市青年五四奖章"……

南开校领导不止一次讲道："希望有更多像朱守非一样的青年骨干力量成长起来，助力学校'双一流'建设。"

那么，朱守非又是如何与化学结缘，开展科研工作的呢？

情有独钟，科研育人

从初三开始接触化学，到如今从事化学教育，算起来，朱守非与化学"结缘"已有 25 年。

在南开大学读本科期间，他曾聆听何炳林、陈茹玉、申泮文、李正名等院士的讲座，这些大师的风范让埋藏于他心中的种子破土萌发，一步步"催化"着他对化学从最初的懵懂到后来的"情有独钟"。

从读研开始，朱守非进入了中国科学院院士周其林的实验室，并受到他的言传身教。

"我的导师曾经问我，在高校做科研最大的意义是什么？他告诉我，是育人。"朱守非说，从那之后，他在自己教书育人的工作实践中牢记导师的教导，并逐渐有了深刻体会。"科研为了育人，这让我们不会把学生当作员工来对待，如果学生出现问题，我们会努力帮助他们，而不会苛责他们。"

"不苛责"并不意味着"不严格"，相反，朱守非对待学生如同"严父"一般：他的办公桌上放着一本"签到本"，每天早上 8 点半要求学生准时"打卡"，如有病假、事假等，要提前请假并在他亲自制作的签到表上注明，每次组会要求学生汇报实验进度，实验操作必须按照规程进行，曾有一名女生在操作时违反规程差点出危险，被朱守非"骂"哭。

不过，朱守非也有"温情"的一面：在学生论文进展不顺利的时候，他会请大家吃饭，鼓一鼓劲儿。但当大家做出阶段性成果的时候，他又会默默走开，"让他们自己去庆祝"。

"朱老师很注重培养我们在科研中的专业素养。""不仅仅是实验数据、参考文献、实验记录等，甚至是我们工作汇报的格式与标点符号都严格要求。""朱老师经常工作到晚上 11 点以后，在外开会期间，也会通过邮件告诉我们他在学术会议上突然产生的灵感。"……对于朱守非的严格与温情，他的学生们评价道。

独辟蹊径，勇于"守非"

在朱守非看来，做科研一定要有原创性成果，要做前人没有做过的东西，"要盖一幢属于自己的'楼'，而不是在别人的'楼'上修修补补"。

氢是宇宙中最常见的元素，朱守非就从这一元素入手，重点研究了几类催化氢转移反应。经过"理性设计+实验证实或证伪"，目前，他主要确定了三方面的研究方向：提出"手性质子梭"概念，为金属催化的"不对称质子转移"反应提供了全新的解决方案；发现催化卡宾对硼氢键的插入反应，并实现了其不对称转化，将金属卡宾化学和有机硼化学关联起来；发展多种用于烯烃氢化和硅氢化反应的高效催化剂。

"我们提出概念之初，并没有很快被学界认可，甚至文章也不太好发。"朱守非坦言，如同所有新生事物一样，"原创性"成果诞生之际并非赞誉一片，而是要面对"大咖"们的质疑，面对毫无进展的实验和难以"落地"的文章。

这些外在的评价并没有让朱守非觉得自己的工作是失败的，他只是认为自己做的事情有些"不一样"罢了。"我们应该有勇气去坚守'不一样'，如果每个人做的工作都一样，所有的人力、物力、财力等都投向一个方向，那么，就是重复且危险的。"

在朱守非看来，化学的乐趣在于"探索未知"。在不断试错与坚持之中，他们的工作开始逐渐得到国际的认可，并引发多个课题组的跟进研究。

"很多人穷其一生也未能在某个领域有所建树，这是因为他们的运气不够好，在选择方向时走进了'死胡同'。但他们的工作对后来人仍是有意义的，因为他们用一生的努力告诉后人'此路不通'。"对于当前科研工作的顺利进展，朱守非归结为是自己"幸运"，但他并不怕也走到"死胡同"，并且要"尊重并致敬每一位为科研兢兢业业付出心血和劳动的工作者"。正是这样的想法，给了他"守非"的勇气。

独上高楼，隐忍坚持

自从担任南开大学化学学院副院长，朱守非的工作更忙了，不过对于这种忙，他也看得很开。"刚刚开启独立科研生涯的年轻学者需要更多的时间和精力，我应当多做些服务工作，让他们能集中精力找准自己的兴奋点、着力点、增长点，尽快成长起来，这样南开的科研梯队才能形成，南开化学事业才能够后继有人。"

尽管在别人眼中，朱守非是一位年轻有为的学者，但在他自己看来，41 岁已经不再年轻。

"人在年轻的时候，往往无知者无畏，所以是勇于创新的，一旦在某个领域有了建树，往往容易趋于保守，这时候，他的工作会基于以往经验，也会碍于以往经验。"朱守非基于此给自己制定了规划：在能够创新的年纪创新，在该守成的年纪守成，用有限的学术生命，将自己的工作做到极致。

而之所以有这样不竭的工作动力，朱守非认为，这源于自己的好奇心，更源于一名知识分子的担当。"家国情怀是中华文明生生不息的重要支撑，是我们工作的动力源泉和归属点。"

在今年南开举办的"重温习近平总书记重要回信精神，厚植爱国主义情怀"师生座谈会上，他曾作为教师代表发言："现代战争已经不限于战场上兵戎相见，保家卫国也不再单纯指投笔从戎。我们每一位南开人尽心竭力做好手头工作，就是最现实最有效的爱国方式，我们完全可以在课堂上、在实验室，用我们的聪明才智为国家经济社会发展、文化繁荣和国防现代化建设作出自己的贡献。"

本文 2018 年 12 月 18 日发表于《中国科学报》

陈永胜：开拓绿色能源自主创新之路

吴军辉

◎陈永胜（居中）与团队成员交流（吴军辉 摄）

相对于人类发展历史的有限年代而言，太阳能可以说是"取之不尽用之不竭"的最大的清洁能源。攻克太阳能利用技术，对于解决能源危机，确保能源安全，掌握未来发展主动权具有重要意义。近年来，相对于传统以晶硅等为基础的无机太阳能电池生产工艺复杂、成本高、能耗大、污染重，成本低、效率高、柔性强、环境友好的新型有机太阳能电池成为世界各国在新能源研究中竞争最为激烈的领域之一。

十几年来，南开大学化学学院陈永胜教授团队始终致力于碳纳米材料、有机功能材料及其在能源转化与存储等方面的研究。他们开发的有机太阳能电池器件光电转化效率多次刷新世界纪录。2018 年夏天，他们设计、制备的具有高效、宽光谱吸收特性的叠层有机太阳能电池材料和器件，实现了 17.3% 的光电转化效率，再次刷新了文献报道的有机/高分子太阳能电池光电转化效率的世界纪录。这一成果让有机太阳能电池向产业化迈进了一大步。国际著名学术期刊《科学》（*Science*）杂志刊文报道。

1 月 8 日，2018 年度国家科学技术奖励大会在北京人民大会堂隆重举行。陈永胜教授团队"面向能源转化与存储的有机和碳纳米材料研究"项目荣获国家自然科学二等奖。

有机太阳能电池：绿色能源的未来选择

能源的利用是整个人类发展的基石。从早期的自然火的利用，到钻木取火，到煤炭、石油的利用，人类文明的发展本质上是能源利用能力的发展。当前，地球上有限的化石能源的过度开采与不当使用导致了日益严峻的能源危机和环境污染。因此，开发利用绿色可持续的能源是人类社会发展的方向。

目前，已商业化应用的太阳能电池主要是以晶硅等为无机原料制备的，但因其原材料及电池构筑生产工艺复杂，存在生成成本高、能耗大、污染严重等问题，很大程度上限制了其应用和发展。发展成本低、环境友好、高效的新型太阳能技术成为新能源领域的重大课题。

"如果能利用地球及未来最丰富的元素之一——碳及其材料为基本原料实现高效低成本的绿色能源技术，将对解决目前人类面临的重大能源问题具有重大的意义。"陈永胜介绍，从 20 世纪 70 年代开始的有机电子学及有机（高分子）功能材料的研究为这一领域和实现上述目标提供了重大机遇。

基于有机高分子材料作为光敏活性层的有机太阳能电池，具有材料结构多样性、可大面积低成本印刷制备、柔性、半透明甚至全透明等优

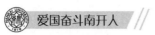

点，且具备其他太阳能电池技术所不具有的许多优良特性。除了作为正常的发电装置外，在其他领域如节能建筑一体化、可穿戴设备等方面亦具有巨大的应用潜力，引起了学术界和工业界的大量研究。

有机太阳能领域里程碑式发展是原美国柯达公司的邓青云（Ching W. Tang）博士于 1986 年报道的双层结构染料光伏器件，光电转换效率约为 1%。经过多年的努力，各国科学家在有机太阳能电池活性层的设计合成、器件优化工艺及器件机理等方面进行了大量的探索。

"特别是近五年来，有机太阳能电池的研究获得了突飞猛进的发展，光电转化效率不断刷新，目前普遍认为有机太阳能电池已经到了商业化的'黎明前夕'。"陈永胜说，作为世界各国在新能源研究中竞争最为激烈的领域之一，开发并引领具有独立的自主知识产权的有机太阳能电池材料和技术，为我国赢得先机，一直是这一领域内中国科学家的努力方向。

突破瓶颈：努力提高光电转化效率

有机太阳能电池发展的最重要"瓶颈"在于光电转化效率低。提高光电转化效率是有机太阳能电池研究首要解决的问题，也是其实现产业化的关键之一。发展高效率、低成本以及重现性良好的可溶液加工活性材料，即有机太阳能电池吸光层材料是实现上述目标的基础。

陈永胜介绍，早期的有机太阳能电池的研究主要集中在聚合物的给体材料的设计合成，活性层是基于富勒烯衍生物受体的本体异质结构。随着有机太阳能电池的飞速发展以及器件工艺对材料的更高要求，具有确定化学结构的可溶液处理寡聚小分子材料开始引起人们的强烈关注。

"其中最重要的原因是这类材料具有结构单一，易提纯，进而光伏器件结果重现性好的优点。"陈永胜说，早期大多数小分子溶液处理成膜性不好，因此主要采用蒸镀的方法制备器件，使其应用前景受到很大限制。如何设计合成获得具有良好性能的并具有确定分子结构的光伏活性层材料是长期困扰各国研究者的关键难题。

2004 年，陈永胜从美国回到母校南开大学任教，建立了以碳材料为基础的绿色能源材料和应用研究团队，并在 2007 年开始进行有机太阳能发电和以碳纳米材料为基础的储电方面的研究。

"当时整个领域处于低谷，光电转化效率在 5% 左右。许多研究者对有机太阳能电池的未来发展不抱信心，甚至纷纷退出。而作为最重要的碳纳米材料石墨烯的研究国内当时还是空白。"陈永胜介绍，当时国外从事有机太阳能电池领域研究的团队几乎全部集中在传统聚合物活性材料上，如果进行这方面的研究风险会很小，但难以形成特色和实现重大突破。

凭借对该领域敏锐的洞察力和审慎分析，陈永胜果断选择了在当时具有重大风险和挑战的新型可溶液加工处理的有机小分子和寡聚物活性材料作为其团队的太阳能发电的主要突破点。目标既定，雷厉风行。从分子材料设计到光伏器件的制备优化，陈永胜带领团队夜以继日，马不停蹄地展开科研攻关。经过十多年的不懈努力，他们终于发展出了具有鲜明特色的寡聚小分子有机太阳能材料体系。

陈永胜团队提出了具有"给体-受体-给体"（A-D-A）构架及确定分子结构的溶液可处理高效寡聚小分子光伏材料设计理念。通过 A-D-A 分子中各单元结构的调节，实现了对材料太阳光吸收、电荷分离传输和成膜性等的有效调控，并克服了聚合物分子量多分散性带来的器件性能重现性问题及传统小分子难于溶液加工的缺点。根据上述理念，他们设计合成了具有确定分子结构和精确分子量的一系列高效有机光伏寡聚物材料，开创了以绕丹宁、茚满二酮等单元为端基，双键桥连的 A-D-A 结构的新型高效可溶液加工的光伏活性层材料体系。

从效率 5% 到超过 10%，再到 2018 年《科学》杂志报道的 17.3%，陈永胜带领团队多次刷新了有机太阳能电池领域光电转换效率的世界纪录。他们提出的设计理念和方法，发展的结构单元等被广泛应用。十几年来，他们在国际著名杂志发表了近 300 篇学术论文，申请了超过 50 项的发明专利，使中国真正引领了有机太阳能电池领域研究和发展。

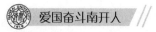

数字上的"一小步",能源界的"一大步"

虽然取得了上述一系列重要的研究突破,但对陈永胜来说,每一次突破都意味着一个新目标的开始。他总在不停地思考,有机太阳能电池到底能达到多高的效率?是否可以媲美硅基太阳能电池?有机太阳能电池应用的下一个瓶颈是什么?现阶段的主要任务是什么?当前我们应该主攻的目标是什么?如何去实现?

2015年,陈永胜团队开始进行有机叠层太阳能电池研究。通过对比无机材料和有机材料的特点,陈永胜认为,要充分发挥有机高分子材料的优势,并实现达到甚至超过以无机材料为基础的太阳能技术性能的目标,叠层太阳能电池是一个极具潜力的方案。更值得注意的是,有机叠层太阳能电池可以充分利用和发挥有机/高分子材料具有的结构多样性、太阳光吸收和能级可调节等优点,获得具有良好太阳光吸收互补的子电池活性层材料,从而实现更高的光伏效率。

基于上述思路,他们利用团队设计合成的系列寡聚小分子制备获得12.7%的有机叠层太阳能电池,刷新了当时有机太阳能电池领域的效率,研究结果发表在领域顶级期刊《自然·光子学》(*Nature Photonics*)上,该项研究还入选了"2017年中国光学十大进展"。随后,通过技术攻关,陈永胜团队获得了验证效率为17.3%的光电转化效率,把有机太阳能电池的研究推向了一个新的高度。

"这一研究结果缩小了有机太阳能电池与其他光伏技术效率之间的差距,大大提升了人们对有机太阳能电池的信心。它同时表明,有机太阳能电池可以实现和无机材料同样的效率。"陈永胜说。

"按照我国2016年43.6亿吨标准煤当量的能源需求计算,如果有机太阳能电池光电转化效率提高一个百分点,相应的能源需求由太阳能电池来产生,就意味着每年减少使用4000吨标准煤,与之相应的可减少二氧化碳排放约1.6亿吨。其社会和环境意义可见一斑。"陈永胜说。

确保能源安全：必须依靠自主创新

"中国是人口数量第一的大国，哪一个行业或领域都不能靠别人，各行各业都需要有自己独立自主的技术。在新能源和核心材料这些核心战略领域，更不能依靠别人。作为科研人员，我们要肩负起责任。"陈永胜常以此鞭策自己和团队成员。

"中国科学家近日发展了一种以碳材料为基础的可以代替高成本的硅基太阳能电池的方案。这一方案使用碳基材料为基础的塑料薄膜为活性层，可以高效地把太阳能转变成电能，因此，可以通过方便和便宜的印刷技术制备，同时可以和建筑外表一起使用。"英国广播公司（BBC）对陈永胜团队最新成果的报道，将重点置于新材料的柔性和可印刷方面。

"我们在进一步提高有机太阳能效率的同时，将进一步研究柔性可穿戴的包括透明的有机太阳能电池，同时和储能设备结合，发展发电储电一体化材料和技术。"陈永胜说。

陈永胜团队早已开始布局并实施下一步的研究规划。在更高效率的有机太阳能电池材料设计与器件构筑方面，他们已经开始了系统而深入的工作，目前进展顺利。为了适应快速更迭的应用需求，陈永胜团队已经在有机太阳能电池应用的关键部分——柔性透明电极方面开展了研究工作，同样取得了较好的研究进展，发展的可适用于有机太阳能电池的柔性透明电极有望进入大面积生产制备，从而在有机太阳能电池柔性印刷制备这一关键技术问题上获得突破，并取得独立的知识产权。

陈永胜希望研究团队和中国企业紧密合作，实现这一领域中国的全产业链的独立自主的太阳能电池制备技术。"在有机太阳能电池这一领域，是为数不多我们中国人处于比较领先位置的领域，同时我们有自己最核心的材料和完全自主的制备技术，虽然我们还有很多事要做，但我们完全有信心在这一绿色能源领域的竞争中为国家提供独立自主和具有国际领先的完全的技术方案。"陈永胜说。

本文 2019 年 1 月 8 日发表于南开新闻网

顾沛：三尺讲台传递“数学之美”

林栋　温才妃

◎顾沛在课堂上（资料图片）

　　直到今天，已经 74 岁高龄的南开大学数学科学学院教授，首届国家级教学名师顾沛，还在给本科生上课。备课、上课、指导学生是他的“日常”。

　　这位看起来平凡的老人，已经作为第一完成人连续五届获得国家级教学成果奖，一等奖 1 次，二等奖 4 次。这个国家级大奖每 4 年评选一次；连续 20 年，顾沛一直榜上有名。这在全国高校都是绝无仅有的。

职业、事业和艺术

天津师范大学教师教育学院院长王光明对 5 年前的一堂课至今记忆犹新——2013 年，顾沛给教师教育学院研究生和"国培计划"学员做了一场讲座，题为"一节初中数学课的深度点评"。

顾沛在点评中，详细分析了教学整体设计、教学语言、教师教态等。听完讲座，数学课程与教学论专业的研究生们大受启发，专门写了多篇论文，深入研究数学课堂追问的类型及特征、教学中如何渗透数学思想等专题。这些论文成功发表，其中有一篇还发表在 CSSCI 期刊上。

"讲座过程中师生之间互动频繁，学员们深受启发，掌声不断。"王光明这样描述讲座的情景。实际上，活力四射是顾沛课堂的常态，也是顾沛的常态。

顾沛把"搞好教学"分成了三个层次：职业、事业和艺术。把教学当职业，就是老老实实完成工作；当成事业，就是孜孜以求，全心投入；当成艺术，则会对教学产生无限的追求，拥有无限创新创造的动力。

"一个教师，如果既把教学当作职业去恪守，又把教学当作事业去热爱，还把教学当作科学和艺术去追求，那么，境界高了，教学效果也一定会更好。"这是顾沛常常勉励自己、勉励青年教师的话，也是他的教学之"道"。

数学之美，美在精神

谈起顾沛的从教之道，还要追溯到 1978 年，国家恢复研究生招生的第一年，33 岁的顾沛考入南开大学读研，毕业后留校任教。

1985 年，陈省身创办南开大学数学研究所，同时成立南开大学数学试点班，从全国高中数学联赛一等奖获奖者中选拔学生，不必经过高考，直接保送到南开大学。陈省身把招生、教学、管理的重任交给了顾沛。从 1985 年到 2007 年的 20 多年里，顾沛一直在为数学试点班工作，因此被学生们称为"试点班之父"。

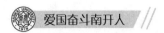

2003 年，国内当时流行送挂历，在陈省身的建议下，顾沛以一月一位数学家为线索，设计了一个挂历草稿，陈省身看后很满意，自己出资印制了一批，并题字"数学之美"。

顾沛认为，数学之美反映了数学最重要的思想和精神。教师登上讲台，不仅要传授给学生知识和能力，还要培养他们的素质和素养。有四种素养是最基本的——自学、推理、健康、信息技术。

他解释，自学的素养是终身学习的意识和能力。学校的学习是学生成长的重要阶段，更为重要的是将来走出校门之后的终身学习。在学习过程中，仅学会知识的分类是不够的，还要懂得逻辑推理。很多知识是相通的，有推理的素养，才能有"一通百通"的学习效果。此外，目前获取信息的渠道很多，要学会利用各种工具，同时不被工具"奴役"，这就需要信息技术的素养。而以上一切的素养，都建立在身心健康的基础之上，所以要有健康的素养。这几种素养综合起来，就会形成"透过现象看本质"的能力。

"太阳东升西落是现象，本质则是地球的自转。我们教学中有很多机会能够培养学生的这种能力，让学生关注自然界的本质、人类社会的本质、宇宙的本质。"顾沛说。

"捡到宝"的听课体验

顾沛的数学课，无论是数学专业课还是"数学文化"公选课，都让学生"服气"，觉得"捡到宝"。

顾沛一般都是提前半小时到教室，擦好黑板，检查好讲台麦克风，提前看看 PPT 屏幕有没有问题。"你做的这些工作，学生都看在眼里。要求学生不逃课、不迟到，自己应该首先做到。"顾沛说，让学生看到教师对教学的重视，这也是一种言传身教。

顾沛的课上少有沉闷繁复的长篇大论，经常是活泼的、兴味盎然的互动。

"学生上课回答问题，答错了你怎么处理？怎样呵护学生的信心？你可以选择让他坐下，然后请别的同学回答问题，但这样势必会伤害学生的信心。你也可以慢慢地引导，帮助他想到一些点，再给他一些肯定。课堂上要让更多的学生都有发言亮相的机会。"如何让学生愿意讨论、爱上思考，顾沛有自己的办法。

"对顾老师印象最深的就是他讲课的时候总是笑眯眯的，跟同学交流时会身体前倾，感觉他打心底尊重、喜爱他的学生。"商学院 2017 级财务管理专业包岩霖说。

谈到听顾沛讲课的收获，包岩霖觉得自己学会了一种数学思维。"在面对复杂的问题时不要慌张，要静下心来，把问题简化，并且通过认真的、不重复、不遗漏的分类讨论来解决。通过课程，我收获了一种全新的对待生活的方法论，指导着生活中的方方面面。"

善教者使人继其志

2001 年 2 月，顾沛在南开大学开创了一门公共选修课——"数学文化"课。

2015 年 9 月，"数学文化十讲"慕课又登陆中国大学 MOOC 平台。

2018 年 11 月，中国教育电视台和高等教育出版社组织评选了最美 100 门慕课，"数学文化十讲"获得了一等奖。

顾沛的"数学文化"课设置有课堂演讲环节。名额有限，学生自愿报名。正式演讲前，顾沛会专门请学生到办公室试讲一遍，再针对试讲情况具体指导。这个试讲环节，就成了顾沛手把手教学生如何教学的小课堂。

课堂演讲 15 分钟，而试讲环节常常需要一个多小时。南开大学国际会计专业学生周磊曾参加过课堂演讲，试讲环节顾沛的悉心指导给了他很大帮助——如何突出重点，如何展示亮点，甚至 PPT 的字体、字号和色彩的使用，顾沛都会给出建议。

除了技术层面的指导，还有风格层面的把握，比如他会对演讲的内容安排、演讲的表现形式作出指导。包岩霖说："我最大的收获是了解到如何具有逻辑性地安排一次能突出重点的演讲，并且讲得生动有趣。"

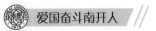

南开大学数学学院教授李军曾跟着顾沛上过两年的课。在他的印象里，顾沛在授课时，连板书都要精心设计，每堂课的时间也规划得很好。顾沛批改作业，不仅会指出问题所在，连病句都给改好。这一点让李军钦佩不已。

在顾沛身上，南开大学数学学院教授丁龙云更为深刻地理解到，把课讲得严谨、生动，掌握好时间，需要付出多大的时间和精力。"这对于我自己后来的备课和讲课产生了深远的影响"，丁龙云说。

本文 2019 年 2 月 27 日发表于《中国科学报》

陆岚：南开人的南海情

郝静秋

◎陆岚（受访者供图）

在我国南海西沙群岛的中部，有一个面积 2.6 平方公里、平均海拔 5 米的海岛——永兴岛。

每年大年三十晚上，还在这里驻岛的工作人员便以岛为家，相邻为伴，一起吃年夜饭、看春节联欢晚会，共同迎接新年的到来。南开大学青年教师陆岚正在三沙市政府挂职，从未有过在海岛过年经历的他，站在这个小岛上，第一次深刻体会到了什么是"与祖国同呼吸共命运"。

2012年，伴随着海南省西沙群岛、南沙群岛、中沙群岛办事处的撤销，三沙市正式设立。这个位于中国地理位置最南、总面积最大、陆地面积最小、人口最少的地级市，对国家加强南海地区行政管理、加快南海经济开发建设、维护领土主权完整等方面具有重大意义。

2013年2月，南开大学与三沙市签署协议，成为首批与三沙市开展全面合作的高等院校，也是目前唯一一所连续三年受到三沙市挂职邀请、支援南海建设的高校。

陆岚是南开大学第三位到三沙市挂职的青年教师。在学校经济与社会发展研究院工作的他，有着长期从事海洋经济研究和物流经济研究的丰富经验，2017年4月，他被选派到三沙市市场监督管理局挂任局长助理职务。

这个土生土长的北方汉子，却对南方的湿热气候十分适应。原来在这以前，陆岚就因开展"海南省海洋经济'十三五'规划"等研究课题，往三沙市前前后后跑了三四十趟。

因为良好的省校合作关系和前面两位挂职同事的兢兢业业，"南开人"在当地有着很好的口碑，"脚踏实地""苦干实干"是三沙市政府工作人员对于"南开人"最多的评价。

陆岚也由此受到同事们的热烈欢迎。他在三沙市主要是两地办公，一处是海口临时办公区，一处是在西沙永兴岛上。

在海口，为了更好地工作，陆岚把自己的行李从宿舍搬到了办公室，晚上就睡在配备的行军床上，"这样也省得我来回跑，加班起来也更方便"，陆岚乐呵呵地说道。

短短数月时间，凭借自身在南开大学积累的研究经验，特别是长期积累的对海南海洋经济和三沙发展的研究基础，陆岚积极主动投入，参与多项重大项目的论证和调研，高质量完成了在南海动态、海洋维权以及海南自贸区（港）建设方面的研究，主笔形成了多个专项研究、调研报告、参阅件、专报……

除此之外，陆岚在挂职期间还主导多个对外联络项目，曾连续对接中国工程院院士团五批次、近 80 位院士专家赴三沙开展国家重大专项调研，最大的一次挑战是承担对接中国工程院连续两次共 48 人次上岛调研的任务。

2018 年 4 月，挂职聘期结束的陆岚，因为表现突出，受到三沙市政府的邀请，希望他延长一年，前往三沙市政策项目研究中心挂职，他欣然应允。今年春节期间，海南省委组织部常务副部长张耕在三沙市委书记张军等的陪同下，专程到三沙市亲切慰问了作为三沙市优秀人才代表的陆岚，感谢他为三沙海洋及维权建设研究作出的突出贡献，鼓励他继续发挥专业优势，为海南建设自由贸易区和中国特色自由贸易港贡献力量。

"只争朝夕、全力以赴，是我们在三沙的'南开人'对自己的要求。"陆岚坦言，"作为一名高校科研工作者，我们应开展接地气的研究，把研究用在刀刃上。当前三沙和海南的发展是国家急需的，这里的建设离不开一大批高端人才、研究型人才的加入，我们有责任发挥自身作用，服务国家战略和地方经济发展"。

和陆岚有着一样在三沙挂职经历的，还有南开大学商学院副教授李季和电子信息与光学工程学院教授刘波。"去那里挂职很值得，因为这是一项光荣的使命。"回想起在南海的那段时光，李季仍然觉得印象深刻。

和李季、刘波一样，陆岚的工作之中也有驻岛这一项。在近两年的时间里，陆岚前后 30 多次登岛，驻岛值班和执行公务 80 余天。

孤独感和寂寞感是对驻岛工作人员最大的考验。"2.6 平方公里的永兴岛，一个小时左右便可以环岛步行一周。"早期驻守南沙美济礁的南海渔政流传着在岛上"养狗狗发呆，养猪猪跳海"的故事。"有战士守礁 3 个月，把药盒的说明书倒背如流……"

"在岛上的生活的确艰苦，但更多的是感动。"陆岚感慨地说，"驻岛官兵、政府工作人员、当地渔民、建设务工人员、志愿者……每个岗位的人都在默默坚守，都在为三沙的发展不懈奋斗着，因为他们明白，这里，

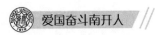

每一块礁石都代表国家。"

刘波也对在三沙的经历难以忘怀。"三沙人大多皮肤黝黑、精神饱满，他们顶着酷暑烈日，却一天也不耽误地追逐三沙梦。"

"爱国爱岛、不畏辛苦，甘于奉献、逐梦前行的三沙精神深深打动了我们南开人，这也与南开大学爱国奉献的光荣传统是相一致的。"陆岚说，"我想在当地建立一所南开书屋，还想让南开大学与三沙市当地以党支部结对的形式开展更紧密的合作，提供更多符合当地实际的服务……"一谈起三沙的发展建设，陆岚就停不下来，似乎还没有意识到自己的挂职聘期即将又一次结束。

今年1月17日，中共中央总书记、国家主席、中央军委主席习近平视察南开大学。当天陆岚正好在永兴岛驻岛值班，在看到习近平总书记视察南开大学的新闻后，他非常激动。习近平总书记"只有把小我融入大我，才会有海一样的胸怀、山一样的崇高"的殷殷嘱托，让陆岚频频点头，红了眼眶。"为三沙服务、为南海建设付出，是南开大学爱国奉献的光荣传统在新时代南开人身上的传承发扬。这两年，我们克服了往返不同岛屿之间的晕船体验，习惯了高温、高湿、高盐、高辐射的南海气候，感动于五星红旗在永兴岛上庄严升起。未来，我们还会继续努力奋斗，为三沙建设发展和海南发展贡献出更多南开力量。"

自三沙市设立以来，南开大学对于三沙的支援建设，除了派遣专家教师挂职以外，双方还开启了"智慧三沙"等相关合作项目；学校组织教师调研完成了《三沙市海洋产业园区战略研究项目建议书》《三沙市发展战略的若干建议》《三沙主题展览馆策划项目》《组建三沙市投融资平台项目》《三沙城市品牌建设项目》《三沙海洋研究成果转化基地项目》等报告；2014年，海南省三沙市政策项目研究中心副主任陈贞国走进南开大学"公能讲坛"，2018年9月，38名三沙市年轻干部赴南开大学开展专题培训……

从天津到海南，跨越了中国版图的一条对角线，虽然相隔近3000公里，但这头的"南开精神"却与那头的"南海精神"默契地合拍。

　　不知不觉中，有越来越多的南开人默默来到这块祖国的蓝色国土，脚踏实地、辛勤付出，在三沙留下了足迹，与南海结下了深情。

　　　　　　　　　　　　本文 2019 年 3 月 6 日发表于南开新闻网

龚克：带着一颗"中国心"奋斗在世界舞台

陈建强　刘茜　马超

◎龚克（资料图片）

　　从卸任南开大学校长一职一年多来，64 岁的龚克一直奔波在世界各地：赴泰国曼谷筹备 2019 年科学工程创新论坛，去法国巴黎出席"移动学习周"，到斯洛文尼亚主持世界建造论坛和世界工程组织联合会执行局会议，还有韩国济州论坛、香港国际工程联盟会议等，眼下他又将启程飞赴突尼斯参加工程会议……作为世界工程组织联合会候任主席，龚克的日程表排得满满当当。

毕业于北京理工大学，后在奥地利格拉茨技术大学深造的龚克原本是一位卓有建树的电子工程专家，但在相继担任天津大学和南开大学校长十余年后，称其为"教育家"似乎更加贴切：在天津大学，他致力于探索"新工科"的创建，大力推动"卓越工程师"培养计划，卓有成效；2011年初履新南开大学后，对于"允公允能，日新月异"的校训颇有心得。他说：大学就要以"育人为本"，"我们培养的学生，必须要有'天下为公'的情怀，也要具备'服务社会'的能力"。他觉得，看起来这和学校排名、学科评估似无关系，但长久坚持下去就会形成学校的"软实力"。

龚克坦言，自己从小受到家庭影响，比如注重读书学习、崇尚科学、待人平等，还有一个重要的方面，就是要关心国家大事。"这不仅是家庭教育，更是社会教育，是中华民族的优秀传统，13 岁的周恩来就提出了'为中华之崛起而读书'，这种家国情怀，我是从小就崇敬的。"龚克很小就读《革命烈士诗抄》，其中一些革命先烈与家中长辈多有交集。受他们"砍头不要紧，只要主义真"的高尚精神所感染，龚克对中国共产党为国家民族独立和人民自由幸福而奋斗的理想有着深挚的情感认同。在任南开大学校长期间，龚克曾多次在不同场合向同学们推荐《革命烈士诗抄》这本书。

11 岁经历"文革"，15 岁进入工厂，8 年后参加高考成为我国恢复高考后第一届大学生，留学归国后在清华大学工作 20 个寒暑……龚克说："40 多年中我始终没有离开大学——我认定自己是一名教育工作者，一直将邓小平为北京景山学校的题词'面向现代化、面向世界、面向未来'作为毕生使命！"

也许正是缘于"育人为本"的情怀，龚克卸任大学校长之后，仍然担任南开大学生态文明研究院院长和新一代人工智能发展战略研究院执行院长之职。他希望这个研究院能够打通不同学科间的界限，在中国环境保护与生态文明建设中发挥培育人才、创新理论、保存历史、资政辅政等方面作用。2018 年，经南开大学与清华大学、北京大学等 3 校首倡，中国高校生态文明教育联盟正式成立，国内 150 余所高校"加盟"。"我们要携手构建高校生态文明教育体系，带动和引导全民生态文明教育，肩负起培育生态文明一代新人的新使命、新任务。"龚克说。为此他曾代表研究院向国家有关部门提出建议，要求把生态文明"作为素质教育的重要内涵普遍推开""渗入课堂内外、各个环节""将生态文明教育纳入教师培训"等。

不久前在天津召开的第三届世界智能大会上，龚克作为闭幕会的主持人乘坐无人驾驶汽车上了讲台，还与"爱因斯坦"实现了"跨越时空的会面"，"霸屏"了很多人的朋友圈。"闭幕式设计这些'黑科技'亮点，就是要让人们意识到，由人工智能引领的新一轮科技革命和产业变革将改变世界的未来。"在龚克看来，人工智能发展最缺的是人才。高校在人才培养的思路上，绝不能只是简单地开设一个人工智能学科来应对智能化对于人力资源的需求。"要让包括法律、经济等专业的学生都能尽快适应智能化趋势对整个经济社会结构产生的颠覆性影响，以充分的知识储备和能力培养去面对未来的世界。"龚克将新一代人工智能发展战略研究院定义为"智库"："我们开展工作所围绕的主线，就是党的十九大提出的促进'人工智能与实体经济深度融合'。为此，研究院持续进行人工智能科技产业的调研，力图刻画其发展形态特征和内在规律，同时汇聚多学科的力量探讨如何对人工智能实行有效治理，以确保其为人类可持续发展服务。"

今年11月，龚克将赴任世界工程组织联合会主席。2017年，龚克作为中国科协推荐的候选人，高票当选为世界工程组织联合会候任主席，这也是该组织成立50年以来首次由中国科学家当选主席。国际工程学界的专家学者纷纷表示祝贺，认为龚克当选是实至名归。"这并不是我个人有多大的本事，而是近年来中国科技进步以及中国对世界科技发展所作的贡献得到了世界各国的认同，是对中国工程能力和影响力的肯定。"龚克说，2017年是我国科技工作者在世界科技组织任职大丰收的一年：这一年内有280多人担任世界重要国际科技组织执行委员的职务，其中有131人担任了主席、副主席及候任主席等职务。相比2016年，我国科技工作者在国际组织高层任职人数增长了将近 70%，担任主席的人数增长超过 50%。

事实上，从 2009 年起，龚克就先后担任世界工程组织联合会信息通信专门委员会和技术创新专门委员会主席，进入世界工程组织联合会执行委员会并担任副主席，并于 2015 年获该组织授予的卓越服务贡献奖。在世界工程组织联合会长期任职的经历中，让龚克感触颇深的是，我国提出的创新、协调、绿色、开放、共享的发展理念，得到越来越多国家工程学界的赞赏。"通过全球的工程能力建设和工程合作，从工程的角度促进'可持续发展'，这也是世界工程组织联合会的宗旨。"龚克希望通过自身的努力，不断扩大世界工程组织联合会的影响力，在世界舞台上奏响"人类命运共同体"的时代强音。

为此，龚克推动世界工程组织联合会向联合国教科文组织提出：希望将每年 3 月 4 日，即世界工程组织联合会的"生日"设立为"世界工程日"。这一建议目前已得到世界上近 200 个工程组织的响应，并已由包括中国在内的非、亚、欧、美等地共 40 多个国家共同提出议案。"这件事预计将在今年 11 月通过，从明年起正式实施。"

对于在世界工程组织联合会的工作，龚克有着很多设想，比如围绕提升可持续发展工程能力，改进现有的工程教育、加强工程师培训、打破地区发展不平衡、吸引更多青年和妇女将工程作为职业选择等。龚克说："我将一如既往地贯彻 WFEO 的目标和使命——让世界工程师联合起来，成为技术和工业革命的中坚力量，为人类建设一个可持续发展的未来。"

本文 2019 年 6 月 25 日发表于《光明日报》

南炳文：冷坐"板凳"一甲子 为留"信史"在人间

祖伯光

◎南炳文在办公室（王京雪 摄）

【编者按】

新冠疫情还在全球肆虐，"世界读书日"却已如约到来。诚然，"书中没有解毒药"，但对于连续几个月禁足在家的人来说，读书的"无用之用"也许正是"大用"——抚慰心灵。

读书不能拯救世界，但一本本书、一座座图书馆，也记载着一代代人的实践和内心，可以帮助今天的人理解甚至解决困境。

近日，本报专访了明史专家南炳文先生。他过年也不休息，不惧疫情仍然着急从天津返回廊坊的办公室，他的愿望很简单：为后来的人读懂那段历史铺平道路。"研究历史为现实服务，关注现实也可以让你多长出一双看历史的眼睛。"

南炳文是我读南开大学历史系时的同学。1961年刚入学，系主任、著名明清史专家郑天挺给同学们讲课，南炳文很为先生的高雅与博学所吸引，学习兴趣浓厚。由此开始，他把志向定在明清史方向。近60年过去，岗位有变，专业从未变过。他幽默地说："我是一条路走到黑了！"

他拿出一份论文著作编年，让我这个老同学检阅。仅从1976年到2013年就有28页之多，计222个篇目，这还不包括此后六年的著述。我不禁惊叹：你的这条路是大放光芒的成功之路，它像一部明清史的百科全书，既有明清两朝的断代史、《中国历史大辞典·明朝卷》等大部头的著作，又有人们未注意的众多微观研究。他不停地纠正我"著作等身、学富五车"的称赞，说明清史是个大海，就是穷其一生也难研究深透，越深入越感觉自己所知甚浅。

本应子承父业当兽医，却读出来一位历史学家

我最近游览天津，看过由南炳文教授撰写、书法家李德海谨书的《三岔河口记》。它石刻于天津北运河岸金刚桥处，长约百米，气势恢宏，用三千余字记述了以子牙河、南北运河三河相交处一带为发源地的天津的发展变迁，以及明成祖朱棣御赐天津之名等史实。如今这方碑文成了天津的一个标志，参观者、旅游者曾问我：南炳文是谁？这么有学问！这一问，打开了我记忆的闸门。

南炳文者，1942年1月生于河北省广宗县陈家湾头村。两岁时因玩日本侵略者遗弃的炸弹炸掉了左手。当时是著名兽医的父亲考虑儿子今后的生计，坚持让他学习一手兽医技术。他回绝了父亲的安排，坚持读书。他争辩道，没有左手怎么给牲口灌药？命运使他没当成兽医，却读书

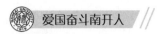

读成一位历史学家。

高考报志愿像一个玩笑，他的第一志愿是南开大学历史系。仅仅因为他听说该系是个保密系，而校名中的南字和自己的姓氏相同。第二志愿才是北京大学中文系。别人说他这不是南其辕北其辙吗？最后他以广宗中学高考第一名的成绩被南开大学录取。

他后来成名是与他的苦读分不开的。学生时期，我与他同宿舍住上下铺。留给我的印象是他的床铺总是空的：晚上就寝他还没回来；早上同学们没起床他已经走了。他每天背一个硕大的书包，里面装满包括明清史在内的历史书和两大册的《辞源》等书，鼓鼓囊囊很沉重的样子。系外同学都向他投来奇异的目光，问他是谁。他把书往图书馆大桌面上一放，对面的同学都看不到他的真面目。

老师提倡读书学习要博和约。他的博是广泛的。学生时代他就通读了《论语》《孟子》等诸子百家的著作；也通读过《史记》《汉书》《后汉书》《三国志》《资治通鉴》等史书；在学习明代资本主义萌芽时，他初涉马克思的《资本论》，之后又通读了《资本论》。涉及明清史的著作是他必读之"约"。

他认为不博则眼界难开，不约则游骑无归。课堂上，老师讲的历朝历代历史知识他都尽量学深学透，触类旁通。低年级就自学高年级课程，校外学者来校作学术报告，他也积极去旁听。他还自创性地把历朝地名变迁标注在地图上以备查考。全班同学都公认他是学霸，有什么问题请教他，均能得到满意的答复。他大学五年考试成绩门门是 5 分，没有一个 4 分。

南炳文大学毕业被分配到中国社科院近代史研究所，之后又回到南开明清研究室。其间，他被借调国家博物馆主持设计明代部分的布展，三年中对明史的方方面面和首次接触的文物实物进行了较系统的整理和研究。初出茅庐，他以其让各方满意的成果显示出扎实的功底。

史学界同行口中的"南炳文精神"

20 世纪 70 年代后期，他做了郑天挺先生的助手，近水楼台先得月，在郑先生的指导下，他把谷应泰《明史纪事本末》作为入门书。同时他也阅读范文澜、吴晗等名家的著作。作为明史领域的跋涉者和探路人，其阅读量、写作量和用时之长是难以想象的，以至于他的右手和残手都磨出了老茧。

20世纪80年代，他和一位老师撰写了百余万字的纪传体《明史》（上下册），并先后于1985年和1991年出版，填补了学界没有长篇明朝章节体断代史的空白。在写作上他加强了薄弱的明代中期的资料的收集和研究；立论、叙事皆以原始资料为依据，力戒捕风捉影，秉笔直书，实事求是，排斥歪曲真相、任意褒贬；把创新当作生命，在研究的重点上尽量酣笔浓墨；坚持史论结合，提出明代的八点经验教训。该书一出版便引起史学界的阅读兴趣。国内大部分高校把它作为学习明史的重要参考教材。日本东京大学等20所高校历史专家联合编写的一部著作对这部《明史》作了重点推介。《明史》也先后获得天津市社科优秀成果一等奖和教育部首届全国高等学校人文社科优秀成果二等奖。2011年，南炳文又作为《清史》上册副主编和下册主编，在大家共同努力下完成了全书的编写任务，该书由天津人民出版社出版，同样受到史学界的好评。

在《明史》撰写过程中，南炳文发现在位48年的明神宗的《万历起居注》中多有史学界未太注意、《明实录》不曾记载的重要内容，具有重要价值，但是该书无全本，残本分存中国和日本，内容几乎各占一半。为了收集日本部分，他用11年闲散时间学习日语。每天早晨起来一边帮助夫人吴艳玲打扫房间，一边收听电台的日语广播。

功夫不负有心人，南炳文最终达到可以阅读日语文献和用日语进行日常对话的水准。他的学术声望早已名扬日本，因此受日本明史研究会会长山根辛夫之邀，他从20世纪90年代初开始三次去日本进行学术交流。中文版本的《万历起居注》在日本是珍藏本，他的日本朋友帮忙将其全部复印出来。加上天津图书馆、北京大学图书馆收藏的版本，他共整理出574个月的接近足本的《万历起居注》。最后南炳文将其辑校成六册300余万字的《辑校万历起居注》。

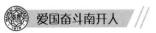

之后他又校勘了《校正泰昌天启起居注》，于 2010 年陆续出版，均获得全国优秀古籍图书一等奖。史学界同行都称它体现了"南炳文精神"，赖有他，才有了这两部重要图书。人们从中可以看到万历（明神宗）和大学士以及宗人府等机构官员办公处理事务的情景，它涉及的朝政领域十分广泛。

几千年来中国历史记载未断就在于"二十四史"的接续存在。2007年，65 岁的南炳文披挂出征，承担了国家《明史》修订工程。他主持召集十几名学者教授，取其所长、按部分工，在郑天挺等教授 20 世纪 50 年代第一次修订的基础上继续前进，重新标点、勘误、考证，写出《校勘记长编》。这次修订重新发现 8400 多条错误。每位专家完成自己的任务后，均由南炳文再通读订正一遍。他用工整的蝇头小字，把有些篇章改成"大花脸"，以弥补其不足。他说自己的任务繁重，但没有这些专家学者的合作是难以完成这次修订任务的。

南炳文形象地比喻他们的修订就像法官断案一样，天天当法官，天天断案。法官要把案子断准，就要沉下心来听原、被告双方陈诉，不可听一面之词。要深入调查，要使有关证据形成链条，收集详尽资料、充分证据再加上有关的论辩推论，才能作出准确的判断。不能让错误遗漏，再留下历史性的遗憾。

婉拒电视台讲史，独坐与古人对话

明代著名画家诗人沈周，为接收粮长年度任务，曾代父赴南京听取圣旨，此为其人经历中影响颇大之事件。但其发生年代，共有年十一、年十五两说。南炳文据明代制度及沈周现存诗文详密考证，得出年三十四之真相，使这位大艺术家、诗人的人生道路更为清晰。为此，他写出沈周游南京年岁考证长文 8000 字，引用史书达 20 余部，由此可见《明史》修订工作之艰巨。历时整整十年功，《明史》修订终于定稿，修订的《明史》校勘长编共有 300 多万字，修订版的《明史》将于一两年后出版。

78 岁高龄的南炳文没有休整，又领衔主持团队进入《明实录》的整理和研究。这个早在 2013 年下达的又一国家社科重大研究项目，虽然已经做了几年的大量准备工作，但这一典籍长约 1600 万字，工程更为浩大，因此整理和研究工作非常艰辛。民国时期，在胡适支持下，著名学者傅斯年曾主持这项文化工程，断续进行 31 年，仅完成了约百分之五到十的工作量，约百分之九十的工作量则要由南炳文团队争取在 2022 年完成。目前团队已进入紧张的整理与研究中。

南炳文常说，等完成这些任务他已经 80 多岁了，必须惜时如命。他没有节假日，没有颐养天年，每天工作约 10 个小时。回家时他才能散步，吃饭时他才能短暂地休息。2016 年，南开大学文科图书馆搬迁到津南校区。他从八里台校区工作室到新校区查阅资料，一天往返要花上两个半小时，这是他无法接受的消耗。正当此时，廊坊师范学院要他兼任特聘教授。他看到该校图书资料齐全便答应下来。该校为他提供了工作室和食宿便利，这对他完成这项国家级重点工程非常有利。

有个时期社会流行戏说明史。因为他是著名明史专家，又曾是全国明史学会的会长，有的电视台请他讲明朝的那些故事，每周一次，待遇丰厚，但被他婉拒了。他要把时间用在学术研究上。为了集中精力，他约束自己每年尽量只参加一次外出的学术活动。他说，真正的学问是你忘记周围的世界，去和史实相融合。一个人独处而不寂寞，是在一个空间里与古人对话。

他从学生时代到现在更换了许多工作室，而他总是被数不清的书刊湮没。这个形象一直未曾改变，就像电影镜头反复地回放。也许有人认为他是个书虫，其实他早年却是文艺骨干，会识谱会教歌，能背诵许多诗词，但他这些特长只不过被专一的明清史的学习和研究压住了。有人说过幸福应该是快乐与意义的结合，他也叙述过自己的快乐：在苦读研究之初，往往存在疑点，而疑点会成为悬念，它吸引我们的注意力，想放也放不下。吃着饭想着它，回家路上骑车也想着它。最后想通找到答案就会异常兴奋，这是一种无法形容的愉快和享受。

他为本科生和研究生开设的明清史及文献学课程，大家都愿意去听。

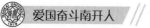

多年来，他培养硕士生、博士生及博士后近百人，全国优秀博士论文中唯一篇明史类论文就是他指导的，有些研究生成为中国社科院及南开大学等十几所院校有关专业的学术带头人。他曾获得全国教育系统劳动模范，并享受国务院专家津贴。有人写诗赞道：一生拼搏欲何求，不计利益身后名。明清一梦六十载，高龄驰骋亦英雄。

近60年过去了，南炳文从青春到白鬓。作为国家任务的担当者，他依然精力旺盛地工作着。他和众多学者教授共同付出的繁重劳作结出硕果。重新修订的《明史》和一两年后将完成整理研究的《明实录》，长达两千多万字的巨著将会与广大读者见面，并永远留存在灿烂的中国历史上。人们会更加准确方便地了解明代历史上的两部"真经"。

本文 2020 年 4 月 24 日发表于《新华每日电讯》

刘遵峰：从 0 到 1，最有意义的创新

朱虹

◎刘遵峰在实验室（吴军辉 摄）

　　潜心于创新性研究，醉心于从 0 到 1 的突破，将天马行空的思路与脚踏实地的应用相结合——在南开大学"80 后"材料学教授刘遵峰看来，新材料的世界魅力无穷。他的多项研究成果发表在国际权威期刊。在他眼中，做科研的基本素质是好奇心和意志力。

　　一件智能材料衣服，可以感知皮肤表面湿度，出汗时长袖变为短袖，汗干后又恢复如初……

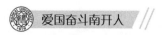

一条人造蜘蛛丝，可以承受很大重量，能够缓慢拉伸且不会像橡皮筋一样快速回弹，当遇到高层火灾时，人们可以借助它缓降自救……

在南开大学化学学院"80后"教授、博士生导师刘遵峰的实验室里，这些天方夜谭般的新材料，都已成为可能。《科学》等国际权威期刊发表了他的多项研究成果。

最喜欢——通过科研改变人类生活

"人类的发展历程也是材料的发展历程，试想一下，如果我们能造出怎么拉都不会断的线，或许可以把地球和月球连接起来。"谈起材料学，刘遵峰神采奕奕。在他眼里，通过新型高分子功能材料研究，找出更强、更智能的材料，就是探索世界的奥秘。

刘遵峰坦言，他喜欢创新性研究，"做科研不跟风追热点，我最喜欢通过科研改变人类生活，我对未知充满好奇"。

2008年，刘遵峰到荷兰莱顿大学做博士后，合作导师帮他选的研究题目是"纳米材料分离蛋白质"，并辅助分析蛋白质的结构。这个课题很难，也很冷门，研究进展非常缓慢，好几年也没发表过重量级的论文。"但多年以后证明，当初的研究开创了一种新的方法来分析蛋白质的结构问题。"刘遵峰说，这段经历让他更深切地感受到，"创新性研究最为艰难，从0到1，是最有意义的创新"。

刘遵峰把目光投向了一个"零"。目前，空调和冰箱广泛应用压缩原理制冷，制冷效率一般低于60%。如何提升制冷效率？常用的改进思路着眼于更换制冷剂、结构设计等方式，而刘遵峰并不满足于此。他的团队参与的一项研究，初步证实了"扭热制冷"技术，这是一种新型柔性制冷方法，使用橡胶、钓鱼线、纺织线等材料像"扭麻花"一样实现制冷，制冷效率可以达到67%，还能降低制冷成本。"之前，人们并没有意识到这些普通的材料可以用来制冷。"刘遵峰说，这种新型制冷技术为制冷领域扩充了一个新的板块，为降低制冷领域能源损耗提供了新的途径。这一研究发现刊载于2019年10月11日在线出版的《科学》杂志上，刘遵峰是论文的通讯作者。

2013 年，刘遵峰开始接触智能材料，他现在的科研创新主线是通过分析利用材料的特殊结构，发现材料的新性质，找到新的应用。

在刘遵峰眼里，创新思路可以天马行空，但应用还得脚踏实地。"人工肌肉"可以模拟人类、动物的肌肉，在医学、航空航天等领域具有广泛的应用前景。然而，此前制备"人工肌肉"纤维主要采用纳米碳材料等，造价昂贵、工艺复杂、舒适性差。刘遵峰带着团队独辟蹊径，利用天然纯蚕丝代替传统纳米碳材料，不使用化学修饰和添加剂，通过常规工业流程来制作智能衣物。

最兴奋——心中的问号被"拉直"

主持多个国家自然科学基金项目，入选国家、天津市等高端人才计划……刘遵峰的简历让人羡慕，然而他却坦言，自己本科成绩不拔尖，研究生也不是保送的，"我并不是老师眼中的学霸"。

学生时代，相比于刷题取得高分，刘遵峰更痴迷于弄清楚问题背后的原理。牛顿第二定律中，加速度表示的到底是什么意思呢？刘遵峰高中时曾对这个问题冥思苦想了一个星期。"这种思维模式，为我后来开展创新性研究打下了坚实的基础。"刘遵峰说。

1998 年，刘遵峰考入南开大学化学系。在图书馆，刘遵峰发现了"新大陆"。每天除了上课，他几乎全部时间都泡在图书馆，对不同领域都有涉猎，如经济、哲学、物理、生物等。回想起当年的经历，刘遵峰感慨万千："大量涉猎各学科知识，极大地提升了我对事物的认知，这种认知方式促进了科研中的创新。"

刘遵峰说，他最兴奋的就是心中的问号被"拉直"。创新研究就像一棵大树，有了牢固的根基，还要有很多枝权才能枝繁叶茂，枝权多了发现新现象的可能性也会增加。"你得知道世界上有什么，才能知道没有什么。"在他的研究中，除了用到化学、材料学知识，还大量应用了物理、数学、生物等知识。

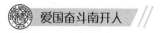

最希望——学生为国家作更大贡献

2016 年，刘遵峰到南开大学任教，担任博士生导师，带了十几个硕士和博士研究生。博士生王润忘不了研究"扭热制冷"项目时的一次经历。"当时测出'扭热制冷'拉长 7 倍的橡胶收缩降温的温度数据一直很准确稳定，然而就在我们准备撰写论文的时候，数据突然变化了，相差 1—2 摄氏度。"王润回忆。

刘遵峰带着大家找原因。排查机器情况、样品制备是否重复、操作手法是否规范、计算是否错误，一一排除后，研究还是陷入了僵局。王润说："我们百思不得其解，甚至怀疑之前的测试数据不准确。刘老师鼓励我们不要放弃，为了获得重复数据，折腾几个月很正常。"最终他们发现，原来是天津夏天湿度较大，造成实验数据发生了变化。

刘遵峰常说："好奇心和意志力，是做科研的基本素质。"学生们都知道，如果受到批评，肯定是因为做事敷衍。刘老师乐观温和，对学生们关心而宽容。在刘遵峰眼里没有坏学生，"他们只是还没学会方法"。

"最希望我的学生快速成长，将来为国家作更大贡献。"刘遵峰说。

本文 2020 年 6 月 5 日发表于《人民日报》

周其林：大道至简 以卓越科研"浇灌"育人之花

吴军辉

◎周其林（左二）在实验室与学生交流（吴军辉 摄）

"如果把我 60 多年的生涯划分为三个阶段，真正开始作点贡献的是后 20 年，是在南开完成的。" 63 岁的中国科学院院士、南开大学化学学院教授周其林日前获得南开大学首届科学研究奖"重大成就奖"。在颁奖典礼上，忆及 20 多年前选择南开的原因时，周其林用八个字概括——学风扎实、学生勤奋。

在旁人看来，这八个字与周其林的"气质"颇为相符。二十年磨一剑，周其林和他的团队凭借"高效手性螺环催化剂的发现"项目，一举获得2019年国家自然科学一等奖，靠的正是那份扎实和勤奋。

然而，熟悉他的师生则从中听出：从教几十年来，在周其林心中，科研和育人重若千钧，未曾有一日改变。做科研——从兴趣出发，坚持0到1的原创，不急不躁，板凳坐得十年冷。带学生——务实严谨，身教言传，自豪于"最好的科研成果，是培养出的学生"。

全国教书育人楷模，未来科学大奖，在《科学》（Science）等国际顶刊发表文章，摘得中国自然科学领域最高奖……尽管各种荣耀加身，但周其林始终淡然从容，大道至简，依旧在化学领域里躬耕不辍，引领更多青年学子爱上化学，打开创造世界的大门。

为学：追求卓越

1977年，作为南京农村的一名普通回乡知青，耕田、除草、收割是周其林每天生活的全部。得知恢复高考的消息，他重新拾起荒废已久的学业，第二年，21岁的他成为兰州大学化学系的一名学生。

从农田到课桌，学习机会来之不易，周其林抓紧一切时间学习，临近毕业，便已明确未来的人生方向——从事有机化学的基础研究。

本科毕业后的十几年，周其林在中科院上海有机化学研究所获得博士学位，并先后赴德国、瑞士、美国从事博士后研究，1999年，到南开大学任教。自此，在南开大学严谨的学风、厚重的文化之中，周其林勤奋地耕耘在自己的分子世界里，尽情享受着化学之美。

过去20年里，周其林带领团队潜心攻关，合成了一系列手性螺环催化剂——国内外同行称之为"周氏催化剂"。这成为合成化学中一个不可或缺的工具，被用于200多种不对称合成反应，还被用于多种手性药物的生产。

手性螺环催化剂在多个不对称催化反应中都保持了最高的催化活性和对映选择性纪录，特别是2011年合成的一种高活性手性催化剂凭借455万的转化数，至今保持着分子手性催化剂的世界纪录。

"手性螺环催化剂带动了手性催化剂的发展，在科学上是有引领性的。"作为"高效手性螺环催化剂的发现"项目参评国家自然科学一等奖的推荐人，中国科学院院士丁奎岭在谈及推荐原因时说，手性螺环催化剂的发现和创造，不仅实现了科学上的突破，同时带来了催化剂的卓越性能，继而产生了推动药物生产等一系列价值，具有"变革性"。

对周其林来说，力争在基础研究领域创新突破，是他始终不变的追求。然而谈及未来，周其林却表示，手性螺环催化剂还会发展，但不再是课题组今后的主要科研攻关方向。

这一决定令很多人不解，甚至惋惜，作为周其林的学生，课题组成员、化学学院院长朱守非教授则这样认识："作为基础研究，从 0 到 1 的原创性的工作已经完成。至于将手性螺环催化剂应用到更多药物、农药、香精香料等的合成和生产这样的研究工作会有应用型科学家跟进。接下来，周老师会继续带领我们瞄准其他更加基础的领域去研究。"

为人：严谨务实

"一个人精力有限，一辈子只能专心做好一件事情，应该及早确立目标并为之努力。"周其林常常这样勉励学生，也照此行动。

1999 年，周其林转任南开大学教授。也正是在这一年，他选定了一类螺环结构，来做"周氏配体"。然而，目标远大，探索之路却崎岖难行。直到聘期中期考核时，周其林团队还没有发过一篇关于手性螺环催化剂的论文。

"在科学领域，绝大部分研究是失败的，成功的总是少数。做科研的人都会遇到各种困难，我认为克服这些困难，主要靠坚持。"谈及最初几年的实验失利，周其林很淡然，"有些人没能坚持，中途放弃或者换了研究方向，但我们坚持了下来。"

"周老师很少有着急的时候，从来没有因为实验进展缓慢批评过我们。"朱守非说，"在以论文论英雄的大环境下，那几年课题组没发什么文章，连我们当学生的都感觉'压力山大'。"

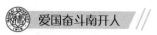

尽管如此,周其林还是不急不躁。"他从来不把压力传导给学生,还是让我们从容地做自己喜欢的研究。"朱守非对此深有体会,"后来我当了老师,才发现能做到这一点太难能可贵了"。

"要把一件事情真正做好,可不是短时间的。有的人一辈子其实就做一件事,一辈子可能就做一个分子,把它做到极致。"周其林说,做研究千万不能着急,越着急压力越大,也越不敢做原创性、周期长的研究。

一直到 2002 年,周其林团队终于做出了初步成果,发出了第一篇关于手性螺环催化剂的论文。经过 20 年坚持不懈地努力,周其林团队最初设定的目标一点点变成现实。

坐在基础研究"冷板凳"上的日子,对于周其林来说却充满魅力,"化学是最富创造性的学科。每天都在创造新物质,好奇心得到极大满足,我很享受这个过程"。

每天早晨 8 点前到实验室,晚上八九点钟才离开,一周 6 个工作日,周其林的生活如同化学反应一样准确。20 年来,他很少缺席课题组的"组会",有时刚下飞机,拎着行李箱就直奔实验室。

为师:春风化雨

"我首先是一名教师,也永远是一名教师。"周其林热爱自己的教师职业,也始终珍惜和坚守自己的教师身份。

"我们在高校里做基础研究的最大意义是什么?"从教多年,周其林曾不止一次对同事们提出这个问题。他的答案是,教育和培养学生。通过将学生引领到学科的前沿,帮助他们学会探知未知世界的方法、分析问题和解决问题的能力,将他们培养成栋梁之材,才是高校之根、为师之本。

为让学生集中精力做研究,周其林尽可能地提高他们的生活津贴;为创造舒心的科研环境,他率先对实验室进行改造;他不把学生当廉价劳动力、催促学生们快出数据、早发论文,而是让他们"遵循规则,练好手艺"……

"做学问第一重要的是独立思考。"周其林常常提醒学生:做研究就是要发现别人没发现的东西，如果你没有独立的思想、独立的思考，不去质疑那些所谓的原理、定理，是做不出新东西来的。

王立新老师在周其林课题组工作了 20 多年，恭敬地称他为"周先生"："周先生教学生从来不是说让学生怎么样、怎么样，而是言传身教、做给学生看。"

周其林的课题组还有一个特点，在学生中已传为佳话，那就是它的开放性。无论本科、硕士或博士，只要对他的研究方向感兴趣，都可以到他的实验室里体验一番。曾有哲学系、英语系的本科生，研究生阶段转学化学，在周其林的指导下获得了硕士和博士学位。

春华秋实、桃李满疆。如今，周其林已为国家培养了 70 余名优秀博士和硕士，他们大多在国内外知名大学、研究机构、制药公司任职，其中有多人获得国家基金委杰出青年基金和优秀青年科学基金资助，入选各类国家级人才计划。

2018 年 5 月，周其林把"第六届中国化学会——中国石油股份有限公司化学贡献奖"的 20 万元奖金全部捐出，用于资助在中学教书、一线教龄 20 年以上的化学教师。这次他又从学校给他的奖金中拿出 50 万元，捐给"杨石先奖学金"，用于奖励化学学院优秀毕业生。

有人曾经问周其林，你日复一日每天和学生埋头于实验室，不觉得枯燥吗？周其林却笑着说："没有什么比和我的学生一起探索未知更幸福、更快乐的事了，这让我沉浸其中，我很平静、很享受。"

本文 2020 年 7 月 7 日发表于南开新闻网

陈洪：好老师与好学生是精神的对话

蓝芳

◎陈洪在办公室（宗琪琪 摄）

【2020 年南开大学教育教学终身成就奖获奖者——陈洪】

  陈洪，南开大学讲席教授、天津市政府首席督学、南开大学学术委员会副主任；曾任天津市文联主席、南开大学常务副校长及文学院院长、教育部中文学科教学指导委员会主任、教育部学科发展与专业设置专家委员会副主任、教育部文化素质教育指导委员会副主任。他担任《文学遗产》《天津社会科学》等报刊编委，《文学与文化》杂志主编，并在多所海内外知名大学任兼职教授。

陈洪教授于南开大学执教逾40年，既是知名学者，也是杰出教师。他荣获国家级教学成果一等奖、二等奖各1次，宝钢优秀教师奖、国家级教学名师奖等，并入选国家"万人计划"领军人才。在陈洪教授所指导的博士生中获全国百篇优秀博士论文奖1人、提名奖1人；此外他还指导学生获全国首届"国学达人"挑战赛冠军。

陈洪教授连续两届担任教育部中文学科教指委主任，领导制订了《中国语言文学类国家教学质量标准》，该标准在高等教育领域具有重大影响，并在全国范围内颁布实施。他主编多部教材，其中《中国小说理论史》被教育部指定为研究生教材，他录制的"六大名著导读"课程入选首批国家级精品视频公开课。

在素质教育领域，陈洪教授所主导的教学改革项目"当代大学生母语教育的理念创新、资源建设与大学语文课程改革"荣获国家级教学成果一等奖，该成果将提升母语素养与民族文化认同作为课程定位，率先开发立体化、集成性、数字化教学资源，对互联网环境下的本科教育进行探索，相关主教材《大学语文》入选"十二五""十三五"国家级规划教材，为全国百余所高校采用。他承办教育部全国大学语文青年师资培训十余次，有力地带动了全国高校大学语文教育的深化。

陈洪教授两次承担国家社科重大项目，2019年担任首席专家主持"'中华诗教'与中国传统文化的传承"项目，服务国家文化强国战略，影响深远。

"那是1979年的春天，我第一次在南开大学登上讲坛，在主楼111阶梯教室里讲的是《文心雕龙》的《神思》篇……"彼时，南开大学讲席教授陈洪刚刚荣获南开大学2020年度教育教学终身成就奖，站在台上发表获奖感言的他分享了自己41年前初登讲坛的一段往事，"课后，一位来听课的教务处副处长拦住我大加鼓励了一番，要我站在讲坛上一直讲下去，直至成为南开园里的教学名师"。

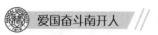

"重视教育教学一直是南开的光荣传统，十分宝贵。"陈洪教授说，曾经的那份鼓励砥砺了一颗初心，激励了一个年轻人扎根南开把一件事做好。

自 1978 年跨过本科直接考入南开大学读研究生，陈洪教授就一直没有离开过南开园。他长期从事中华传统文化、中国古典文学、中国文学批评史、中国古代小说理论、明清小说、文学与宗教等诸多方面研究与教学，时至今日已是南开园里著作等身的知名学者、德高望重的教学名师、声名在外的南开先生，桃李不言，下自成蹊。

"中国古代有一个很有名的'燕昭王黄金台'的典故，李白有一句诗叫'燕昭延郭隗，遂筑黄金台'。'黄金台'是具有冲击力的，它代表着一种价值导向，燕国自此引得群贤毕至，逐渐走向复兴。学校此次重奖教育教学名师，也是代表一种鲜明的价值导向，是在释放一种信号，就是大学的第一功能还是'育人'。"陈洪教授表示。

为师：没有最好　只有更好

"好老师与好老师是不一样的。"陈洪教授认为，大学教师没有统一的模式，也不应是"一个模子"，课堂教学应该允许多种方式、多种风格的存在，但一个最基本的要求是"对于教学的态度和支撑其教学的学术能力"。

"比如罗宗强先生，他为人偏于内向、不善言辞，说起话带有浓重的潮汕口音，可他给本科生讲课的效果特别好，因为学生能听出他内在的思想逻辑美。我所见过的老师里，有讲课特别快的、讲课特别慢的，有口才好的、口才没那么好的，学问到家，态度认真，都是'好老师'。"陈洪教授谈道。

教育的目的是育人，育人工作却难以被百分之百量化。想要讲好一堂课，背后是许多"看不见"的功夫，既需要态度也需要能力。"一堂课，一个小时备课也是讲，三个小时备课也是讲，这些没人知道；这堂课上完了，老师发现学生情绪上有点问题，把学生留下来谈谈，这些也没人知道……"陈洪教授感慨，教育教学没有最好，只有更好，也总能做得更好，"是一件无穷尽的事情"。

为学：精神追求 全情投入

"大学是心智和精神空间最大的地方，主要的生活就是面对知识。读书的时候充实精神，写作的时候是把精神活动表达出来，面对年轻的学生更是感受到了生命与活力。"陈洪教授曾在为研究生开设治学讲座时谈道，在大学里做学问、教书，工作与其生命体验、生命实现都交融到一起，从这个意义上讲，大学老师可谓是"最幸福的职业"。

"可是不能有欺骗"，陈洪教授表示，教师对于学术追求理应是真诚的，是基于对真理的探究，由此才不辜负自己的学术生涯和教书育人的神圣使命。"我们要有这样一个对自己的高标准，才对得起每一个来南开读书的聪明学生。"

从教多年，成就卓著，是否有最得意的教育教学成果？陈洪教授笑言是一种"感觉"："以前每次给本科生上课，尤其是上完比较大的课，我都会兴奋好一段时间。走进教室、站上讲台，你会觉得整个空间里有你与你的精神气场，与学生之间的互动更是能让你感受到一种精神的火花。讲到得意处，你的逻辑推演、情感投入，都能够得到一种反馈和呼应，真是'虽南面王不易也'。"

师生：真诚以待 齐心协力

教育教学需要师生相互成就。"我上课，要求起立互致注目礼。公开课放到网上，有的网友们不以为然，觉得有形式主义之嫌。其实这是基于两点考虑，其一是振作一下精神；其二是一种仪式感——教书与学习都是庄重、严肃的事情，是要双方一起努力完成的。"

在陈洪教授眼中，大学是"精神花园""知识殿堂"。"南开的学风有着自己的传统与特色，较为朴实厚重。另外，南开包容性较强。"陈洪表示，希望一代又一代的南开师生，真诚以待、齐心协力，发扬传统、革故鼎新，不断开辟南开教育教学新的未来，桃李满园，一路芬芳。

本文 2020 年 12 月 14 日发表于南开新闻网

邓少强：人生的意义不在克服而在奋斗

宋莹　张晓然

◎邓少强（受访者供图）

　　近日，在天津市劳动模范和模范集体表彰大会上，我校数学科学学院邓少强教授荣获"天津市劳动模范"荣誉称号。初冬的一个暖日，在数学科学学院教师工作室里，身着藏青色马甲、淡紫色衬衣的他接受了记者专访。谈及自己工作生活的经历时，邓少强坦言："我从未想过放弃。"

　　初识邓少强的人，很容易认定他是一个只关注科研的"学究"，绝对想不到他也是一个"教学狂魔"。在校任职期间，他主持多项教改项目，在拔尖人才培养规律和措施研究中取得显著效果；注重将科研成果转化为教学内容，注重激发学生兴趣，深受学生欢迎；主讲的《抽象代数》入选国家精品资源共享课；独撰的英文专著《齐性芬斯勒空间》在海内外产生重要影响。

从教三十来年，他虽没有各种头衔加身，但为师的光华却难以掩盖。他坚强乐观、单纯简单，生活给予他苦涩，他却一遍遍与命运抗争，引领更多热爱数学的青年学子打开数学那扇神奇的大门。

"南开开阔了我的视野"

1988 年，来自湖南的邓少强从湘潭大学毕业，顺利成为南开大学数学研究所的一名硕士研究生，在对数学科学孜孜不倦的追求与探索中，邓少强开始了与南开园的不解之缘。

"我从未想过，刚刚踏入南开园，就见到了这么多大师。"邓少强回忆，在入学不久的开学典礼上，便见到了陈省身先生、杨振宁教授等他仰慕已久的学术大师，这让他深深感受到南开重视教育教学的氛围，也为他选择留校任教埋下伏笔。

开学不久，邓少强有幸在一场新生座谈会上与陈省身先生交流。陈先生极具耐心地逐个询问年轻人喜欢的研究方向，和大家聊数学、聊科学，邓少强被陈先生的大家风范和睿智谈吐深深吸引。

在之后的研究生学习经历中，只要是陈省身先生的讲座，邓少强从未缺席。也正是在陈先生的影响下，邓少强很快确定了用李群理论研究微分几何，特别是芬斯勒几何这一研究方向。

"做科研最重要的是坚持"

确定方向后，邓少强投入了李群与芬斯勒几何的研究。2002 年，他第一次证明了芬斯勒流形的等距群是李群，美国数学评论认为"这一结果为利用李群研究芬斯勒几何打开了一扇门"。此后他和合作者利用李群理论，系统研究了芬斯勒几何的等距变换群和齐性、对称芬斯勒空间等问题。

2012 年，经著名数学家、加州大学伯克利分校的 J. Wolf 教授推荐，邓少强独立撰写的英文专著《齐性芬斯勒空间》在斯普林格出版社纽约分社出版，被列入著名的斯普林格数学专著系列中，这是我国大陆学者在这个系列发表的第二本著作。这本专著总结了十年来在该方向上的研究成果，美国的《数学评论》对此专著给予了极高评价："本书可以强烈推荐给任何一个希望从李理论角度来研究芬斯勒几何的人。"

邓少强认为，讨论对于做数学研究是非常重要的，每一个做研究的人都要极具问题意识，要通过研讨不断激发灵感，与学生讨论、与同行讨论都有收获。谈及科研压力，邓少强表示，有科研压力是每个搞科研学术的人的必经之路，解决这一问题的关键在于坚持。

"第一步确实很难，关于芬斯勒流形的等距群是否是李群这一问题，我思考了很长时间，在不断查阅资料过程中寻找到答案。庆幸的是，这一艰难的过程中我从未想过放弃。"2002 年，经过几年的不断思考，他和团队在芬斯勒几何领域的第一篇论文发表，他心中的目标也一点点变成现实。

经过十多年努力，目前邓少强及其所带领的团队在齐性芬斯勒几何领域发表了 100 多篇 SCI 论文，其中多篇发表世界一流数学期刊上。

"兴趣是最好的老师"

前不久，邓少强还荣获了 2020 年南开大学教育教学杰出贡献奖。谈到多年来从事教学的心得，邓少强说："激发学生的兴趣是教师的重要职责。"

"很多难解的数学问题，经过邓老师一讲，就瞬间清晰很多。""生动有趣、思路清晰"这是学生对邓少强授课的评价。谈及教师身份，邓少强表示，"像数学这样严密而又艰辛的基础学科，如果学生没有兴趣，根本就不可能学好，所以我每次都会花费很多时间和精力去思考如何将内容讲得生动有趣，如何使我的课堂有较大的吸引力"。

从教多年，邓少强十分注重将科研成果转化为教学内容，把科研内容和习题有机融合，将一些著名数学家论文中的相关定理简化成习题，让学生在习题课上思考。当学生正确解答出这些问题又得知这是大数学家的结果时，眼神中经常会透出自信的光芒。

邓少强的学生胡志广现在是天津师范大学的一名副教授，当问起邓老师给他留下了怎样的印象时，他回忆，"跟随邓老师这么多年，从没见老师生过气发过火。做学问首在思想，邓老师总是无私地将自己的想法分享给学生，在讨论班中介绍学习经验，在潜移默化中鼓励我们紧跟学术前沿"。

平日里，邓少强不光注重学生们对数学研究领域专业问题的思考，也经常用小故事提醒学生们做人的道理，"平日上课时，我经常讲述一些数学大家的故事，就算是数学大家也会有缺点，而做人永远要先于做学问"。

"生活只会越来越好"

36 岁成为教授，38 岁成为博导，在学术领域，邓少强的路似乎走得很顺利。但很多人不知道的是，31 岁那年，一场突如其来的重病打乱了他原本的生活节奏。

1997 年 5 月，邓少强身体不适到医院检查，被诊断为尿毒症，并伴有肾性高血压。"在确诊后的 7 年时间中，我基本都是靠药物维持日常生活，后来病情进一步恶化，靠每周三次的血液透析维持生命。"谈到病痛，邓少强脸上依旧面带笑容，"在疾病最痛苦的时候，我从未想过要放弃，除了住院手术，我没有耽误过一节课。"他骄傲地说。

"我是党和人民培养出来的人民教师，不能忘记自己的职责。作为南开人，更不应该在困难面前低头。南开先贤们在面对日寇的狂轰滥炸时都没有屈服，自己这点困难又算得了什么？"

在师长的鼓励和同事们的帮助下，邓少强一边与病魔斗争，一边义无反顾地坚持教学科研。除了住院和肾移植手术休息了半年，每学期他都承担本科教学工作，还承担了各种科研、指导研究生和社会工作，很多学生竟从未发现邓老师是一个病人。

2003年底，他成功实施了肾移植手术，虽然术后需要终身服用抗排异药物，但摆脱了血液透析，有更多的时间来进行教学科研工作，这让他非常高兴。

如今，在邓少强身上看不出与病魔对抗二十多年的影子，而持久战仍要继续。邓少强始终相信"运动的目的不在胜利而在竞争，人生的意义不在克服而在奋斗"。"无论是教学还是科研，我都不会轻言放弃。"他是这样说的，也是这样做的。

"劳动是一切幸福的源泉。"习近平总书记在全国劳动模范和先进工作者表彰大会上这样说。天津市劳动模范这枚沉甸甸的奖章是对邓少强几十年如一日奋力拼搏、争创一流、勇攀高峰的礼赞。

对教学的热爱与忠诚，邓少强用实际行动诠释了爱岗敬业、艰苦奋斗、淡泊名利、甘于奉献的劳模精神，崇尚劳动、热爱劳动、辛勤劳动、诚实劳动的劳动精神和执着专注、精益求精、一丝不苟、追求卓越的工匠精神。在未来，朴实、坚毅的邓少强将一如既往，继续为南开作出新的贡献。

本文2021年1月2日发表于南开新闻网

王立新：一心一意做好自己热爱的事业

郝静秋

◎王立新在办公室工作（宗琪琪 摄）

本月初，南开大学国际教育学院和文学院教授王立新收获了一件喜事，他的个人专著《古犹太历史文化语境下的希伯来圣经文学研究》获评教育部第八届高等学校科学研究优秀成果奖（人文社会科学）一等奖，这也是目前国内哲学社会科学领域最具公信力和影响力的重要奖项。

这部专著不厚，全书只有二十多万字，但却凝聚了他耕耘希伯来文学领域近十年的思考。

中国学术界圣经文学研究领域唯一的学术专刊《圣经文学研究》专门

发表文章，称本书"为国内圣经文学研究的一座里程碑"。"当前国内的《希伯来圣经》研究学者中，掌握希伯来文者极少，绝大多数不懂原文，研究时大多借助于圣经注释或英文文献等二手资料，或者直接避开对原文的语义分析。王立新是国内为数不多能直接研读《希伯来圣经》原文的学者，他的新著经常分析希伯来原文语意，得出了具有说服力的结论。"

王立新回忆道，"这其实源于我给博士生上课的一个最初讲稿，经过不断打磨，等到作为专著出版时才发现已经是十年之后了"。

从欧美文学到希伯来文学，从发表论文专著到编写教材，从教研室主任、中文系副系主任到院长助理、院长，三十多年来，王立新一心一意、踏踏实实，始终坚守在教育教学、科研创新的一线。

20 世纪 80 年代末，王立新硕士毕业后留校任教，为了使希伯来文学这一南开特色研究方向继承下去，他在南开外国文学教研室教授、著名希伯来文学研究专家朱维之先生的安排下，前往南京金陵协和神学院，师从圣经希伯来语和希伯来《圣经》研究专家许鼎新教授，进修希伯来语。

1995 年，王立新经过选拔考试，作为当时的国家教委派往以色列的第一批高校文科教师，赴以色列希伯来大学人文学院继续深造，学习希伯来文化与《圣经》。回到南开后，王立新学以致用，开设了当时在国内还很少有学校能够开出的"希伯来文学"这门课程，而这门课，一上就一直持续到了现在。

"没想到能讲这么久。但只要看到同学们眼中的亮光，我就浑身充满了动力。"王立新笑着说道。

除此之外，王立新还参与了"外国文学史""古代欧洲文学研究""欧美现当代文学研究"等课程的教学研究。在他看来，"给本科生上课，需要给学生一个完整的外国文学架构和谱系。作为一名合格的老师，自己对该研究领域应有整体的了解，只有在扎实宽泛的基础上，才能进行深入的研究"。

一位老先生曾这样评价王立新：他不像一些年轻人那样浮躁、好高骛远，也没有生活懒散、不求甚解的作风。他于朴实无华的为人处世之中，

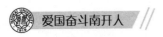

洋溢着一股蓬勃向上、昂扬进取的朝气。

这些年来，作为我校的"双肩挑"教师，繁杂的行政工作占去了王立新的许多时间。每每是夜深人静，喧嚣散尽，他才能静下心来读书，写作，思考。

虽然时间有限，但王立新丝毫没有降低对于教学的认真、研究学术的严谨。在那个电脑不太普及的年代，王立新都是拿着带格的草稿纸手写课本、教案；尤其写论文时，常常一写就是一两万字，写完修改后，又是手抄一遍；有时为了能把一条几十个字的注释做准确，王立新往往需要翻阅查找两三天的资料……

"确实常常感觉时间不够用，也没有下班、加班这种说法，尽管一路走来肯定会有身心疲惫之时，会遇到不少困难，但自己还是咬紧牙关、坚持了下来。"

问及原因，这位自称有点"理想主义"的学者坦言："我是60年代出生的，我们那代人，好像真的骨子里面有一种使命感，有一种理想主义精神。文学与人类生活的精神价值和审美情怀紧密联系在一起，文学创作、文学批评和文学研究既关乎人文传统，又体现着时代文化的特征。既然自己热爱文学专业，当然坚信自己所做的东西是有意义的，有意义的事情就应该坚持，就应该不断钻研。"

王立新对于学术的热爱和奉献，也深深影响感召着他的学生。其中，不少学生已成长为各自学校的中坚骨干。

南开大学文学院副教授王旭峰说道："在我们学生心目中，王老师是一位内心深邃、博大又宽厚的学者和长者，他时时以自己的学识和品格塑造培养着大家。在他身边，我们总能感受到他的学术热情，体会和理解到学术研究的乐趣与精妙之处。"

几十年的付出与坚持，使得王立新成为国内希伯来文学与文化和外国文学研究的知名学者。他先后出版《古代以色列历史文献、历史框架、历史观念研究》《王立新教授讲希伯来文学和西方文学》《潘神之舞》《欧美文学史传》《欧洲近现代文学艺术史论》等著作；主编《外国文学作品选读》《外国文学史（西方卷）》《外国文学史（东方卷）》等教材，他参与主编的《外国文学史（欧美卷）》曾获评"九五"国家级重点教材、国家教委优秀教材一等奖、"十一五"规划教材；在重要期刊上发表数十篇论文，承担"古代以色列宗教文化语境下的希伯来神话研究""希伯来文学经典与古代地中海文化圈内文学、文化交流研究"等国家社科基金项目、重大项目。

对于王立新来说，一心一意做好教书育人、创作研究就是他的人生追求。

这位即将迎来花甲之年的学者，在谈及未来的生活时，字里行间心心念念的仍是自己的项目和学生。

"我要把'希伯来文学经典与古代地中海文化圈内文学、文化交流研究'这个项目好好做完，因为把希伯来文学放在古代地中海文化圈这样一个更为宏大的视野中进行研究，不但能够更清晰地揭示希伯来文学自身的民族特质，也更能够凸显希伯来文学在历史文明中的独特价值。只有做好'溯源'的工作，才能进而准确把握并处理好希伯来文学对西方文学、世界文学影响'源'与'流'的关系……"一说起希伯来文学，王立新似乎就停不下来。

而对于放心不下的学生们，王立新郑重说道，"我希望大家还是多给年轻学者一点时间，他们只有经过沉淀和积累，才会做出有深度、有厚度的成果。尤其人文社科领域的研究，更不能操之过急、急功近利"。

"学术研究和教书育人是一项永无止境的事业，对一名高校教师来说，这是一个没有最好只有更好的过程。希望青年学者朋友们能坚守自己的初心，一心一意做好自己热爱的事业。"

本文 2021 年 3 月 29 日发表于南开新闻网

江曼琦：我喜欢城市空间研究

郝静秋

◎江曼琦（居中）与学生交流（吴军辉 摄）

记者在经济学院见到江曼琦时，她正在办公室和学生交流学业问题，这位已经从业三十多年的经济学教授似乎忘了约好的采访时间。

前不久，教育部召开第八届高等学校科学研究优秀成果奖（人文社会科学）颁奖会，江曼琦与其学生的论文《中国主要城市化地区测度——基于人口聚集视角》获评一等奖，这也是目前国内哲学社会科学领域最具公信力和影响力的重要奖项。

对江曼琦而言，获奖并未给她带来太多改变。"真没想到能获奖，我们只是一直坚持做自己感兴趣的研究。能为学科发展切实解决一点问题，这就是我们做研究的价值与意义。"她说。

从 16 岁进入重庆建筑工程学院（现并入重庆大学）学习城市规划，到前往南京大学攻读城市地理方向硕士，再到考取南开大学城市经济学方向博士，江曼琦从南向北，一路跨越工科、理科、文科，始终追求着她所喜欢的城市空间研究。

"大学毕业时，就觉得对于城市空间知识的了解不解渴。"江曼琦坦言，"社会发展需要做好城市规划，但城市未来怎么发展？应该提出怎样的发展战略？为什么要提这些发展战略？偏工科的城市规划专业似乎解决不了这些问题"。

1986 年，带着这些疑问，江曼琦辞去了天津市规划设计管理局的工作，成功考入南京大学地理系人文地理专业，师从我国著名的人文地理学家崔功豪教授和城市规划学家邹怡教授学习城市地理。

1989 年，南开大学经济学院在国内率先发展城市经济学科，机缘巧合，因受到我国城市经济学先驱者蔡孝箴教授的赏识，江曼琦决定前往南开经济学院任教，并于 1996 年开始跟随蔡孝箴教授学习，攻读区域经济学博士。

在江曼琦看来，城市是一个复杂的综合体，多学科、多视角的研究有助于更加全面地认识城市。同样是从事城市空间研究，工科偏向于对于城市空间的优化实际操作，理科偏重描述总结市空间的特征，经济学则是要从经济学上解释城市空间形成的机理，回答"为什么"这个问题。

"我想知道为什么，想在城市经济学与城市地理学之间建立'交互界面'，进而提出科学的优化策略。"带着这样的想法，江曼琦开始了在南开的教学科研生涯。

"城市规划"是江曼琦在南开讲授的第一门课程，在此之前，这门课的主讲人一直由天津大学的老师来主讲。"当时在一定程度上，江老师是弥补了我们学校在这门课程，甚至是这个研究方向的一个空白。"经济学院党委副书记高琪介绍。

除此之外，江曼琦还曾负责"区域经济学""城市规划""城市经济学""城市地理""空间经济学"等课程，现主要给硕士、博士研究生讲授"中国经济地理""城市土地经济学""高级城市经济学"等课程。

在学生们心中，江曼琦既是传道授业解惑的导师，又是可倾可诉的长辈朋友。每周的师门固定例会时间，江曼琦的办公室几乎没有"清静"过。其余时间，学生们无论是遇到学习或科研上的困惑，还是在生活中面临各种问题，都能通过电话、微信、邮件等形式联系上她。

"江老师真是能做到 24 小时随时在线，最让我们感动的是，她会针对学生的不同个性和优缺点，提出中肯建议。"不少学生反映。

经济学院城市与区域经济研究所2017级博士生冉忠明已经跟随江曼琦学习四年，"在与老师相处的过程中，最令我敬佩的是她对待事情极强的原则性，她不为外界因素和主观意识所干扰，对待科研追求客观、科学性，对待事务追求严谨、公平性。这让我们终身受益"。

从经济系一名普通教师到南开大学"英才教授"，从中国城市经济学会学科建设专业委员会主任到中国区域科学协会的副理事长，在从事城市研究的道路上，江曼琦从未停歇。近年来，她主持完成了国家社科基金重大项目一项、重点项目两项，目前又正主持一项国家社科基金重大项目，出版过《城市空间结构优化的经济分析》《区域经济运行机制研究》《天津滨海新区成长的机理与发展策略选择》《少数民族经济发展与城市化问题研究》等多部专著，在《中国社会科学》《中国软科学》等杂志发表论文多篇。

本次获奖论文《中国主要城市化地区测度——基于人口聚集视角》则为国家社科重大立项项目《基于区域产业链视角的京津冀区域经济一体化研究》的基础理论研究内容。江曼琦带领学生历时三年，从城市社会学、经济学、环境学等多视角认识城市，创新性地提出了基于城市聚集的新视角，"以一定人口密度下连片聚集的人口规模为标准"界定客观的城市空间范围的新观点。并在此标准下，将人口普查数据和地理空间数据进行匹配，通过空间可视化和统计分析，测度了我国主要城市化地区的特征与演变趋势，研究成果为促进城市科学研究的规范化、城市政策的科学化提供了基础。

"中国的城市发展已经从规模扩张进入高质量发展的新阶段，城市是我们国家社会经济发展的核心与主体，从这一点上看，未来城市经济研究将大有作为，为城市发展释疑解惑，这也是我们经济学人义不容辞的责任。"江曼琦说，"在蔡孝箴、郭鸿懋等老一辈城市经济学家的辛勤耕耘下，南开城市经济学科在国内保持着领先地位，作为先生的学生，我更有责任将南开城市经济学科发扬光大"。

长期从事城市与区域经济、城市规划与管理的教学科研工作，使得江曼琦形成了自己的一套工作准则和方法：科学研究一定是从认识基础概念开始，然后围绕基础概念的内涵开展，这样才能得到高质量研究。

对于科学研究的选题，她认为科学研究的问题源于现实又高于现实，"如果你单纯是书斋里的创造，而不接触现实，研究将很可能失去研究方向；而一味地停留在现实具体问题中、不上升到理论层面的研究也难以探寻到问题的根源。"

采访中，在问及曾经是否有过比较困难的阶段时，江曼琦笑着回答说"没有"，"可能我比较幸运吧，在申报项目时几乎百发百种，一个项目接着一个项目，中间几乎没有空白期，如此反复，似乎形成了一个良性循环"。

江曼琦把这份"幸运"归功于自己良好的心态，"如果这个课题做不了或者不感兴趣，我基本不会申报；如果感兴趣，我就努力尝试、认真准备、全力以赴；拿下来了，我认真完成；拿不下来，我就做好其他的工作。不强求、往前走"。

江曼琦的下一站，在何处？

"做扎根中国大地的科学研究。"她坦言，"我的下一个目标，是高质量完成《中国城市生产、生活、生态空间研究》这个项目。"这也是她承担的第二个国家社科基金重大项目，"能申请下来，责任重大、使命光荣"。

"习近平总书记说过，'广大科技工作者要把论文写在祖国的大地上'，作为一名社会科学研究工作者，更要将自己的科学研究扎根于中国的大地，做出符合中国国情的特色研究，助力解决中国社会的实际问题。"江曼琦说。

本文 2021 年 4 月 9 日发表于南开新闻网

于宏兵：将论文写在祖国大地上

吴永畅　王惠　宿爱

◎于宏兵（右）在企业调研（朱文豪 摄）

巍巍南开园，总有这样一批人埋头科研，将本枯燥乏味的项目研究做大做优，将"知中国，服务中国"的南开理念与实际行动相结合，为国家建设发挥自己的光和热。

他是南开大学清洁生产中心主任、中国节能与清洁生产协会技术总监、工信部节能节水标准委员会副秘书长、京津冀钢铁节能减排技术创新联盟副秘书长、天津市钢铁冶金清洁工程技术中心主任，他在 2020 年 9

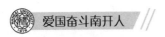

月获得天津市"最美科技工作者"称号，他是南开大学环境科学与工程学院教授于宏兵。

在教师节来临之际，我们与于宏兵教授进行了一次对话，倾听他在南开园的科研故事。

科技发展速极，冲刺最后一公里

在 2020 年度天津市科学技术奖受奖名单中，于宏兵团队的"高温多变量复杂生产体系节能减排理论方法与关键技术应用研究"名列科学技术进步一等奖。该项目经费为于宏兵自筹，他把实验室建到天津天钢联合特钢有限公司里面，与企业需求无缝对接，研究成果直接转化，实现企业业绩新增长。

他说，该项目经费由科委与企业共同支持，企业提供场地、工人等，可以及时了解企业需求，实现供需对接，"我跟企业良好的合作缘于一次在帮助企业做清洁能源生产审核审计过程中，发现企业在能源流、物质流、环保等方面还存在问题，在节能、减少污染物排放等方面还存在空间，我们是通过主动审核，发现企业节能减排的潜力。科技的进步没有止境，企业的进步也无止境"。

于宏兵介绍，钢铁烧结每次中试实验需要 1300 度的高温、100 公斤的原料，点火的不安全性导致实验风险较大，"现在我们创新研制了等离子点火装置和等离子烧结，这是我们的创新，它大大提高了安全性和实验效率，该实验装置和工艺处于世界领先水平"。

对于高校研究成果转化而言，实现"最后一公里"是困难的，但于宏兵已为全国 1000 多家企业提供了节能减排的相关技术咨询服务。

"转化的问题是比较难解决的。"于宏兵说，"高等院校是发展科学的生力军和主要资源集聚地，高校老师有最好的科研资源和最有创新精神的研究生团队。当前国家发展面临着许多尖端技术需要攻克、'卡脖子'问题需要解决，我们要秉承南开大学'允公允能，日新月异'校训，满怀爱国热情投身于国家发展事业中。'知中国，服务中国'不是口号，大家应努力去践行。大学是有研究能力的场所，要用好大学的科研资源，更要为国家发展多作贡献，这是最重要的。"

创新推动进步，完善教学多层次

创新是科技发展进步的推动力量。在科研中，于宏兵会把发现的问题如何在后续实践中改进、需要哪一方面的技术研究和技术支持写进清洁生产的报告中，采取多种方案进行研究。

除此之外，于宏兵经常带领学生开展一些关于节能减排项目的攻关性研究，"这样学生在读研阶段便可以接受职业训练，培养学生过程中，我比较注重让他们在企业中发现问题，提高与企业的沟通能力，并加强对他们的技能训练，两方面的训练相结合有利于学生就业。学生们的科研热情很高，也能吃苦，做中试实验一次需要 100 公斤的物料，每次都是学生自己把它搬到几米高的架子上，付出很多"。在研究中遇到难题时，他会跟同行专家朋友进行讨论交流，或与人工智能学院、物理科学学院、光学所和天津大学计算机学院等单位进行合作，通过学科交叉来克服科研难题。

作为南开大学环境科学与工程学院教授、博士生导师，于宏兵在教学上兢兢业业，在学生中广受好评。

"教学上，我比较注重理论结合实际。对象是本科生和硕士研究生，我教的课程有'清洁生产'，面对博士研究生，我教的是'固体废弃物'，这两个课程的教法不一样。"通过教授不同年级的学生，于宏兵认为，本科生教学重视普及，先产生兴趣，再加以引导；在硕士研究生课堂上，学生有一定的阅历，需要着重将理论与实际相结合，"所以我更愿意在课堂上多讲一些实际案例的内容，增加学生认识问题和解决问题的能力；而对博士研究生，我更注重引导他们在日常活动中发现科学问题，教会他们识别科学问题的思路和方法，这对他们来说是非常重要的。"

即使出了南开园，于宏兵教授的名字仍然被人们熟知。他出版了《食品行业清洁生产与案例解析》《清洁生产与循环经济词典》《大学用清洁生产教程》等专著，基本覆盖全国的能源审计、能源评估技术的研究业绩，关键性的环境工程项目都有于宏兵的身影。

同时，在于宏兵看来，在全国范围内进行的评估审计等项目对于环境工程是极有意义的。"现在不少污染治理的方法本身就污染、就耗能，这是一个大问题，所以对于我们现在开展的清洁生产研究，国家的支持力度很大。国家发改委'十四五'规划里提到，清洁生产对'双碳'目标的实现有着巨大的支撑作用。"

最美南开精神，贡献祖国全蓝图

作为"最美科技工作者"荣誉称号的获得者，于宏兵对于科研工作仍然保持着高度的赤诚。

"现在还是继续关注企业这方面，最近我们还把目光投向了水泥行业。水泥行业是一个高能耗、高污染的行业，跟钢铁产业有相似的地方，我每周都会去河北那边的水泥厂给他们做技术改造，帮助他们尽快地实现节能减排，要不然很多企业会面临停产倒闭的情况。"

在教师节来临之际，于宏兵表达了对南开园所有同事的祝福，也希望广大科技工作者为国家技术进步和科学发展继续多作贡献。

习近平总书记强调，"广大科技工作者要将论文写在祖国的大地上"。在南开园中，南开人坚持"允公允能"，坚持"知中国，服务中国"，将南开精神镌刻在祖国科技的蓝图上。

本文 2021 年 9 月 11 日发表于南开新闻网

冯尔康：史料与史学的不懈探寻者

常建华

◎冯尔康（资料图片）

【编者按】

冯尔康，1934 年生于江苏仪征。南开大学历史学院教授、国家清史编纂委员会学术委员，曾任中国社会史学会会长、中国谱牒学会副会长。1959 年从南开大学历史系毕业后留校任教，并师从历史学家郑天挺攻读明清史专业研究生。从事史学研究 60 多年来，主要研究社会史、清史、宗族史和社会结构史、史料学等领域，著有《冯尔康文集》《清史史料学》《雍正传》《18 世纪以来中国家族的社会转向》《古人日常生活与社会风俗》《中国社会史概论》等。

冯尔康先生是改革开放以来我国社会史研究的主要倡导者，也是著名清史专家。冯先生已是米寿高龄，仍著述不辍，可谓老当益壮。2019 年，他出版了 10 卷本《冯尔康文集》，此外尚有数十种专书行世，其中新著《尝新集——康雍乾三帝与天主教在中国》是他 84 岁时出版的。

冯先生研究历史，第一步总是摸清资料底数。他说过，他同许多同行一样，一贯倾心于历史资料的搜集和解读，也许是属于"史料派"，强调"用资料说话"，主张史学著作要"寓论于史"。冯先生治学同样重视史学新领域，把新观念、新方向、新领域视为打开史料宝藏的钥匙。

探索治清史的门径

冯先生在南开大学攻读研究生期间，师从著名历史学家郑天挺教授。郑先生继承了乾嘉学派重视史料与考证的优良传统，同时接受马克思主义史学理论，探索新的史料学。20 世纪 50 年代，郑先生在南开开设过"史料学"课程，那是当时学习苏联新设的课程。冯先生说，导师对他最深的学术影响之一就是进行"史料的批判"，即批判地研究史料。

清史史料种类繁多、数量巨大，不仅需要费时费力地搜集，还要讲求研读的方法。冯先生 60 年代初的研究生论文主体，20 多年后以"十七世纪中叶至十八世纪中叶江南商品经济中的几个问题"为题发表，此文是依据地方志、文集以及碑刻、笔记、族谱等资料写成的，大多属于地方文献。而成书于 80 年代初的成名作《雍正传》，则主要依据清廷官书资料《清实录》及起居注、朱批奏折、玉牒等。冯先生阅读清代资料之广泛而深入，是他长年勤奋治学且治学有方的结果。杜家骥兄与我是冯老师招收的首届研究生，那时我们常到老师家上课，看到老师总是在办公桌前看书，椅子面上、地面上有磨过的印迹。师母周老师说，你们老师成年看书，椅子都磨成那样了。老师从平房搬进楼房，我们帮助搬家，看到老师用鞋盒装的一盒盒卡片，有的是早年做的，已经陈旧泛黄，不由感叹老师治学之勤。

20世纪80年代初，冯先生开设"清史史料学"课程。他深知青年学子占有史料的意愿和困难，于是撰写讲义，提供帮助，1986年出版了《清史史料学初稿》一书。该书阐明史料的来源、价值和利用方法，提示读者要注意了解清史史料文献的底数并加以搜集，对清史史料进行整理，制作工具书。先生不是一般性地泛泛介绍，而是将自己利用史料的心得体会写出来，是经验之谈。先生青壮年时读书，每读一书，不仅摘录所记叙的历史事件、制度、人物、时间和社会环境的材料，常常还对该书写札记，留意资料的保存形式，长期积累，便能综合成书。清史研究如何入门，冯先生说，如果在时间不足、利用《清历朝实录》不方便的情况下，不妨以王先谦《东华录》《东华续录》作为基础读物，从这里搜集最基本的材料，初步了解清史，然后扩展开去，从各种史籍中寻觅资料，进行深入研究。同时，他还说，研究清史，还是要读《清史稿》的。这真是不仅授人以鱼，而且授人以渔，《清史史料学初稿》成为初学者走上清史研究之路的津逮。先生在这部书的后记中深情回顾，他爱在南开大学图书馆书库读书，即使年已花甲，仍然乐于把书放到书库一个旮旯的桌子上翻检。一个读书人的形象跃然纸上。

冯先生对《清史史料学初稿》精益求精，不断增订，后来又出了三个版本。1993年台湾商务印书馆的版本，增加了海外清史文献的介绍、地方政书、文编中的史料等内容，增写台湾学者对清史文献的整理、鸦片战争后清史史料的说明，大为完善，篇幅比原书多出二分之一。于是，该书出版时去掉了原书名中的"初稿"二字。冯先生在新书"自序"中强调"没有历史资料便不能说明历史，没有史料学便没有历史研究，也就没有历史学"。

此后，冯先生不断探索多种史料的价值与利用，如族谱、刑科题本与履历档等，这些新的研究心得写进了2004年的新版本中。如介绍"引见履历档"，从引见制度说到履历档案的形成，"一史馆"所藏的履历档、整理编目和利用情况，它所反映的清朝任用官员制度、实行状况及与朝政的关系。还交代了"书画"图书的史料意义，以清初吉林满族史为例，增设"综论笔记、文集、方志对清史专题研究的价值"一节，使得该书特色更加突出。

2013 年故宫出版社推出的《清史史料学》更增加了大量书影，为读者提供了对原书的直观印象，图文并茂，成为学术珍品。

《清史史料学》广受国内外学界的好评，被视为清史研究的必备工具书、入门的基础读物和研究性的教材。

人物与人物传记研究

雍正皇帝很有性格且颇受争议，冯先生的《雍正传》全面深入呈现了传主奋发有为的一生。雍正帝继位充满谜团，多被认为是篡位夺权，冯先生则认为是其合法继位。为了这一研究，先生成为最早利用记载清皇族生育档案玉牒的学者之一。说来也巧，另外两位同时利用玉牒的著名学者吴秀良、杨启樵先生也都是主张合法继位说的学者。冯先生阅读了有关雍正帝的大部分资料，辨析具有歧义的史料，慎下结论。这种研究雍正继位问题的态度，受到读者赞许。冯先生探讨雍正改革问题，颠覆了人们对于雍正帝的印象。先生将雍正改革的成败放到所处的时代分析，进而阐述该时代既没落又允许某些发展的社会特征。《雍正传》不仅显示出先生高超的史料驾驭能力，更彰显了他综合分析的史识。冯先生说他写《雍正传》是从一个人看一个时代，为了从简、从俗，书名如此。但是，当把研究雍正帝的论文结集时，冯先生不改初衷，将其命名为《雍正帝及其时代》。据说，著名历史学家何炳棣曾想写雍正帝的历史，见到冯著，认为写得好，打消了原来的念头。

中国史学重视人物，正史即采用纪传体。研究历史人物最主要的依据就是传记，冯先生认为："大量的人物传记，对于人们认识历史，认识自身和家史，尤其是快速接受历史知识的价值，有着不可忽视的价值。"为了给清代人物的研究者、文学艺术创作家，以及寻觅先人历史资料的民众提供方便，先生写作了《清代人物传记史料研究》。此书介绍清人传记史料书籍的作者、内容、文体、出版、收藏、利用情况以及有关的工具书，特别着眼于帮助人们认识史料的用处和利用史料，成为全面寻找清人传记资料的工具书。

从史料学角度看，《清代人物传记史料研究》对于史料的认识更专门化，可以视为《清史史料学》的升级版。如冯先生认为人物传记的详细史料是日记，我们应该首先关注日记对于作者本人历史的史料意义。他提出清人日记的作者传记的作用，表现在日记中反映的日记作者的心理活动、家内人际关系、交友和人情世故、主要经历的某些细节、经济状况、政治见解等，有助于描绘出日记作者活生生的人物形象。

又如关于清人尺牍的传记史料价值，冯先生首先介绍尺牍的由来、名称、程式、类型以及写作与出版，接着讨论清人尺牍的传记史料价值：尺牍作者的传记素材、收信人和信中人物的历史资料、社会历史资料。特别是为了深入探讨尺牍史料价值，先生利用《秋水轩尺牍》的资料，给其作者幕宾许思湄制作年谱，演示了如何制作年谱传记，如同手把手教人如何使用史料进行写作。

冯先生喜欢历史人物的写作，关注传统社会女性的命运。清代文坛领袖袁枚有三个才女妹妹——袁机、袁杼、袁棠，先生写了《"少守三从太认真，读书误尽一生春"——袁机评传》《〈楼居小草〉的作者袁杼》《女诗人袁棠》三文，揭示她们的生活。如袁机，4 岁的时候，袁父与高家给她定了亲。高子绎祖性情暴躁狠毒，高父感到若结亲对不住袁家，于是商量退亲。袁机认为女子只能从一而终，坚持不退亲，她 25 岁成亲。然而高绎祖却残酷地虐待袁机，她则逆来顺受。最终她父亲和高家打官司，官府判决离异，袁父把袁机领回杭州老家。袁机的悲惨命运，是她本人接受三从四德教育造成的。冯先生揭示出清人的这一认识，将读者带入传主生活的时代，也给今人留下悠长的遐思。

冯先生的传记写作对象，除了皇帝、女性，还有名臣、文人，这些文章结集为《清代人物三十题》一书。该书"自序"指出："人的历史的研究，首先要弄清个人、群体与社会与历史的关系问题，而后才能进一步明了史书中人物传记的社会作用。"先生擅长透过历史人物看时代、看社会，书中的论述体现了这样的特色。如书中对于康雍乾诸帝的论述，体现了当时的时代特色与历史走向，也再现了这些皇帝的性格和为人，形象鲜明。先生对于清代名臣的论述，也颇能将其放在君臣关系中讨论。清代的思想观念也是先生关注的课题，一组人物文章就显示出了这方面的特色，如论述傅山的史论与政论、黄宗羲的工商"皆本"观念、吴汝伦的西医观等，皆有独到见解。先生对《红楼梦》有过深入研究，对雍正帝《悦心集》与曹雪芹《好了歌》的比较值得关注，对曹雪芹与《红楼梦》全面而凝练的概述别出机杼。先生的人物研究涉及人物的文献学成就，如对黄卬《锡金识小录》、许思湄《秋水轩尺牍》、朱次琦所修谱的探讨，论述了族谱、年谱、方志诸种文献类型。清代处于中国传统社会晚期，女性的家庭关系、精神世界如何，先生都有所探讨。正是因为冯先生对于传记资料和传记写法的娴熟掌握，对所写人物分析深刻，加之文笔流畅，从而雅俗共赏。他写的《雍正帝自称"汉子"——解读一条史料》，恐怕很多人看了题目就想阅读吧。

宗族史的不断开拓

宗族是传统中国社会的基本问题，所谓封建"四权"就包括"族权"。冯先生长期关注宗族问题，20 世纪 60 年代就在报纸著文论述宗族祠堂与族权，那时的认识自然是批判为主。改革开放以来，随着思想解放，学术界对于宗族的认识发生了变化。冯先生强调应全面认识宗族，并主持编写了《中国宗族社会》一书，该书是当时学术界新出的两部宗族史之一，有力推动了宗族史研究的开展。先生还推出《中国古代的宗族与祠堂》一书，论述了宗族的阶段性变化，如祠堂的祭祖、教化，族人的经济、政治生活，宗族的谱牒编纂等。先生用自己长期的学术积累，高度概括了中国古代宗族的基本问题。日本的宗族史专家小林义广教授认为该书对于认识中国宗族很有帮助，故将其译成日文发行。冯先生还提出了中国宗族社会研究的"变态型宗法社会"说，这些相关论文，都收入到了他的《古代宗族与社会结构史》一书。

明清以来盛行修谱，虽然近代因社会动荡族谱多有损失，但留存至今的仍然数量庞大，究竟有多少，藏于何处，人们都说不清楚。冯先生很早就注意族谱的调研、整理工作，我读研究生时，他要我带领本科同学实习，调研京津图书馆的族谱收藏状况。先生又与我同国家档案局二处、中国社会科学院历史所图书馆合作，编成《中国家谱综合目录》，这是大陆第一部全国性大型家谱目录，为研究者与寻根问祖者提供了方便。

冯先生阅读宗族文献，摘抄了大量资料卡片。我读本科的时候，上先生开设的"清史专题研究"选修课，其中一讲是"清代宗族制度"，发的讲义就是一段一段的资料摘抄，想必是他从摘抄的大量资料卡片中选择的。21 世纪国家纂修大型《清史》，冯先生应邀撰写其中的《宗族志》，编委会要求以资料长编为基础撰写，先生遂在已有资料基础上，组织学生补充不同地区的新资料，编成并出版了《清代宗族史料选辑》这部大型资料集，该书汇集了有清一代宗族史的基本史料，观照到不同地区的宗族活动情形，取材包括政书、史书、文集、方志、笔记、档案以及大量视觉史料，主要是民间的族谱（家谱、家乘、宗谱）。

冯先生对于清代宗族的深入研究，集中体现在他的《清代宗族史论》一书。先生从宗亲法及其指导思想、宗族特点、宗族载体、族谱四个方面，综论了清代宗族状况、宗族的社会属性及其演变，研究了族长制的特点、祖坟建设、祠祭墓祭、义产与助学、修纂族谱、政府与宗族的互动关系等问题。

研究宗族需要回答现实问题，如宗族在现代社会究竟应处于什么位置，与现代化的关系如何等冯先生思考着这些问题。《18 世纪以来中国家族的社会转向》一书，是先生将清代宗族研究延续到当今的尝试。为了写好这部书，他带领学生到江西等地进行宗族调查，了解当今宗族的活动。冯先生应邀为一些族谱作序，回答热衷宗族事务人士的问题，也搜集新修族谱。冯先生在书中既讨论清代宗族的特点，如"礼以义起"的宗法变革论，"养为先务"的睦族观和家族通财观，谱法中求实际与慕虚荣的矛盾观念；也探讨 20 世纪的宗族，涉及 20 世纪上半叶在式微中更生的家族、社会各界的家族观、家谱修纂和谱例改良，以及 20 世纪下半叶家族宗亲活动；还讨论 20 世纪最后 20 年的族谱编修、社会各界的家族观、现代社会的宗亲会等。先生认为："当今宗族有其对社会的适应性，能根据社会的变化和需要，改造其组织形式和活动内容。宗族正是有这种适应力，所以能够在变动中的社会生存下去，非但没有被改革的时代淘汰，还能在消沉后复兴。"

20 世纪中国宗族史的研究，冯先生是重要的开拓者。《近现代海内外宗族史研究》一书，反映了先生的系统性看法，先生对于近当代宗族的研究不仅具有重要学术价值，也具有重大的现实意义，非常值得重视。为了研究近现代海内外宗族史、宗亲会史以及中华文化的海外传播，先生利用在国外探亲的机会，深入华人社区，搜集有关华人活动的宗亲会刊物、海报、通知进行观摩，将研治中国宗族通史延伸到海外华人之中。先生以北美和大洋洲为重点，叙述海外华人的现实状况，分析他们的发展途径以及他们与祖国、与中华文化的关系。他指出："移民一面要融入主流社会，一面又要保持中华文化，而这两者要同时共存，无疑是矛盾的、难以把握的，移民处理好这组矛盾，就会前进，就会生活美满。期待着这个目标早日实现。"

打开社会史史料宝库

冯先生倡导社会史研究，首先面对的是社会史料的搜集利用问题。先生涉猎过多个断代史，明清史属于本行，大学时期最早的兴趣在隋唐史，他撰写南开所编《中国古代史》负责汉代，撰写宗族史承担中古部分。治断代史多从正史入手，冯先生开展社会史研究，也是先从正史开始的。20世纪 80 年代，冯先生从社会史的视野再次系统阅读正史，撰写读史札记，结集《古人社会生活琐谈》，后增订为《古人日常生活与社会风俗》一书，内容包括古人衣饰的规制与风尚，古人的婚姻家庭生活，人口的再生产、死亡、丧葬、迁徙和社会救济，社会结构中人们的群体生活，古人的文化娱乐，等等。冯先生还将研讨社会史的正史史料，写成《社会史研究与"二十五史"》一文，并全面介绍包括政书在内的社会史料，发表《略述中国古代社会史的史料》的文章。先生进而又以"关于建设中国社会史史料学的思考"为题，提出"社会史史料学"的概念。这是史料学新领域的探索，收入先生的《史料学研究》一书，先生在书中对于从《史》《汉》到当代的史书文献均有所涉猎，意在明了各种文献体裁的史料价值，尤其关注中国社会史史料和视觉史料。

《中国社会史概论》是冯先生撰写的教育部重点教材，书中大篇幅介绍了社会史史料。如何发现史料呢？先生提出："新观念、新方向、新领域是打开社会史史料宝藏的钥匙。"这一指导性的看法，个人觉得真是至理名言。更新观念对于学者尤其重要，这可以使旧史料焕发出新的生命力。

冯先生倡导开展社会史研究，同时提出了清代社会史研究的设想，以清代人们的等级、宗族、家庭的社会群体生活，衣食住行等物质生活的习尚，人口流动与社会救济，戏曲、节日等娱乐生活，缠足、停丧等社会风气作为研究对象，关注诸种社会生活。先生与我合撰了《清人社会生活》一书，是尝试将社会结构与生活融为一体的社会史写作。

冯先生也致力于社会史史料的发掘，清朝嘉庆朝刑科题本的整理最具代表性。先生写作研究生论文时，读到李文治先生《中国近代农业史资料》中的部分刑事档案资料，对它极具特色的史料价值留下了深刻的印象，1982 年问世的《清代地租剥削形态》一书更引起其兴趣。冯先生决心开发嘉庆朝的刑科题本，1983—1987 年间，他带领学生到中国第一历史档案馆实习，从 32000 余件嘉庆土地债务类刑科题本中抄录清代各种身份者的资料，成果拟题"清代社会生活及身份地位档案资料选编"。当时我们研究生也参加了抄录，实习的同学有人生病，先生从北京的弟弟家取来药和可口饭菜，关怀备至，同学都很感动。

冯先生利用搜集的刑科题本结合其他资料，探讨了清代的土地占有、阶级关系，发表了多篇论文。随着学术思想的转变与研究的深入，他利用刑科题本关注不同的人群，兴趣扩大到下层社会。2004 年冯先生应邀为"萧公权学术讲座"作第二讲讲座（第一讲由何炳棣演讲），演讲题目为"乾嘉之际下层社会面貌——以嘉庆朝刑科题本档案史料为例"，探讨了小业主的经济状况和社会生活、家庭生活与婚姻生育、宗族社会状态、流动人口、社会不稳定状态下人们的生活等。他研究的这些问题，是以往研究刑科题本时很少涉及的。

冯先生《论"一史馆"土地债务类档案的史料价值》一文，也是经验之谈。他认为刑科题本的史料价值可以归纳为生产关系、社会等级、下层民众社会生活、清史研究的突破性、司法史五个方面，特别是其中的"下层民众社会生活"资料价值，是指"土地买卖、典当、找赎、租佃和银钱借贷运行过程，雇工的生产劳动和生活，人们的宗族、家庭生活，移民的迁徙和创业过程，奴婢听受主人支配的生活"，他认为："这些社会下层民众的生活，不像达官贵人有较多的文字记录，赖有这类档案史料，使史家可以采集爬梳，去描述下层民众的社会生活和他们的历史。"这为我们利用"土地债务类"刑科题本提供了指导。

在冯先生的带领下，南开大学中国社会史研究中心将整理、利用刑科题本作为重要科研工作，先后出版了家骥兄与我分别主编的《清嘉庆朝刑科题本社会史料辑刊》《清嘉庆朝刑科题本社会史料分省辑刊》两种大型史料集，家骥兄还主编了《清代社会基层关系研究》一书，我则利用刑科题本开展研究日常生活史等工作。我们感谢先生慧眼识题本，为我们指引新的学术方向。

本文 2021 年 10 月 20 日发表于《光明日报》

丁守谦：中国第一颗硅单晶的诞生

丁守谦/口述　吴军辉/整理

◎丁守谦（资料图片）

【编者按】

丁守谦，1930 年出生于湖南攸县，九三学社社员。南开大学电子科学系教授，美国 SID 学会理事，中国电子学会会士。1953 年北京大学物理系本科毕业，1956 年北京大学物理系研究生毕业，后被分配到南开大学物理系任助教。1958 年调任天津 703 厂（现中电科 46 所）技术员。1973 年调回南开大学电子科学系任讲师，1985 年作为访问学者，在西德图屏根大学应用物理研究所与著名电子光学专家弗·棱茨（F·Lenz）教授进行合作研究。1986 年晋升为教授。1989 年获国家发明二等奖。

1958 年，丁守谦领导了提拉硅单晶及测试，并于 1959 年 9 月 15 日，拉制出我国第一颗硅单晶，敲开了我国通往信息时代的大门。该成果既满足了当时国家对信息硅材料的重大战略需求，迅速缩短了我国与欧美的技术差距；也为我国半导体事业乃至当今信息时代的集成电路和未来低碳时代的太阳能光伏发电技术奠定了坚实的材料基础。

日前召开的 2021 中国半导体材料产业发展（开化）峰会暨半导体材料分会成立 30 周年庆祝大会，特别邀请 91 岁的丁守谦先生回顾 60 多年前中国第一颗硅单晶的诞生及其背后的故事，丁先生的讲述令与会者动容。今天，虽然世界和中国的半导体技术、产业发展与当年早已不可同日而语，但老一辈科学家这种"雄心壮志＋严谨扎实＋拼搏奉献"的精神，不仅没有过时，更在我国科技实现高水平自立自强的奋斗中发扬光大。南开新闻网特刊发丁守谦先生的报告实录，以飨读者。

半导体分会的朋友们，大家好。我是丁守谦，今年 91 岁。63 年前，我和我的同事们用自制的硅单晶炉，拉制出了中国第一颗直拉硅单晶。今天，我有幸受到邀请，和大家讲一讲当年的故事。

1958 年 9 月，天津市公安局按照公安部的指示，抽调人员在天津玛钢厂成立"601 实验所"，公安局江枫局长亲自挂帅，宛吉春厂长任所长，我任组长，开始研制硅单晶及物理提纯（大力发展刑侦技术急需硅单晶）。当时，我们小组总共 7 人。靳健、蔡载熙是南开大学物理系的研究生。我是 1950 年进清华（1952 年院系调整，清华大学物理系被调整至北京大学，丁守谦 1953 年毕业于北京大学物理系）、1956 年北大物理系研究生毕业，后被分配到南开大学物理系任教。雷衍夏、胡勇飞分别是北大和天大的毕业生。张少华是中学物理老师，心细手巧。我们年龄都在 30 岁以下，只有一位年长者李性涵，年近 60 岁，曾任某电池厂厂长，称得上是能工巧匠。

"601 试验所"成立时，只有两间空的平房，其他一无所有。我们的任务就是将一堆灰黑色的硅粉变成高纯度的硅单晶。而我们这些人虽都是学物理的，却没有学半导体专业的。真的是"从零开始"，其艰辛程度难以言表。

但我们顶住了巨大的压力，怀着为国争光的信念，不懂就学。首先，宛厂长派我到中外文书店搜集资料。他说，只要见到有硅字的书就买。很幸运，我买到一本俄文版《半导体冶金学》，如获至宝，从中获得了拉单晶及区域提纯的基本知识；还买到一本黄昆和谢希德合著的《半导体物理学》，让我们充实了半导体理论。我又到南开大学物理系资料室影印了一些相关资料。同时我还建议，订购一些英、美、俄、日、德文的科学期刊，以及时了解最新的科学前沿。

我们一边学习研讨，一边开始动手将硅粉熔化成硅。硅的熔点是 1415 度，与钢的熔点 1515 度相差不多，其化学特性特别活泼，因此必须在真空或惰性气体保护下将其熔化，否则将被污染。

实践中，我们巧妙地利用一台废弃的高压变压器，然后采用打火花方法产生高频振荡，将石墨筒内的硅粉加热，终于将硅粉变成了硅块。尽管起初的硅块表层全成了碳化硅，还不能用，但为我们后来演练提拉硅单晶发挥了作用。

最难的是研制硅单晶炉。硅单晶炉是个什么样子？我们谁也没见过。宛厂长通过公安部了解到，全国没有一家单位有硅单晶炉，只有锗单晶炉。于是我被派到北京有色金属冶金设计院去参观锗单晶炉。经过察看，我发现它比书本上讲到的要复杂得多。但由于当时不许拍照和记录，因此回来后只能凭记忆向大家传达，我一边说大家一边分析讨论，靳健一边绘图。就这样，硅单晶炉由印象变成了图纸。之后，大家又七嘴八舌地提了些修改意见，最后定稿交予宛厂长。

宛厂长很快下达指令，凡 601 所任务一律绿灯，而且要又快又好地完成。于是，玛钢厂车、钳、铆、焊齐上阵，不久，一台与我印象中的锗单晶炉有些相似的硅单晶炉就制造出来了。一试，根本不行。

虽说我们已考虑到硅的熔点高达 1415 度，而锗的熔点只有 960 度，以为适当将炉膛加大些就可以了，但没想到一试炉壁烫得不行。于是，推倒重来。

我们改进设计，将炉壁及提拉杆均加上水冷套，同时在炉壁上设计了两个观察窗，以利于多人观察及监控，发挥集体智慧。

根据国外文献，高温炉一般都是用惰性气体氩气作为保护气体，但我们找不到氩气。于是一度大胆采用吉普森法产生氢气作为保护气体进行试验，但最终因太危险而放弃。后买来一套真空系统，才使得硅单晶不被污染，同时又能保持更稳定的热场分布。

接着是硅粉纯度问题。601 试验所成立之前，研制硅粉的化学组就已成立，起初他们采用硫铝还原法制成硅粉，但纯度较低。试验所成立后，调来了南开大学化学系即将毕业的大学生张嘉伦，他们改用三氯氢硅还原法提纯，将硅粉纯度达到了"3 个 9"。

最后是籽晶问题。当时，宛吉春从科学院购来的硅籽晶像印刷厂的铅字般大小（约 3*3mm），只有唯一一块。另外他还保留了一小批高纯度的石英坩埚。他指示说，不到关键时刻不准使用。

于是，我们在做拉硅单晶的模拟试验时，先将硅块磨成和硅籽晶般大小，用它替代硅籽晶反复进行模拟拉晶试验，直到能稳定拉出像小胡萝卜一样的硅复晶棒。

这样，拉硅单晶的准备工作就绪。当时，国庆 10 周年大典愈加临近，为了能早日拉出中国第一颗硅单晶，向国庆献礼，我们将正式拉制时间定于 9 月 14 日晚（因晚间电压较稳）。

这时，宛厂长才将那唯一一颗宝贝一样的硅籽晶及高纯度石英坩埚交给我。

1959 年 9 月 14 日晚 8 点，全组人齐聚实验室，在硅单晶炉旁各司其职，由张少华主拉，我与靳健等在另一个窗口观察、监视。一旦发生意外，随时调整电压或发出预警。

实验正式开始，随着硅单晶炉徐徐加温，待硅粉全部变成硅熔液后，张少华轻轻放下籽晶，慢慢提拉、放肩（即让晶体逐渐长大，直径达大拇指大小）及至出现 3 条棱线。随后，我们观察到拉出的晶体还出现三个对称的小平面，这是我们演练时从未见过的，说明拉出的是真正的硅单晶，因我们用的籽晶是（111）方向的，这 3 个小平面就代表 3 个（111）面。看到眼前的景象，我们提到嗓子眼的心终于放下了，内心无比喜悦和激动。

可正当晶体拉到 3 厘米左右长时，忽然出现意外，马达发生故障停转了。我们不得不改用人工转动，但坚持了一会，不得不停机。这时，坩埚内尚有些硅液没拉完，但关系不大。待单晶冷却后，我们拿出来仔细观察，只见拉出来的确实是一个黑褐色的单晶体，见棱见角，三个晶面闪闪发光。这不就是我们日夜梦想的一个完完整整的硅单晶吗！

这时，已是 9 月 15 日的清晨了。我马上打电话向宛厂长报喜。宛厂长马上赶来，看到后也十分惊喜，马上向江枫局长报喜，并拿到科学院去检验，结论证明这是一颗纯度为"3 个 9"的硅单晶。这颗硅单晶的诞生，引来很多参观者，令我们应接不暇。

之后，我们的拉制技术愈加纯熟，硅单晶亦愈拉愈大，直径越来越粗，单晶炉也愈改愈完善。听宛厂长说，我们生产的硅单晶，除供给公安部相关单位外，还卖给了一些科研单位，简直供不应求，我们不得不日夜开工。而且，南方一些厂还要向我们订购单晶炉，最终我们卖出了约二三十台。

这时，张少华等继续负责拉制硅单晶，我与靳健、蔡载熙则马不停蹄地开始无坩埚区域提纯，力争将硅单晶的纯度达到"5 个 9"以上。

硅单晶提纯难度更大，不但国内从无人做过，国外也只有美国贝尔实验室及西德西门子公司的科学家做过，而且 1953 年才开始。当时连英、日、苏等国也都在仿制。我们唯一的参考，就是那本俄文版的《半导体冶金学》及国外文献上的示意图。具体工作完全要靠自己摸索。

研制工作开始后，我们发现，设计硅的区域炉，原理并不算复杂，但真做起来却异常困难。经过大家一起讨论后，还是由靳健担任设计师，画出图纸，然后加工。由于当时玛钢厂的加工能力不够，不得不派靳健到江苏省一个公安局管辖的工厂去加工。

接着开始试验，问题又是一大堆。首先得有高频炉，但高频炉长啥样我们谁都没见过。据文献记载，熔化硅起码要几千千赫的高频。但当时国内哪都没有这种高频炉。于是我们不得不买了一台做钢铁淬火用的高频炉。买回来一看说明书，第一句话就是：未经总工师批准不得擅自使用。因为它涉及上万伏的高压，一不小心就会致命。但我们哪来的"总工"？再细看，这台高频炉的频率只有几百千赫，比我们要求的低了十多倍，根本不可能将硅熔化。于是，我们不管三七二十一将振盈槽路全部卸下，重新设计要达到上述振荡频率所需的电感及电容值。那么，到哪里去找与之相配合的电容，而且还必须是耐上万伏电压的。也只能由自己来制造！这又让我们伤透了脑筋。一天，我们偶然见到一张大理石桌面，忽然来了灵感，于是喜出望外，就将它取下来做成电容的绝缘介质。后又费尽不少周折，终于达到所需电容值，且能耐上万伏的高压，从而可使振荡频率达标，终于能将硅棒一段熔化。大家禁不住地喜悦！

但麻烦又接踵而至。高压加大一点，硅棒一化就一大片，流了下来；高压加小了，硅棒又熔化不了，这又让我们伤透了脑筋。后来我从维纳的经典著作《控制论》以及钱学森英文影印版《工程控制论》中发现，有一些基本控制原理可以用上。最后经反复试验，一次又一次地改良，终于在1960年秋试验成功。将一根约1厘米直径、长十多厘米的硅棒连续17次扫描，取下后对其进行鉴定，其纯度达到"7个9"，这成为我国第一根区熔高纯度的硅单晶。而最自豪的是，这是用我们自己设计制造的区熔系统完成的。

1960年10月，国庆11周年之际，我们又一次以优异成绩向祖国献上了一份厚礼！1961年秋，由国防科委和国家科委联合举办的"全国硅材料研讨会"在北京召开。宛厂长带着纯度为"7个9"的硅单晶赴会，立刻又引起很大轰动！聂荣臻元帅闻知此事后笑着说："这可是游击队打败了正规军！"601实验所又一次名声大振！

　　这两项重要任务完成后，由蔡载熙主要负责区熔的进一步研究及生产，靳键去研究硅的外延生产等新项目，我则去创立测试组。后来，703厂成立，招来了一批北大、清华、南开等的优秀毕业生，队伍逐渐扩大。宛厂长成立技术核心组，我、靳、蔡等都是成员。

　　1965 年，国家要召开全国半导体会议。我写的两篇论文均入选，一篇是《四探针法硅电阻率的探针游移误差》，另一篇文章为《Q 表法测硅电阻率》。若干年后，我偶遇的 46 所老同志说，这两篇论文中所导出的公式已成为部颁行业标准。听到这一消息，我感到很欣慰，这说明当时所下的功夫没有白费，我为祖国建设做出了自己的贡献。

　　我深刻认识到，这两篇论文，如果没有好的数理基础是无法完成的。这里我要由衷感谢"两弹一星"元勋彭桓武和周光召两位恩师，是他们向我们研究生开设了"数学物理方法"这门课，引起我很大的兴趣，并获益匪浅，使我在日后的科研中开花结果。

　　这就是 1959 年中国第一颗用自己设计的单晶炉直拉出具有"3 个 9"纯度硅单晶和中国第一个用自己设计的区熔硅单晶炉物理提纯出具有"7个 9"纯度可用于做集成片的硅单晶诞生的故事！准确说，这不是故事，是实实在在的历史，却又有些传奇。

　　如今，60 多年过去，我国半导体材料行业飞速发展，国内已经能够研制生产 12 英寸直拉硅单晶。作为老一辈，看到这些我由衷地开心，既为我们的过去骄傲，也为今天的你们感到骄傲！

　　　　　　　　　　　　　　　本文 2021 年 11 月 3 日发表于南开新闻网

卜显和：科学没有冷热 有的只是执着

付坤

◎卜显和（居中）与课题组成员在一起（吴军辉 摄）

冬日的一个午后，记者走进卜显和院士的办公室，在办公桌上成堆的学术期刊之间，一个五颜六色的魔术伸缩球特别"出位"。

看出了记者的惊讶，卜显和解释说，这是去外地出差时看到的，因为觉得和自己研究的动态配合物结构很像，于是买了回来。

"当时正在车站等车，看到旁边有人卖这个，第一眼觉得很有趣，越看越觉得和自己研究的东西很像。这个结构有这么多的角，这么多的面，而且还能伸缩，我们现在还只能做出固定的结构，要是我们的材料能做成和这个伸缩球一样就好了。"他说。

"这已经不是卜老师第一次买这类东西了，他经常拿类似的东西当模型和学生们探讨。"卜显和的助手于美慧说。

大家眼中的儿童玩具，在他眼里却变成了研究对象。其实，熟悉的人都知道，这样的事情在他的身上不足为奇，因为他的脑子里时时刻刻都装着科研。

正是凭着二十多年来对科研的执着专注和全身心投入，他在配位聚合物的功能导向构筑、结构调控及性能研究等方面取得了系统的原创性成果，受到了国内外同行专家的关注，为相关领域的发展作出了贡献。11月18日，卜显和的名字出现在2021年中科院院士增选名单中。

不惧风雨 心里一直有颗倔强的种子

1964年，卜显和出生在辽宁朝阳。那个年代出生的人，都有一个情结——每当有人问起"你长大想做什么"，"标准答案"准是："科学家！"似乎人人都有一个"科学梦"，他也不例外。

少年的梦单纯而执着。为了这个梦想，虽然当时条件艰苦，学习氛围并不浓厚，但这没有影响他读书的志趣。1982年，他以全县理科第一名的成绩考入南开大学化学系，"我的高考成绩，化学考得不错"。这也成为他"化学人生"的开端。

本科毕业后，他以优异成绩考取同系硕士研究生，师从著名化学家陈荣悌院士。两年后，转为博士研究生继续深造。"当年南开化学是中国化学重镇，大师云集，天津市仅有的六名中国科学院化学学部委员（院士）都在这里，陈先生便是其中之一。"卜显和说。

在陈先生的培养下，他在学术方面日益精进，思维和眼界也更开阔了。1990年，他被公派赴日本留学。完成学业后，他受陈先生邀请回到母校南开大学工作，在追逐梦想的征程中继续前行。

"科研工作是艰苦的，需要有执着进取的精神，不能指望一步登天！"

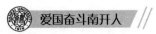

卜显和是这样说的，更是这样做的。

回国初期，国内的科研条件比较艰苦，但他没有退缩，而是找准问题，立足实际，白手起家。

"刚回国时，实验室一般只能购买最基本、最便宜的原料，然后再自己合成所需要的物质，进口试剂当时对我们来说基本上是可望而不可即。"卜显和说。

在学校和陈荣悌院士的支持下，卜显和获得了 1 万元的校内科研启动基金，这宝贵的支持为他日后的科研工作打下了基础。在随后的科研生涯中，凭借着扎实的科研基础，他先后获得国家自然科学基金、教育部优秀年轻教师基金、天津市青年基金等多项资助，实验室条件不断改善并渐渐步入正轨。

在南开这片学术沃土上，卜显和从一名普通的化学系学生，逐渐成长为配位化学领域有名的学者。

不求名利 敢于"在冷水里游泳"

卜显和从事的是配合物化学研究，近 20 年来他专注于配位聚合物研究。配位聚合物是由金属中心和有机配体通过配位键自组装而成的一类无机-有机杂化材料，它结合了无机材料及有机材料的特点，具有良好的可设计性及可裁剪性，在发光、非线性光学、导电、磁性、催化、存储、吸附/分离、储能、传感、生物医学影像及药物传输等诸多领域显示了诱人的应用前景，相关研究现在已成为化学和材料科学的新兴研究方向与热点领域。

"20 多年前，我们进入这一领域时，这方面研究还不是热点，研究的人还不是很多，但存在许多急需探索的问题，比如合成方法学的问题、结构分析问题、结构性能关系及调控问题以及后来的功能化问题等等，我们对这些问题都很感兴趣。"卜显和说。

20 多年来，他带领团队围绕这些科学问题展开了系统深入的研究。他们从配体设计入手，以光、电、磁等性能为导向，构筑了多个系列具有独特性质的新体系，建立了配体引导的配位聚合物结构调控方法，发现动态行为新机制，构筑新型智能材料，开拓了配位聚合物应用研究新途径。

"卜老师除了开会和出差，其他时间几乎都在实验室。他特别能沉得下心，耐得住寂寞，脑子里时时刻刻保持科研'在线'。"谈起卜显和的科研秘诀，他的团队成员也曾是他学生的常泽教授这样说。

在绝大多数人看来，做基础研究枯燥、乏味，需要投入大量的时间，短期内也看不到回报，但卜显和却乐在其中，"因为每当有了新进展的时候，就很有成就感。当我们有了原创性成果，能与全世界同行共享的时候，作为一名研究人员，内心是很高兴的。"

在 20 多年的科研工作中，卜显和曾担任国家基金委创新群体负责人和教育部创新团队带头人，承担国家自然科学基金重点、重大项目、973计划课题、天津市自然科学基金重点项目等国家及省部级科研项目 20 余项。以通讯作者在 *J. Am. Chem. Soc.*、*Angew. Chem.*、*Adv. Mater.* 等期刊发表学术论文 500 余篇，他引 20000 余次，2016 年起连续入选爱思唯尔中国高被引学者榜单。他主编《配位聚合物化学》专著一部，作为副主编编写《配位化学》教材一部，参编其他专著与教材 6 部。获中国发明专利授权 30 余项。

2014 年，他领衔的项目获国家自然科学二等奖，还荣获天津市首个自然科学特等奖及天津市自然科学一等奖。

面对这些成绩，他始终保持着淡定和平静，用他的话说："是那个时代赋予了我们更多的机遇，我们不过是比较幸运而已。"

师者仁心 播撒更多科学的种子

谈及自己的学术成绩，卜显和总说，要感谢培养他的每一位老师，特别是他的恩师——陈荣悌院士，"他不仅是我科研路上的恩师，也是我的人生导师、人生坐标"。

陈先生早年留学美国，20 世纪 50 年代回国后在南开大学任教，是我国配位化学领域的开拓者和推进者之一，是享誉海内外的化学大家。

"科学来不得半点虚假，必须脚踏实地。""失败了，分析问题，找出症结，总结经验，重振旗鼓。"他经常用陈先生的这些话鞭策自己、教导学生。他常和学生讨论一些科研难题，鼓励他们发现问题，解决问题，不断思考，大胆创新。

他还特别注重对学生的启发式教育，再忙再累，他都要抽出时间与学生沟通，启发学生自己去领悟、去体会，不断成长。

"卜老师喜欢待在实验室里，他觉得这样，学生有问题就可以随时跟他交流。"卜显和的学生们说。

现在，他依旧保持着多年来的习惯：每天吃完晚饭，都要去实验室转转，和学生们探讨实验内容。

为了给学生们创造更为广阔的成长空间，他积极同国内外研究机构开展合作。最近，他还打算组织开设名师引领通识课，邀请材料领域名师大家来校讲学，让学生了解学术前沿，加速成长。

多年来，他指导的博士后、博士、硕士及访问学者百余人，其中国家杰青及国家"万人计划"入选者3人、国家"四青"人才6人次，教授20多人。

目前，还有20多位研究生跟随卜显和攻读学位。"我最高兴的事情就是看到我的学生在各自的岗位为国家作贡献。"卜显和说。

他给课题组建立了微信群，群名为"梦想启航"，就是希望所有在他门下的学生都能接受最好的培养，实现自己的梦想……

谈及未来，卜显和觉得，当选院士之后，自己的责任更重了。要坚持"四个面向"，进一步凝练科研方向，提高学术科研水平，矢志人才培养，繁荣学科生态，为学校"双一流"建设以及国家经济社会发展、国家重大战略实施作出更大贡献。

本文2021年12月2日发表于南开新闻网

罗景山：35 岁就已创造了一串世界纪录

彭未风

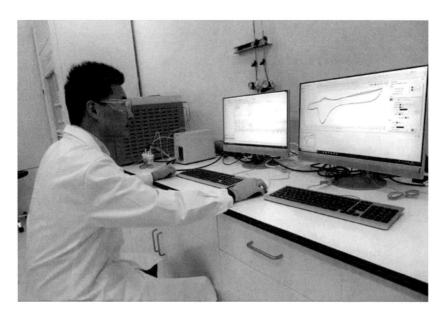

◎罗景山在实验室工作（受访者供图）

　　翻开今年"天津青年五四奖章"获得者、35 岁的南开大学教授罗景山的履历，几个"全球"的关键词看得人由衷地佩服，他 2018—2021 年连续四年入选"全球高被引科学家"，创下太阳能光解水制氢和二氧化碳还原世界纪录。罗景山自幼励志成为创造者和发明家，用科技服务国家建设和社会发展。他本科毕业后留学海外，从新加坡南洋理工大学博士到瑞士洛桑联邦理工大学博士后，一路走来不曾忘记科研报国的初心。

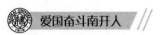

2018 年，罗景山回国入职南开大学，组建了太阳能和电化学能源实验室，同时担任光电所副所长，面向国家"碳达峰、碳中和"重大需求，从事光电催化能源材料和器件研究，在科研创新和育人方面都取得了优异成绩。

深耕能源十数载，做面向重大需求的"减碳"科学家

利用太阳能或可再生能源电力，通过光电催化将水和二氧化碳转化成燃料和化学品，对推进我国能源转型、实现碳中和具有重要意义。罗景山表示，面向世界科技前沿和国家重大需求是他科研报国、矢志奋斗的目标与行动。

12 年来，罗景山深耕这一领域，取得了一系列具有国际影响力的原创性研究成果，在《科学》等顶级学术期刊发表论文 100 多篇，总引用 2 万多次，h 因子 62。

值得一提的是，他的科研成果有很多都居世界前列，对于二氧化碳减排、氢能源、可再生能源储存、化工原料合成等领域有重要意义——他取得了氧化物材料光解水制氢 3% 的世界纪录；他首次创造了廉价材料光解水制氢效率 12.3% 的世界纪录；他实现了 13.4% 的太阳能驱动二氧化碳还原制一氧化碳的世界纪录。也正是凭借突出的科研成绩，罗景山入选《麻省理工科技评论》中国区"35 岁以下科技创新 35 人"，2018—2021 年连续四年入选科睿唯安"全球高被引科学家"。

把科学追求融入建设社会主义现代化国家的伟大事业中去是罗景山的信条。我国是全球碳排放量最大的国家。2020 年水泥行业碳排放量占全国碳排放总量的 13.5%，水泥行业绿色低碳发展对我国实现碳达峰、碳中和具有重要意义。

面向此重大需求，罗景山摒弃论文导向，增强问题意识，主动和安徽海螺集团对接，深入水泥生产一线，研究水泥行业碳减排途径，提出利用可再生能源电力电催化二氧化碳还原制备合成气，作为水泥窑烧制替代燃料，受到了水泥行业专家高度认可。他作为项目负责人与海螺集团共建

"二氧化碳资源化综合利用"联合实验室，共同探索水泥行业碳减排途径和解决方案，推进电催化二氧化碳还原制备合成气技术研究和中试示范，助力水泥行业绿色低碳发展。

学生学业的领路人，疫情时化身"保安小哥"

科研上勇攀高峰让人敬佩，生活中罗景山也是青年学生眼中耐心的师长、细心的前辈。作为高校教师，罗景山开设了"氢能科技""人工光合作用"等前沿课程，助力培养具有前沿思维和科技创新型人才。他指导多名硕博研究生，针对学生对研究方向理解不一、实验技能薄弱等问题，罗景山每周与学生进行讨论、交流，并给予指导，亲自教授实验细节，每次 2—3 小时。出差期间他也会远程指导学生的工作进度，出差结束则直接回到学校继续指导学生工作。

同时，罗景山主动面向全校师生开展具有科技前沿意识和科学家精神的"导师有约"系列讲座，为新工科建设与科学家精神普及贡献力量。几年来，他指导的多名学生成绩优异，在知名期刊发表学术论文，获得多种奖学金。

罗景山还承担了光电所副所长的行政职务，推动成立了南开大学太阳能研究中心，引进了德国科学院院士和瑞士工程院院士作为学校兼职教授，协助引进学院首个全职外籍教授。教授也是抗"疫"的先锋一员。

今年 1 月，天津突发新冠疫情，得知南开大学津南校区即将封闭，正在实验室加班的罗景山选择了留下，和学生们在一起。在近 20 天"硬刚"奥密克戎的日子里，罗景山做过"保安小哥"为学生们值守门岗，做过"巡逻队员"守护实验室安全……在罗景山的带动下，课题组内博士后、研究生主动加入到志愿者队伍中，师生团队在共同抗击疫情的战斗中践行着小我融入大我的使命担当。

本文 2022 年 5 月 11 日发表于《天津教育报》

张伟平：孜孜探寻数学之美

武少民

◎张伟平在作学术报告（宗琪琪 摄）

【人物名片】

张伟平，中国科学院院士，1964年3月生于上海，1988年起攻读南开大学南开数学研究所（后更名为陈省身数学研究所）博士研究生，1993年获博士学位后在南开大学工作至今，2007年当选中国科学院院士。张伟平主要从事整体微分几何中的阿蒂亚-辛格指标理论及其应用研究，取得了一系列研究成果，曾获得"中国十大杰出青年"、陈省身数学奖、全国先进工作者、国家自然科学奖二等奖等荣誉。

"很多人说我不像个研究数学的……"张伟平笑着对记者说。确实，眼前的张伟平，挎一个帆布包，白衬衣、西裤、休闲鞋，笑容可掬、精神勃发，谈吐睿智而又风趣。

"为中国数学鞠躬尽瘁，是陈省身先生 1985 年在南开数学研究所成立大会上的发言，也是他身体力行的准则。"与张伟平的对话，从他的老师、数学泰斗陈省身开始，他说："把中国建成数学大国、数学强国，是陈省身先生的夙愿。为了这个目标，一代代数学研究者前赴后继。"

"数学是一门纯粹而美丽的学问，值得毕生求索"

1988 年，24 岁的张伟平考取了南开大学南开数学研究所博士，成为陈省身的关门弟子。1990 年，在陈省身的推荐下，张伟平前往国外留学，并提出了数学界著名的"比斯姆特-张定理"。留学期间，张伟平收到过陈省身的一封信，其中一句"让中国的数学站起来"，一直铭刻在他的心底……

1993 年，张伟平取得博士学位，他选择回到南开大学，从助教做起，"爱国应该是科学家最重要的精神气质之一，"张伟平说。2004 年 11 月，陈省身出席一场数学界的活动，他呼吁科研工作者淡泊名利，为国家无私奉献。老师这段话的录音，张伟平保留至今，以此自勉，沉心静气，遨游于无涯学海……

在陈省身数学研究所教授苏广想看来，"张伟平取得如此多的成就，源于他对数学研究持之以恒、勇于探索"。比如，如何用微分几何的方法来证明一个关于叶状流形上正数量曲率的著名定理，对微分几何学家来说一直是一个巨人挑战。早在 2000 年，张伟平就开始对叶状流形的正数量曲率问题进行系统研究。他在研究过程中尝试了绝热极限等多种方法，不断修改研究思路；经过近 16 年的努力探索，张伟平终于给出了这一定理的微分几何证明，得到国内外同行的高度认可……"数学是一门纯粹而美丽的学问，值得毕生求索。"张伟平说。

"如果做的是喜欢的事，持续用功就是享受"

与天津中环线一水之隔，南开大学省身楼独立一隅，有扇窗几乎每个深夜都透出灯光……这是张伟平的办公室。长年累月，张伟平夜以继日地泡在办公室，沉浸在数学的世界里；逢年过节，热闹与他无关，他经常为了一个新的想法静静思考很久……

"数学家每天都是星期天"，这是张伟平常说的一句话。他并不是指数学家的工作轻松惬意，而是说与数学打交道的每一天都令人愉悦。张伟平的日历上从来没有工作日与休息日之分，他每天都在精神饱满地工作。

陈省身曾说："假如一个数学家说他有伟大的直觉，千万不要轻信，因为数学成果是一步步算出来的。"张伟平也认为，成果来自长期的用心积累。

2004 年，陈省身先生去世，研究所所长的接力棒交到了 40 岁的张伟平手里，"责任重大，但责无旁贷，唯有更加努力"。伴随着研究所的发展，张伟平两鬓添了不少白发。他高兴地看到研究所不断前行：尤建功教授应邀在第二十八届国际数学家大会上作 45 分钟报告、唐梓洲教授荣获发展中国家科学院数学奖……

"数学研究论证过程中的艰难、困惑、欣喜……个中滋味，一言难尽。如果做的是喜欢的事，持续用功就是享受，而不是吃苦。"张伟平深知，让中国数学强起来，需要中国数学界的集体努力。他积极参与和组织各种学术活动，支持其他数学家组织学术会议，邀请专家学者访问讲学……他也经常与国际上的数学家开展合作，为中国数学界的发展搭建更多桥梁与纽带。2014 年，国际数学杂志《数学学报》刊登了张伟平与法国巴黎第七大学麻小南教授合作的论文。"我们运用解析局部化的思想，解决了法国一位数学家在 2006 年提出的非紧空间上的几何量子化猜想，对于这一猜想，学界之前研究了 8 年仍无定论。"张伟平说。

"我会更加努力地进行研究探索，培养更多新时代需要的数学人才"

因材施教、"一人一策"，针对不同学生的特点确定不同的研究课题；为学生作有关数学基础和数学进展的报告，激发学生对数学的兴趣；指导多名研究生和博士后，用扎实的学风、严谨的治学态度带领学生们不断推进研究……"十年树木，百年树人，我们要为国家培养更多、更优秀的人才。"张伟平一直很看重对人才的选拔和培养。

研究所内常见的景象是学生们三五成群，讨论着数学课题。每条走廊都有一面黑板，便于随时演算，"我从来不强求学生们做什么，只要热爱，他们自然会用功"，张伟平说。

"那是我在南开最快乐的一天。"毕业多年后，在新加坡一所大学工作的学生韩飞仍对导师张伟平的一次表扬念念不忘：攻读硕士学位期间，韩飞向张伟平提出一个想法，学生在黑板上演算，张伟平同时在草稿纸上算，一丝不苟，互相验证。算到柳暗花明处，师生彼此会心一笑……

后来，韩飞提前一年毕业，其硕士论文获得中国数学会颁发的"钟家庆数学奖硕士奖"；韩飞还对一个困扰张伟平十几年的问题给出了新的解法，并发表在《微分几何杂志》上。

谈到对年轻人的期望，张伟平说："数学是一门基础学科，要多关注数学的'无用'之用。就学术研究而言，在既有研究成果的基础上锦上添花，固然值得肯定，但要真正做出原创性成果，才是最难得的。"

在张伟平看来，国内数学研究的发展势头很好，"这批年轻人潜力无限，代表了中国数学的未来"。张伟平说："我会更加努力地进行研究探索，培养更多新时代需要的数学人才。"

【记者手记】

带动更多人爱上数学

在接受记者采访时，深谙数学简洁之美的张伟平院士要言不烦、条理清晰。对于个人学术研究中取得的重大成就，他低调谦虚、点到为止；对国家数学学科建设，他乐观坚定、思虑周详……在他看来，数学从来与枯燥无关，而是值得一辈子为之付出的快乐之事。面对艰难险阻，他迎难而上、从未止步。

张伟平始终瞄准国际数学研究前沿，不断攀登一座座科研高峰。推动数学学科的发展，既是他的老师陈省身先生的梦想，也是他毕生奋斗的目标。张伟平说，他希望带动更多人爱上数学，期待更多优秀学子投身基础科学研究。

如今，张伟平正在研究数学最前沿的狄拉克算子的理论及应用，在广袤深邃的领域继续探索，书写属于中国数学家的传奇……

本文 2022 年 7 月 4 日发表于《人民日报》

银龄教师：他们，闪耀在西部边疆

付坤

◎南开大学"银龄教师支教团"部分队员在喀什大学留影（左起：傅佩缮、韩长利、姜萍、赵铁锁）

心怀烛火，红霞满天。

在 2022 年最美教师发布仪式上，高校银龄教师支援西部计划教师团队获评"最美团队"。南开大学退休教师韩长利和另外 4 位教师作为银龄教师代表上台领奖。

在南开大学，像韩长利这样的银龄教师，还有很多。

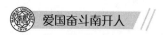

　　他们坚守教育初心、退休不褪色，带着教育部和南开大学的嘱托，怀着赤诚与热爱，跨越八千里，到祖国需要的地方继续发光发热，为西部地区高等教育振兴发展贡献着南开力量和南开智慧。

　　在第 38 个教师节到来之际，让我们走近南开"银龄教师"，听听他们的西部支教故事，感受他们的精神力量。

"这项计划圆了我执教 50 年的心愿！"

　　南开大学马克思主义学院原院长赵铁锁教授是 2021 年南开大学"银龄教师支教团"最年长的成员，当初报名的时候，他已经 70 岁了，刚好是报名条件的年龄上限。

　　"我是踩着线被录取的，这满足了我执教 50 年的心愿，当时我是非常欣喜的。"赵铁锁说，自己 1972 年成为一名教师，十多年前退休后又返聘工作至 2021 年 6 月，若没有此次"银龄计划"就将遗憾地与"执教 50 年"这个心愿"失之交臂"。

　　得知入选后，赵铁锁既感到幸运，又觉得光荣。他把在南开大学执教期间本硕博所有课程的课件讲稿都整理了个遍，足足存了十多个 U 盘，带去了喀什大学。

　　大学生正处在人生的"拔节孕穗期"，世界观、人生观、价值观正在打底塑形，学好思政课至关重要。但赵铁锁发现，受语言等客观条件的限制，少数民族同学理解能力相对薄弱，这就对备课提出了更大的挑战。

　　"我就琢磨，这个课得抓住年轻人最关心的东西。"为了讲好党史，他就结合《觉醒年代》这部电视剧，特别是结合青年陈延年、陈乔年的思想转变，抓住觉醒这条主线去讲。他还经常把新疆元素融入课堂教学之中。例如，在讲到中国共产党的革命道路时，他介绍了在新疆为革命牺牲的中共一大代表陈潭秋。在讲到建立新中国时，他介绍了维吾尔族阿合买提江·哈斯木等 5 名烈士为建立新中国，为促进中华民族大团结作出的贡献。他还讲到新藏公路北起新疆喀什地区叶城县的零公里石碑等。通过这些，做到让学生真正喜欢听、听得懂、听得进。

"赵老师总是会照顾我们这些少数民族同学，他会相应穿插图片和历史故事，生动形象，语言风趣，每次我都听得津津有味，收获很大。"喀什大学马克思主义学院学生吾热姑丽·阿布都卡地尔说。

在喀什大学，每天的朝阳和落日总是"迟到"两个多小时，赵铁锁不断适应当地的作息时间，身体的生物钟也悄然调整至"喀大时间"。有的课，需要新老校区通勤，骑自行车得一个小时，但赵铁锁乐在其中。他说："能每天听到同学们喊'赵老师好'，心里就舒坦。"

除了日常上课，赵铁锁还承担着学校的教学督导以及思想政治教育基地的相关工作。他总说，"只要干得动，学校需要我干什么我就干什么"。

喀什大学学生多，老师少，而且图书资料特别缺。寒假里，赵铁锁把自己手头党史方面的相关书籍整理了 200 多册，捐赠给了喀什大学，充实了学校的图书资源。

"喀什大学建边疆，绿叶雪莲百世芳。红烛生辉图奉献，风沙守望尽胡杨。"这是赵铁锁为喀什大学 60 周年校庆写下的诗，也是他的心声。

"胡杨精神感染着我，我也要把胡杨精神传扬下去。"他说。

"老有所为才会让自己更加老有所乐。"

在问及南开大学马克思主义学院退休教师傅佩缙参与"银龄计划"的初衷时，他总是笑着这样答复记者。

早在 2020 年教育部启动实施"高校银龄教师支援西部计划"时，傅佩缙就留意了。所以当学校发出"银龄计划"的通知时，他毫不犹豫报了名。但当时的通知并没有提及需要思想政治教育专业教师，傅佩缙以为希望不大，没想到最终选上了。

"后来才了解到，喀什大学很多专业都需要支援。选上后，一是有压力，我得好好干，不能给南开大学跌份儿。二是想着能真的为喀什大学做点事情。"

按照支援计划，长期银龄教师，每学年承担不少于 64 课时的教学工作，参与指导 1 项课题研究，通过传、帮、带方式指导青年教师，组织开展若干学术讲座、教研等活动。这些，傅佩缙一样也没落下。

课堂上，傅佩缙发现，同学们听课很认真，但是不爱发言。"不交流，你就不知道他们到底听没听懂，课堂质量不好保证。"

这样下去不行，得想个"招儿"。傅佩缙平时爱好写字，他利用业余时间捡了 2000 片形态完美完整、色泽金黄的银杏叶，在上面写上字，做成银杏叶书签。就是这枚小小的银杏叶书签，在傅佩缙的教学工作中对激励学生起了神奇的作用。

"我就把银杏叶书签作为积分卡，谁发言，就发给他们一枚书签，现在已经送出去 800 多枚了。"随着送出的书签越来越多，同学们的积极性被调动了起来，课堂氛围也日渐活跃。

在完成规定的教学科研任务之外，傅佩缙和赵铁锁一样，都承担着喀什大学的教学督导工作。在傅佩缙看来，教学督导，要"督"更要"导"，不应只是教学工作和情况的监督检查者，更应当是教师成长和教学水平提高的服务者。在认真填写督导听课记录表，向学校学院汇报反映情况这样的常规工作之外，傅佩缙更看重的是通过听课发现教师教学的长处和短处，督促和引导他们扬长避短。"听课以后与被听课教师交流听课感想，肯定优点，指出不足，并提出改进意见和建议。我希望自己能与每一位被听课教师都有这个'后期制作'环节。在过去的两个学期，这一点差不多是做到了。"

"傅老师对我们真的是倾囊相助，他是一位可亲可敬的'有温度'的督导。"学校的青年教师们说。

教学、督学、走访调研……每天，傅佩缙的日程都排得满满当当，熬夜也是常事儿，但傅佩缙觉得自己很快乐。

"东西共一日，照红两天云。齐力建南疆，渤海映昆仑。如果祖国需要，身体允许，我会一直干下去。"傅佩缙说。

"光我来不行，我还要拉上老伴儿一起来！"

教了一辈子美术的南开大学文学院退休教师韩长利从没想过，自己能在晚年享受远方，圆梦新疆。

"对于美术专业的我们来说，新疆、西藏是两个特别好的写生创作的地方。西藏我去过，但新疆我还没来过，一直心有向往。"

所以，2021年8月，看到南开大学"银龄教师支援西部计划"通知后，韩长利的第一反应是："人老了，心不老，既能圆自己搞创作的梦，还能在退休后在西部热土干一番新事业，必须报名。"

报名、政审、专业遴选、体检、公示……办理好一切手续，当年10月9日，韩长利踏上西行之路。

美术课因其特殊性，除了讲解之外，更多的是示范和交流。但一些少数民族学生受自身语言环境的影响，汉语表达和理解并不是很准确，所以学起来有点吃力。韩长利为此下了不少功夫。"我就一对一给他们指导，一边交流，一边用手比画，比如这个脸部要画得亮一点，我就一边比画，一边示范，这样他们就能理解了。"

对于美术教学来说，除了课上授课，举办展览也是不可或缺的教研活动形式，有助于拓展学生的艺术视野，增长艺术见识，提升美术专业素养。但当地作品有限，韩长利就决定：自己画。凡是业余时间，他都出去写生、创作，到现在已经画了100多幅，主要涉及人物和山水。

"他们老打趣我说，来支教的老师中，韩长利收获最多了，收获了100多幅画。"但玩笑归玩笑，大家心里都明白，这100多幅画的背后韩长利付出了太多太多。

韩长利也愿意花时间和年轻老师交流心得，给出中肯的意见建议，帮助他们尽快独当一面、青出于蓝，变"输血"为"造血"。

来喀什大学的这一年，凡是自己能做的，韩长利一样也没落下。教学任务之外，他举办学术讲座、践行文化润疆，他参与学校教师评定工作，他帮助所在学院规范研究生论文答辩体系，2022届研究生毕业论文答辩时，用的就是韩长利帮忙规范的那套体系……

"光我来还不行，我还要拉上老伴儿一起来。"韩长利的老伴儿李春霞，是南开大学文学院退休教师，擅长花鸟绘画。去年，她作为家属陪着

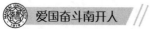

韩长利来到喀什大学。当看到喀什大学师资紧缺，她一改自己的家属身份，主动帮助韩长利辅导学生，同时帮忙指导学生论文等。今年，她成功报名并入选南开大学第二批银龄教师支教团，正式成为一名银龄教师，来到喀什大学援疆支教。

"能够为西部发展和落实文化援疆计划出一份力，就是一种幸运和快乐。"韩长利、李春霞说。

"和孩子们在一起，我就充满了活力。"

当65岁的南开大学化学学院退休教师姜萍站在喀什大学的讲台上，听到同学们喊"老师好"的那一刻，她的心里热乎极了。

55岁那年，姜萍退休了，此后的10年间，她虽说没有离开老本行，但基本上都是在做科研，没有上过讲台。"当年退休的时候，身体还行，离开讲台还是挺不舍的，总想着有朝一日能再次站上讲台，能再和学生们在一起。"

所以，当她看到学校"银龄计划"的通知时，第一时间报了名。经过一系列审核程序，姜萍成功入选了南开大学首批银龄教师支教团，如愿站上了她辛苦耕耘了几十年的三尺讲台。

对姜萍来说，自己讲好了并不意味着把课教好了，让学生愿意听、听得懂才是她追求的目标。有次给一位学生辅导完后，姜萍担心他不是真懂，就让他盖上答案自己再做一遍。"结果他自己做的时候又愣神儿了，我又讲，反复给他讲了三四遍，然后他自己终于做下来了。"这件事儿后，姜萍逐渐摸索出了一套新的教学方法。"讲课内容不能讲太多，要在重点的基础上再突出重点，把最基本的概念掰开揉碎讲清楚。一下子扩展太多的话，他们接受起来还是有难度。"姜萍说。

此后的每堂课，姜萍都做到"有备而来"，对所教授的内容总能做到认真、深入地分析，并针对学生的接受能力，设计不同的课程类型和教学方法。

姜萍还培养学生课上做笔记的习惯。"我课上会直接说'这个地方要记下来'，需要记的地方我就停下来等等他们。"她还让学生把笔记拍照上传，通过查看同学们的笔记，发现问题再进行辅导。

整个教学过程，姜萍重视每一名学生的成长和学习，对于一些学习困难的学生，她也从不放弃，总是利用课余时间和他们谈心，了解他们落后的原因，然后悉心引导。在姜萍的帮助下，同学们的信心不断提升，成绩也有了大大提高。其中，班上的大一新生凯迪尔耶从期中考试时的 33 分，提高到了后来的 65 分，进步速度非常快。"看到她的进步，我也很欣慰。感受到了我的人生价值。"姜萍说。

为了把学生教好，姜萍除了上课，就是在备课、批改作业，忙到半夜是常事儿。

"第一个学期，我忙得连校门都没出去过。"但即便再忙，只要看到学生的成绩、能力提上来了，姜萍的脸上就挂满了笑容。

她说："我热爱教育工作，喜欢孩子们，跟他们在一起，我会觉得自己也充满了活力。所以，只要我身体还行，喀什大学这边还需要我，我就一直站在讲台上。"

今年 6 月，在喀什大学举行的 2021—2022 学年"银龄计划"、疆内"组团式"精准支教工作总结暨表彰大会上，韩长利、赵铁锁、姜萍、傅佩缙 4 位南开大学"银龄计划"教师全部被评为"教学工作先进个人"。本年度，他们 4 人和李春霞、数学科学学院由同顺作为 2022—2023 学年南开大学"银龄计划"援派教师，继续赴新疆喀什大学开展教学工作。

匠心育桃李，银龄守初心。高校"银龄教师"，从教水平高，为受援高校提供了宝贵的智力资源，充分发挥传帮带作用，把青年教师快速带到教学发展的轨道上来，同时他们还为当地院校布局规划、学科建设等出谋划策，深受受援校师生欢迎。

他们，如此耀眼。他们是星辰，也是星辰的点亮者……

本文 2022 年 9 月 10 日发表于南开新闻网

赵新：为夯实科技自立自强根基贡献南开力量

乔仁铭　孙明竹

◎赵新在实验室（资料图片）

近日，2022 年度天津市科学技术奖揭晓，南开大学 20 项科研成果获奖，以第一完成单位获奖 9 项，包括技术发明特等奖 1 项、自然科学一等奖 4 项、科技进步一等奖 1 项。其中，南开大学人工智能学院院长赵新教授领衔完成的"活体细胞精准操作机器人技术及系统"项目荣获技术发明特等奖，这也是南开首次获得该奖项。

聚焦活体细胞操作，攻克自动化关键技术

21 世纪是生命科学的世纪，细胞是生命的基本单元，活体细胞操作是量大面广的技术，广泛应用于细胞注射、转基因操作、辅助生殖、动物

克隆等生命科学各个领域。

农业的种业"卡脖子"问题，同样存在细胞操作难点。比如，利用克隆技术育种，就涉及体细胞核移植操作。细胞操作是微米级显微操作，难度大、对操作人员要求高、效率低、操作效果难以保证。胜任活体细胞操作的技术人员的严重不足，已成为制约生命科学发展及成果推广的瓶颈。

长期以来，赵新教授团队面向生命科学发展对活体细胞操作的迫切需求，利用机器人代替人工实现自动化活体细胞操作。

应当看到，机器人操作普通目标，关键在于高成功率。而活体细胞是有生命的，因此，活体细胞操作不仅要有高成功率，还要保证操作后细胞的活性，提高操作后细胞成活率、发育率，这对机器人技术提出了极大挑战。

面对上述技术挑战，赵新教授团队历经 10 余年技术攻关，突破了面向变形体的机器人化精准定点操作技术、机器人化精准微创操作技术、机器人化定量去核操作技术等三类自动化关键技术。

据赵新介绍，面向变形体的机器人精准定点操作技术，针对细胞表面形状不规则、细胞受力变形位置变化、操作工具在细胞内部移动引起目标位置漂移等问题，发明了无接触细胞三维形态测量与最佳接触位置选取方法、基于最小力的机器人化精准细胞拨动方法、基于细胞核动态位置漂移建模方法，实现了精准定点操作，提高了细胞操作成功率。

"而机器人化精准微创操作技术，针对操作工具穿入细胞及细胞内施加负压带来细胞损伤等问题，发明了基于压电陶瓷驱动的超声振动显微细胞穿入系统、最佳去核压强的确定方法，实现了精准微创操作，提高了操作后细胞成活率。"赵新说。

赵新表示，机器人化定量去核操作技术，则针对盲法去核遗传物质不可见、细胞姿态影响去核量、去核量实时检测等问题，发明了基于增强现实的定点去核方法、基于细胞姿态的定量去核方法、基于生长域的微管内增量式细胞质速度场检测方法和去核量测量方法，实现了全部去核并减少去核量的目标，提高了细胞后续发育率。

经过不懈努力，在此基础上，赵新教授团队研制了面向活体细胞精准操作的机器人系统，并利用该系统实现了自动化细胞生物力学检测、脑科学神经细胞电生理检测、体细胞核移植等三类示范应用，验证了该系统在活体细胞精准操作成功率、操作后成活率以及后续发育率方面的优越性。

二十年磨一剑，高原上再起高峰

赵新教授团队在微操作机器人领域耕耘 20 余年。此前，南开大学卢桂章教授带领团队于 1996 年研制成功国内第一台面向生物医学工程的微操作系统，该系统 2000 年被国家"863"计划列为"863"计划 15 周年三项标志性成果之一，2002 年获得机器人领域第一个国家技术发明二等奖，确立了研究团队在面向生物医学工程的微操作机器人领域研究的高原地位。

随后，赵新教授率领团队在 2007 年获得了"863"计划重点项目"面向生物组织的显微操作技术与装备"的资助，开始致力于微操作领域世界公认难度最大的机器人化克隆动物研究，直至 2012 年才扫清了机器人化克隆的技术障碍。2013 年，赵新教授团队又获得了国家自然科学基金委国家重大科研仪器设备研制专项的资助，着力研制"面向生命科学的原位显微分析与操作仪"。

从力学分析到控制方法，从研究思路到实验方案，一次次地尝试、一次次地失败、一次次地优化，赵新教授团队攻克了基于最小力的自动化细胞姿态调整、基于最小压强的细胞去核等核心技术，开发出了世界领先的机器人化动物克隆全流程，2017 年利用该仪器完成几千例细胞操作，在世界上首次获得了机器人操作的克隆动物。国家自然科学基金委以"我国学者利用机器人技术成功获得克隆猪"为题，在国家基金委首页"基金要闻"栏目报道，新华社、人民日报、中央电视台、中央人民广播电台、科技日报、中国新闻网等 200 余家媒体报道了该项目取得的技术突破，研究成果获得了 2018 年中国智能制造十大科技进展。

2018 年至 2019 年期间，赵新教授团队先后获得国家重点研发计划项目和国家自然科学基金重点项目，将研究重点调整为减小细胞伤害的微纳自动化操作技术，通过不同尺度、不同种类活体细胞的操作验证，特别是通过自动化克隆技术应用及种猪育种生产的检验，机器人技术降低了微纳操作对细胞的伤害，将克隆成功率提升 2.3 倍。

辛勤付出，换来喜人成果。2022 年，赵新教授团队又获得了世界第二批机器人操作克隆猪，这也是世界首批由自动化全流程操作获得的克隆猪，技术可靠性更加成熟，技术科学性得到进一步验证，研究成果荣获 2022 年天津市技术发明特等奖、天津市专利优秀奖等多项荣誉。

从 2002 年摘得国家技术发明奖，到 2017 年、2022 年获得两批机器人操作、自动化操作的克隆猪，赵新教授与团队成员历时 20 余年，在高原上再起高峰。

立足创新创业，服务国家重大需求

种业是农业的基石，是国家战略性、基础性产业。习近平总书记强调，"种源要做到自主可控，种业科技就要自立自强。这是一件具有战略意义的大事"。

粮食种子、牲畜种源是关系国计民生的大事。猪肉作为我国第一大肉类消费品，直接影响到老百姓的"菜篮子"。一段时间里，我国种猪在技术上被"卡脖子"，97%以上为进口种猪，淘汰率高，自主化低，使我国产业安全面临重大威胁。

将克隆技术用于育种，可保持血统，且性别可控，可解决种猪育种问题。赵新教授团队致力于利用微操作机器人技术优化克隆过程，为大量快速"复制"顶级优秀种猪、解决种猪育种提供最佳方案。

目前，团队研究成果已在 10 余家单位开展示范应用，辐射包括生物医药、畜牧业等行业，在天津市畜牧所实现了数千例机器人化细胞核移植，将标志克隆成功的囊胚率从手动 10%提高到 27.5%。

2017 年 4 月，自动化猪体细胞核移植应用培育出 17 头大白克隆母猪，这是世界首批机器人操作培育的克隆猪；2022 年 3 月，机器人系统被应用于种猪育种生产，再次培育出 8 头长白克隆公猪；机器人操作培育的首批克隆母猪用于育种生产，在京津冀 14 家生猪养殖单位繁育后代 1.9 万余头，经济效益 1.3 亿余元……赵新教授团队经过努力，已获授权发明专利 20 余项，发表高水平论文百余篇，完全掌握了机器人克隆的自主知识产权。

在 2022 年度中国国际"互联网+"大学生创新创业大赛中，由赵新教授指导、团队成员刘曜玮博士担任负责人的"猪源动力——世界机器人化克隆先行者，中国乡村产业振兴"项目获得了大赛"青年红色筑梦之旅"赛道金奖。研究团队实现了优质种猪的大量快速复制，并达到了后代品质更优，为我国的生猪产业安全提供了保障。

赵新表示，作为一名南开人，自己将与团队成员奋斗不止，牢记习近平总书记视察南开大学时的殷切嘱托，继续深耕机器人化克隆技术，立足创新创业，将技术拓展到多类畜牧种业市场，守护中国动物种业安全。自己也将与团队继续服务国家重大需求，通过机器人化克隆育种助力乡村振兴，为猪源、种源注入中国动力，为夯实科技自立自强根基贡献更多南开力量与智慧。

本文 2023 年 5 月 21 日发表于南开新闻网

立公增能

润心铸魂

马宇平：一名支教队员与她的"心疆"

张国　郝静秋

◎马宇平与学生在一起（前排居中）（受访者供图）

　　结束了在新疆的支教生活，南开大学文学院研究生马宇平立即患上了一种"思乡病"：喜欢跟新疆人"攀亲戚"，看见新疆来的同学就觉得亲切，主动上前跟人家搭话。

　　她会下意识地说起"咱们新疆"，而不是"他们新疆"。就像出门在外的哈萨克族游子一样，她想念"奶疙瘩"的味道。

　　而她只不过在那片广袤土地上待了不到一年。一年多以前，她放弃了保送硕士研究生的资格，参加了团中央、教育部派出的中国青年志愿者第

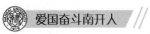

十五届研究生支教团，去了中国"雄鸡"版图的大尾巴——新疆北部的阿勒泰地区。

去支教的原因并不复杂。大三时，适逢南开大学对口支援阿勒泰地区第二高级中学10周年，马宇平作为学校党委研究生工作部学生助理，协助梳理该校历届阿勒泰支教团的材料。那一代代支教队员发生在讲台、牧场、雪山脚下的故事，让她心生向往。

"能去祖国的最西北，用手去触摸、用脚去丈量，是一件幸福的事。我想去感受一个有温度的新疆。"她说。

2013年7月，这个22岁的姑娘成了阿尔泰山南麓112名高一学生的英语老师。

对于支教，她曾有过很多宏大的想法。她打算帮学校拉到很多赞助来举办活动和讲座，邀请海内外名校学生给当地学生寄明信片，做"很大很厉害很有意义"的社会调研，每天遇见新鲜人和新鲜事，总之要轰轰烈烈起来。

但摆在她面前的，是重复而忙碌的生活：早读、上课、改作业、开会、备课……因为教的是主科，她的工作量很大，常常在室友的鼾声中做课件、写教案，又最早起床带学生早读。

她发现自己的愿望越来越"小"，小到讲好一堂课，或者用课余时间给学生讲一篇课外阅读。站在讲台上是她"最踏实"的时候，"我珍惜在这里的每一分钟。因为每一节课对我来说都是唯一的"。

"成长大概就是能接受自己的平凡，脚踏实地过好平凡普通但意义满载的日子。"这是阿勒泰给她上的一课。

到阿勒泰3个月后，马宇平因水土不服得了严重暗疮，整张脸"没有一平方厘米完好的地方"。她不敢照镜子，都是对着手机屏幕擦药。

医生告诉她至少需要两个月来调理。她有了回家治病的想法。之前，南开大学的支教队员从没有人中途离开，但学校研工部的老师关切地给她打了好几次电话，怕她硬扛，支持她回津治疗。

在那个时候，新疆学生和老师们纷纷为她搜集偏方和草药，她很感动，更不忍心"浪费"两个月的时间。于是，在零下 30 多摄氏度、出门都需要勇气的季节里，她每天顶着一张"烂脸"跟学生们在一起。

那是一段她后来认为很美的时光。支教队员们受邀去学生家里过古尔邦节，还带着阿勒泰二中"小水滴"志愿服务队，到拉斯特乡寄宿学校，给哈萨克族孩子讲"我的中国梦"。

"小水滴"是支教队的一个传统。"我们自己本身是志愿者，也想让他们成为志愿者，将这种奉献精神传承下去。"马宇平说。

在阿勒泰的下学期，她把每一个课间都用于辅导学生，因为"特别想在走之前把自己所学的都教给他们"。

支教的最后一课，她给每个学生都写了一份寄语，用印有"南开"字样的信纸，别上了一枚紫色的南开校徽。她想把母校的那种气质和自信传给他们。

现在，她回到母校，成了一名硕士研究生，却始终认为自己是拥有 112 名学生、"内心宁静而富庶"的老师。新疆学生不时发来信息，对她说"新的老师让做试卷分析，我想起了你""快到古尔邦节了，你还会来家里拜年么"……每周二，她都会给学生们写三四张明信片。苦于"天寒地冻，路途遥远"，有的甚至寄出两个月学生才会收到。

今年"双十一"，她没给自己网购任何东西，而是买了一批书寄给学生。因为她觉得阿勒泰的书店里种类不全，希望学生读到更多经典作品。

师生间有个两年之约——等到这批学生高考，她恰好硕士毕业，会再次见面，他们约定届时要成为"应该成为的自己"。

支教一年，马宇平结识了不少在新疆扎根的内地青年。他们聊生活，聊"咱们新疆"，聊各自的成长。新疆近年发生的暴力恐怖事件，让他们觉得更有义务说出自己眼中的新疆，让一些人的认识"去标签化"。

她为此养成了写日记的习惯。上个月，她整理出首部"个人著作"——一本 16 万字的新疆支教日记。

那是南开大学一家打印店的产物。马宇平为它设计了黑白相间的封面，看上去挺像那么回事，"首印"10 册，花了 120 元。她作为限量版的

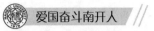

礼物送给朋友，其中一本漂洋过海到了美国。

　　跟马宇平的支教生活一样，日记里没有什么"大事件"，只有她本人"从新疆到'心疆'"的心路历程。她形容那片占国土面积六分之一的土地有着"神奇的力量"。马宇平说，支教队员对新疆的留恋是相似的，而自己想把留恋化为责任，让朋友们从自己的经历中感受到一个"有温度的新疆"。

　　　　　　　　　　　本文 2014 年 12 月 15 日发表于《中国青年报》

李康伟：学数学就是这么"任性"

张国　马超

◎李康伟（受访者供图）

8 年前，当父母发现李康伟偷偷将高考志愿从同济大学"土木工程"
改为南开大学"数学"时，"奖励"了他两个巴掌。

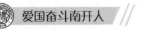

直到今天，他们对儿子当初的选择仍然难以释怀。李康伟已经读到了博士三年级，发表过 10 多篇数学论文，3 次获得研究生特等奖学金——该荣誉名为"南开十杰"，每年只奖励 10 名学生。但父母一直希望他读个工科类专业，早点赚钱贴补家用，至少可以像他的很多同学那样，出国深造或从事金融工作。即使要搞研究，也搞点"接地气"的。

但他就是这么"任性"。

最近，李康伟一篇关于调和分析的论文发表于国际数学界名刊《数学进展》，很多国外的数学同行注意到他，开会时找他探讨问题，愿意与他合作。他将一篇更新的论文挂在论文预印本网站"arxiv"上，将有关研究又向前推动了"一小步"，调和分析领域领军人物、美国佐治亚大学教授迈克尔·莱西教授给出的评价是"惊喜"。

李康伟生于 1988 年，自陈"资质平庸"。但他从未想过改行。他说，如果不让自己做基础数学研究，"就会很'难受'"。

数学是他从小的爱好。他觉得自己的课本"没有意思"，喜欢看哥哥的数学书。高中时，他就已看完了哥哥的大学数学课本。进入南开大学数学学院陈省身试点班后，他如鱼得水。

大三开始，李康伟进入孙文昌教授的讨论班，和硕士、博士生们一起研讨。后来他成了孙老师门下的博士生。

南开有宽松的学术氛围。"我的'讨论班'不设门槛，欢迎所有对相关问题感兴趣的同学，本科生如果感兴趣也可以加入。"孙文昌介绍，李康伟最初来讨论班的时候，自己并没有过多注意他。直到有一天，李康伟拿着一篇论文来请教，孙文昌才发现这位"听讲认真，话不多"的学生，将自己讲课时提出的"逆小波变幻的收敛性"问题进行了深入研究并撰写了高质量论文。

孙文昌很兴奋，将论文修改后投给了《泛函分析杂志》。他看出李康伟是个"好苗子"，叮嘱他"一定要打好基础，现在不用着急发论文，今后成果不会少"。

那篇被寄予很高期待的论文，直到李康伟从大三升入大四也没有音信。他忍不住给杂志社写信询问，收到了拒稿信。他非常郁闷，重新补充和修改，又经过漫长的审稿过程，最终论文在"小波分析"领域的专业顶级杂志《应用与计算调和分析》发表。

这一波折的过程让李康伟"动心忍性"："其实文章最终发表在哪种级别的期刊，已经不是最重要的了，一封来自高级别杂志主编的'拒信'，给我的文章提出不足，为我今后指明研究方向，对我也是大有裨益。"

李康伟坦言，最近发在《数学进展》上的这篇论文其实最初就是冲着拒稿信去的，没想到却是意外之喜。

他认为自己"爱钻牛角尖"，"想不明白问题躺在床上睡不着觉"的情况时有发生，有时想着想着脑子中忽有"灵光一现"就要马上起床拿出草稿纸演算，否则睡醒觉如果忘记了会很"难受"。有时怕打扰室友，他会拿着草稿纸躲进卫生间。

有一次，他花了几个月时间研究"向量值函数的 A2 定理"，投出的论文与同行"撞车"——有其他同行将此方面研究成果率先发表出来。他说，"能够把感兴趣的问题独立解决就有收获"，至于和别人撞车，则"说明自己有眼光，选了一个好问题"。

从那以后，他会提前将准备投稿的论文放到预印本网站。

他已连续三年蝉联"南开十杰"。"这是数学院最优秀的学生！"在评选会上，南开大学数学学院副院长刘秀贵不吝赞美。

"他现在已经超过我，"导师孙文昌对记者说，"学生超过老师是件好事。"

南开大学校长龚克曾教导学生："走出大学，忘记所学的具体知识，剩下来的就是大学所给予你的。"对这一点，李康伟深有体会："那么剩下的是什么呢？是素质，是能力。"他说，大学也好，很厉害的学术期刊也好，都是一个平台，在平台之上能够学到的东西，才是最重要的。

身边很多学得不错的同学出国深造了，李康伟也曾短期出国交流，但他从未想过要在国外拿个学位。"因为南开的平台也足够滋养我，导师对我帮助也很大。"

　　李康伟最崇拜的数学大师是陈省身——南开历史上最引以为傲的校友之一。2004 年 12 月，陈省身在天津逝世，李康伟当时还是湖南的一名中学生，难过得"仿佛心揪在了一起"。对大师的神往是他执着报考南开数学系的重要原因。

　　陈省身的遗愿之一，是"让中国成为数学强国"。这个理想一直鼓舞着李康伟这样的数学晚辈。他希望沿着大师的足迹走下去，不管别人是不是理解。"我研究的领域比较窄，对于实际应用的帮助也很少，我尽量让我的工作在理论上有所贡献，这就是我理解的在数学中的'公'。"

本文 2014 年 12 月 29 日发表于《中国青年报》

王娇：南开"坚强女孩"圆了进步梦

聂际慈

◎王娇入党宣誓（聂际慈 摄）

"我志愿加入中国共产党，拥护党的纲领，遵守党的章程，履行党员义务，执行党的决定，严守党的纪律，保守党的秘密，对党忠诚，积极工作，为共产主义奋斗终身，随时准备为党和人民牺牲一切，永不叛党！"11 月 30 日，南开大学周恩来政府管理学院 2013 级本科生王娇面对党旗举起右拳，庄严宣誓，从这天起，她成为一名光荣的中国共产党党员。

这位身高只有 1.3 米，双腿因患病发育不良，行动有些困难的女生，因她的乐观和坚强，被身边的师生誉为"坚强女孩"。"我被很多人帮助过，我也愿意尽我所能帮助别人。"在入党志愿书里，王娇郑重写下了这句承诺，现实中，她也一直践行如是。

2013 年入学后，王娇就加入了学院青年志愿者协会，成为一名志愿者。虽然身体不便，但王娇一直坚持。大一、大二期间，王娇每月都会参加 2—3 次志愿服务活动：在敬老院与老人唠家常，在外来务工人员子弟学校与学生交流学习方法，进社区督促父母还没下班的小孩完成作业，走进孤独症幼儿园帮助孩子们打开"心结"……两年间，王娇积累了满满的志愿服务履历，她的坚持也得到了同学的敬佩。

明红霞是王娇的好友兼班长。她感叹道："我与王娇同期加入青年志愿者协会，她是一个热心积极的人，做志愿服务的时间与服务的次数比我多得多，在她身上看不到一点萎靡。"

持续的志愿服务中，王娇日益坚定了入党意愿。2013 年 11 月 20 日，王娇递交了入党申请书，2014 年 11 月 15 日被确定为积极分子，直至今年 11 月 30 日被正式发展为预备党员，在她看来，入党是"为人民服务"，做志愿者是为有需要的人服务，追求进步与志愿服务的轨迹可以紧密贴合。

唐琳是王娇所在党支部的书记，她眼中的王娇"并没有因为身体情况自我孤立，而是以开放的心态包容一切，和同学们相处非常融洽，和她在一起毫无距离感"。

乐于服务他人的王娇，也得到了全校师生的关心。2013 年王娇入校第一天，校领导薛进文、龚克就来到她的宿舍看望，此后，校领导会不时向学院询问王娇的学习生活情况。

政府学院搬迁津南校区后，王娇的同学们都住在 3 楼，考虑到王娇行动不便，学校特地将她的宿舍安排在 1 楼，并专门为她安装了低矮的单人床；王娇的辅导员杨晓颖与她保持着"热线联系"，有情况第一时间沟通；同学们吃饭会陪着王娇，过马路时把她护在中间，班级春游安排专人陪伴不让她"掉队"……

面对关心，王娇在感谢的同时，也保持着相当的独立：从宿舍到教学楼，其他同学需要 10 分钟，而王娇需要半个小时，但上课时，王娇总是早早出来，赶在其他同学之前来到教室，永远坐在前排。没有同学陪伴也会独行。同学们眼中的王娇"力所能及就一定会自己做"。

已经大三的王娇正在准备考研，目标仍是南开大学周恩来政府管理学院，她觉得津南校区是个读书的好地方，希望通过读研能获得更多知识和感恩机会。"学校对我很好，出门打车司机都特别照顾我，我获得了这么多人关心，怎能不为他人做些什么呢？"面对社会，王娇表达出无限的善意。

本文 2015 年 12 月 3 日发表于南开新闻网

侯其东：一名"90后"博士的环境梦

郝静秋

◎侯其东毕业留影（受访者供图）

"我知道自己和改变世界的超级英雄之间还差着十万八千里。但'士不可不弘毅，任重而道远'，我要把一生的奋斗加入到从源头彻底解决环境问题的伟大事业中，为建设美丽中国而努力，让所有人在蓝天下自在地呼吸。"近日，南开大学举行了一场优秀毕业学子表彰宣讲会，27岁的侯其东作为其中"最老"的学生代表发言道。

这是侯其东在南开的第9年，"未来我还会在南开待上3年或者一辈子"，这名环境科学与工程学院刚刚毕业的博士研究生，即将以一名师资博士后的身份开启在南开园新的生活。

回顾在南开的9年，"解决重大环境问题，改善环境质量"是在侯其东脑海中重复最多的字眼，灯火辉煌的实验室里承载着他无悔的青春。

9年的时间里，他摘得天津市知识产权大赛一等奖，发表了10篇论文（其中SCI论文9篇），申请30多项国家专利，其中12项获得授权专利，例如将生物质转化为有机肥的方法和装备，提取分离生物质中纤维素、半纤维素和木质素的技术和工艺，通过生物炼制将生物质催化转化为高价值平台化合物的技术和工艺等。他也是"国家奖学金""南开十杰""南开大学年度人物"的获得者。

而这些荣誉都源于侯其东小时候的一次偶然。

1991年出生的侯其东，在小时候偶然读了一本《环保读物》，书中的知识让他知道原来在美好的世界之外，还有着酸雨、臭氧层空洞、全球变暖等全球性环境问题。从那时起，侯其东就梦想着可以走到科学前沿，找到解决环境问题的答案。

"高三的时候，老师和家长们都推荐读金融、医学、管理一些热门专业，但是我都不感兴趣，我只想读跟环境保护相关的专业。"带着一丝"任性"，侯其东在高考志愿书的第一志愿栏里，坚定地填上了"环境科学"专业的代码。

2009年，18岁的侯其东如愿以偿地进入到南开大学环境科学与工程学院学习。初入大学的他，信心满满，干劲儿十足，迫不及待地想要取得

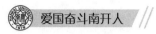

一些大成果。

"我那时候大部分时间都是在学校第二主教学楼度过的,连午睡也是在阶梯教室里,就是想要抓紧时间学习。"侯其东回忆道。

然而实际问题千头万绪,新型污染层出不穷,环境介质复杂多变。长达两年的时间,侯其东的大量实验方案以失败告终,他追逐的"环境梦"似乎变得遥不可及。

侯其东坦言:"我当时挺怀疑自己的,觉得自己真的不太适合科研这条道路。幸好在我快要放弃时,我的导师鞠美庭教授一直鼓励我,总是相信我能行。"

慢慢地,侯其东重拾信心,特别是看到周围的老师和同学都早来晚归,不知疲倦,他更加不敢有丝毫懈怠。

那段时间,侯其东阅读了大量其他领域的论文寻求解决方法,逐渐转变研究思路,他知道战胜失败的唯一方法就是屡败屡战,一直坚持到胜利的那一天。他从重复前人的研究工作开始,用最笨的办法试遍了整个元素周期表,终于研制出了高效的催化剂,实现了生物质资源化领域一项技术突破。

"相信通过未来的进一步研究,我们的技术能实现大规模应用,实现它替代化工原料的目标。"侯其东自信地说道。

花开花落,又是一年毕业季。

面对9年来第一次真正意义上的毕业,侯其东说:"我从来没有想过我会离开南开。9年间,我爱上了这片土地上的一草一木;9年间,我从心比天高力所不及的幻想家,成长为志存高远脚踏实地的奋斗者。我相信只要'允公允能,日新月异'的精神与我们同在,我们就永远不会离开南开。"

谈及将来的博士后生活,侯其东憧憬不已,"我知道,我距离改变解决环境问题的梦想已经越来越近。在未来,我会为建设美丽中国而努力!我相信我能研发出更绿色、更高效的催化技术,把生物质固废源源不断地转化为高附加值的产品，从源头解决生物质固废导致的环境污染问题。我盼望更多智勇真纯的同学和我并肩作战，早日解决更多的环境问题，让所有人在蓝天下自在地呼吸"。

本文 2018 年 7 月 5 日发表于南开新闻网

程曲汉：爱心援藏 誓做信仰的践行者

吴军辉　张晴晴

◎程曲汉在支教岗前实习课堂上（受访者供图）

"一路走来，无论是选择生命科学，还是援藏支教，都是响应国家和时代的召唤，扎根在祖国最需要的地方。"南开大学生命科学学院 2014 级本科毕业生程曲汉在日前举行的毕业生赴西部基层就业表彰会上如是说。

在南开校园，程曲汉算得上是这一届毕业生里的"著名学生"了。"又红又专"是他的鲜明特点。"专业成绩好，思想觉悟高"，身边的老师和同学们常常愿意如此评价他。听说他毕业后选择去西藏支教，大家丝毫不感到意外。是什么指引着这位生科小伙儿走上了这条传播信仰、践行信仰之路呢？

"十几年前，我还是西南山区农村的一个留守儿童、放牛娃，几乎没想过上大学。"程曲汉的老家位于四川山区，2008 年的汶川大地震，让他被迫走出大山转学到东部沿海。

程曲汉说："虽然那场地震带来了巨大的伤痛，但是同时也让我们更加懂得团结的力量，也让我看到党和国家对于每个灾区人民的关心和支持。我开始快速接触并理解更宽广的世界，学习到的第一课是这个时代和社会给予我们成长的平台，而我要成为能够回报这个社会的人。"

4 年前，程曲汉又一次感受到国家发展、教育公平的深入推进给他带来的时代机遇。那一年，他通过国家贫困地区专项计划，被南开大学录取。"我在这里接受了最好的教育和价值引导。如果说之前的成长在于我要成为一个可以对时代和社会有用的人，而在这里则是我要怎样成为那个对时代和社会有用的人。"程曲汉说。

在南开的这 4 年时光，程曲汉始终践行着南开的"公能"校训精神，保持着"成为对时代和社会有用的人"的初心。

4 年来，程曲汉在专业学习、理论研讨、社会实践等方面获得了多项成就和荣誉。立足专业，他申请专利 1 项，发表 SCI 论文 1 篇；研修理论，获评南开大学首届"理论之星"，在理论立项和高校研讨会上多次获得表彰；实践历练，他到 8 省 10 余市实践调研，积极参与红色文化育人、扶贫调研、建设南开书屋等，获天津市等单位表彰。此外，他还曾获南开大学公能奖学金、南开大学优秀学生共产党员标兵、学生年度人物等荣誉。

对于这些荣誉，程曲汉并没有将它们当作是丰富简历的资本。"它们让我在知与行的过程中更深刻地理解一个道理，只有坚定的理想信念才能支撑我们做好具体的事业，做好具体的事业方能够真正践行这份伟大的信仰。"

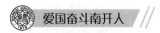

对于程曲汉来说，大学 4 年，社会实践活动几乎占去了他全部的寒暑假时间。他把思政问题与实践生活相联系，知行合一，在青年学生中掀起"又红又专"的浪潮。他也因此被誉为"又红又专"的典型。

"我很开心接受这个称谓。因为，我知道大学生只有较强的专业能力是远不能担当起这个时代赋予我们的责任和使命的，我们更需要有坚定的理想信念。'又红又专、德才兼备、全面发展'才是我们当代大学生成长成才的标准。"程曲汉说。

4 年的大学时光即将画上句号，而程曲汉也将遵从内心的选择，踏上那片雪域高原，和研究生支教团同学同赴西藏开展一年的支教工作，将自己的事业深深地扎根在时代最需要的地方。

"我希望把我关于理想与信念、时代与责任的思考以及南开'公能日新'的校训精神，带给更多的西部孩子。"程曲汉说。

本文 2018 年 7 月 10 日发表于南开新闻网

南开大学入伍八学子：在军营里淬炼成钢

郝静秋　石瑶

◎南开大学入伍八学子

2017 年 9 月 23 日，中共中央总书记、国家主席、中央军委主席习近平给南开大学 8 名新入伍大学生回信，肯定了他们"把爱国之心化为报国之行"的志向和激情，勉励他们"在军队这个大舞台上施展才华，在军营这个大熔炉里淬炼成钢"。

2018 年 9 月 21 日，习近平总书记在收到 8 名学生的再次来信后，勉励大家要"珍惜军旅时光，锤炼过硬本领，把忠诚报国、担当奉献作为毕生追求，为实现强国梦、强军梦贡献力量"。

入伍一年来，8 名南开学子在军营中一点一滴地成长成才，从一个个"文弱书生"历练成为合格的战斗员，火热的军营正一步步把他们"淬炼成钢"。他们用无尽的汗水迎接各项挑战，一次次的突破与蜕变，证明了新时代投笔从戎的南开人没有辜负总书记的期望，正在各自的战斗岗位上挥洒热血，实现自己的青春理想。

阿斯哈尔·努尔太：真正的军营需从点滴做起

阿斯哈尔·努尔太，哈萨克族，法学院 2015 级本科生，现服役于武警安徽总队蚌埠支队。阿斯哈尔 2 岁时，他的父亲在执行一次特战任务时英勇牺牲。受父亲的影响，阿斯哈尔从小就有从军报国的愿望，希望可以延续父亲的精神，继承父亲的遗志，肩负起自己的使命，为军队建设和国防事业挥洒自己的青春与热血。新兵连结束后，阿斯哈尔参加了"魔鬼周"训练。2018 年，阿斯哈尔光荣入选"第十三届全国大学生年度人物"。

"工作中踏实肯干，军事素质他是尖子，是个值得培养的好兵。"新兵连指导员这样评价阿斯哈尔。其实刚到新兵连，阿斯哈尔对每天重复整理内务有些不解，认为"好男儿就该运筹帷幄、决胜千里，打扫卫生搞训练算什么事，不用学也能干好"，但看着其他战友越来越好，阿斯哈尔开始反思，是自己能力不如别人，还是思想出了问题。慢慢地他开始转变，像战友们一样融入军营生活，从最简单的训练做起、从最普通的事情做起，第一个起床，第一个叠好被子，出操集合第一个站队……不到半年的部队训练，让阿斯哈尔瘦了25斤。

下了基层连队，阿斯哈尔始终保持着新兵连的干劲儿和工作态度。今年"五四"前夕，他郑重向组织递交了入党申请书，积极学习党章和先进社会主义理论，以知识武装头脑。他还主动申请随特战队参加"魔鬼周"极限训练，面对各种挑战毫不畏惧、决不退缩，负重30斤武装奔袭30公里，通过了一项又一项严峻考验。通过训练，阿斯哈尔的各项成绩已经是同批新兵中的佼佼者。"我会继续完成好训练任务，努力做习主席的'好战士'，为实现伟大的强军梦贡献一份力量。"阿斯哈尔坚定地说道。

董旭东：坚持就是胜利

董旭东，商学院2014级本科生，现服役于武警安徽总队蚌埠支队。2017年大学征兵宣传工作开始后，董旭东第一次有了从军入伍的想法，希望在学业之余，能够有更丰富的生活，相信军营能强健他的体魄，锤炼他的意志品质，更能实现他赤诚的爱国之心。一年前的他曾说过："当兵是对是错？不能这么问，小事有对错，大事只论取舍，而参军报国的价值是不能随意衡量的。"

入伍后，不善于长跑的董旭东在新兵营里艰难地完成着一项项考核，忍耐着"必要的忍耐"。刚下连几个月，董旭东就迎来了从军路上的第一次大考：第一季度"魔鬼周"极限训练。听到消息后，他的内心打起了鼓：这是第一次军事大考，能不能坚持下来？拖了中队的后腿怎么办……他想了好几个晚上，最后决定：绝对不能当逃兵！但在一次五公里奔袭中，气喘吁吁的他跟不上老队员的步伐，慢慢落到队伍后面。"坚持住，坚持就是胜利！坚持下来你就是真正的特战队员了！"队长这句话给了他无比的勇气，他咬牙坚持着，一冲过终点就在路边吐得翻江倒海，已经分不清眼泪和鼻涕，狼狈不堪。"干得不错！"队长冲他笑了笑。董旭东回忆："这成为我一段难忘的回忆。如果说之前在大学，我只是自己为自己打拼，一个人为自己奋斗，那在这里，我不是一个人打拼，我也不是一个人战斗！"

戴蕊：不忘初心，方得始终

戴蕊，计算机与控制工程学院 2016 级本科生，现服役于武警安徽总队合肥支队。在戴蕊的家族中，她的大伯和二伯都曾入伍，在她生长的村落里，入伍也是一件十分光荣的事情。老家地质灾害多发，解放军指战员和武警部队官兵奋不顾身抢险救灾的身影在她心中留下极为深刻的印象，让她从此"不爱红妆爱武装"。

在 8 人当中，戴蕊的年纪是最小的，也是从南开大学入伍到武警安徽省总队唯一的女大学生。近一年的军旅生涯，戴蕊把一头及腰青丝剪成了齐耳短发，军营这个大熔炉让这名娇小的女生炼就了一身"钢筋铁骨"。

在新兵连，洗漱间里整齐划一的牙刷毛巾，宿舍里叠得方方正正的被子，让戴蕊感受到了真正的部队是什么样子。面对高压的训练，戴蕊起初有些吃不消，但想起习主席在回信中的嘱托，她告诉自己，自己选择的路，无论路程多么艰辛，也要坚持走下去。慢慢的，戴蕊在战友的帮助下，逐渐找回了初生牛犊般的拼劲儿，学会了如何在新环境里学习新东西，也学会了怎样调整不良情绪，更好地面对困难。因为刻苦训练，戴蕊在新兵连中被评为"训练之星"。

"穿上这身橄榄绿军装将近一年了，虽然和我想象中的英姿飒爽还有很大距离，但我愿意用接下来的日子更用心地锤炼自己。"戴蕊说，"如果再给我一次机会，我还是会义无反顾地选择成为一个兵，因为我始终坚信：不忘初心，方得始终"。

胡一帆：支撑着我一路走来的，就是使命不渝的责任感

胡一帆，商学院 2013 级本科生，现服役于武警安徽总队合肥支队。作为抗美援朝老兵的后代，胡一帆自小就对军营抱有强烈的憧憬。来到南开大学、学习南开校史后，胡一帆更是被历史上校友们投笔从戎的报国之心感动，坚定了从军入伍的决心。2017 年，胡一帆终于把梦想付诸实践，通过层层选拔考核后成为一名光荣的武警战士。

作为一名大学生兵，胡一帆在新兵连遇到的最大困难和挑战就是体能训练。为了和别人缩小差距，胡一帆每天自我加练俯卧撑，在熄灯后拿一张报纸放在身下，什么时候滴下的汗水将报纸浸透再上床睡觉。慢慢

的，胡一帆的单双杠成绩从零到及格再到优秀满分，三公里从被别人拉着跑到最后拉着别人跑……通过三个月的新兵营训练，胡一帆逐渐改掉了懒散的毛病，身体也健壮了许多，初步成了一名合格的武警战士。

下连之后，面对全新的执勤任务，胡一帆也有不少苦累与辛酸的经历。烈日暴晒下，汗水迷了双眼；夏日夜幕下，脸上蚊虫肆虐。曾经的胡一帆，绝不敢想象自己可以在这样的条件下"钉"在哨位两个小时纹丝不动，他说："支撑着我一路走来的，就是使命不渝的责任感。自从第一次站上哨位，我就告诉自己，站在这里，代表的不只是自己，更是武警战士，是军人的形象，站如松、坐如钟、行如风，这才是自己从小向往的军人样子。"

回首这一年的时光，胡一帆觉得自己棱角少了，服从意识强了；散漫少了，硬朗作风多了；拖沓少了，争分夺秒的时间观念强了。已成为中队执勤标兵的他，不再是当初象牙塔中那个文弱书生了。他开始真正理解到一名军人的酸甜苦辣，更想要接下这份责任与担当。

贾岚珺：青春不容辜负

贾岚珺，文学院 2015 级本科生，现服役于陆军信息保障某旅。作为一名艺术生，贾岚珺却一直对部队生活充满了向往，曾经两次想要应征入伍，但因一些原因失之交臂。她曾经只身前往尼泊尔，在看到吉隆国门的那一瞬间，对祖国大地产生的归属感让她的从军梦再一次燃烧起来。2017年，在各项严格的选拔考核后，贾岚珺终于圆梦军营，并在军营里发挥自己的专业所长，主动参与宣传展板设计绘画等工作，为营队的更好建设积极贡献自己的力量。

在贾岚珺看来，部队是个好地方。有信仰，有坚持，有梦想，有激情，有沉静，有欢乐，有战友，有真情。虽然也有很多遗憾，但是她从来不曾后悔过，想不起有什么难过和委屈，涌上思绪的都是各种各样的感动：有过生日时战友给泡的老坛酸菜面，有深夜加班回来战友给收拾好的床铺，有寒冬里班长准备的一杯热水……

在这一年的训练里，贾岚珺从新兵连训练不矫情、不放弃的咬牙坚持，到下连后学业务时没借口、没理由的必争第一，再到后来做工作多琢磨、多观察的大局为重，她深感每一次努力都是一种历练，都是一种蜕变。她笑着说，读书时的她常用"尽自己最大努力就好"安慰自己，入伍后她学会"尽自己努力依然做不好，那就要更努力"。第一年的军旅生涯，贾岚珺巾帼不让须眉，已然成长为绿色军营中的一支"铿锵玫瑰"。

她坦言："我从一个可以到处乱蹦达的小孩子，慢慢变得成熟稳重，迫切地希望可以独当一面，只因深刻体会到，习主席的嘱托不能辜负，学校的期望不能辜负，军营和青春哪样都不能辜负。"

李业广：服从命令、保家卫国是军人的职责

李业广，计算机与控制工程学院2016级本科生，现服役于空军某部。开飞机是李业广入伍前的一个梦想，庄严神圣的阅兵仪式是激励他产生参军报国意愿的最大因素，后来加入党员赤子先锋队的经历更是激发了他携笔从戎的热情。李业广一直认为，部队是真正能把个人力量与集体力量严丝合缝融合在一起的地方，于是自己在大一结束时，毅然选择了应征入伍。

因入伍前不慎跌伤，李业广是8名新兵中最后一个入营的。初到新兵连，有很多不适，虽苦但快乐。在冬天零下二十几摄氏度的环境里站军姿、爬战术，李业广常常累得腰酸腿疼，但在梦想的鞭策下，他朝着目标死磕到底，这个曾经"缺课"的战士进步神速，各项体能科目成绩逐步提升，由以前的不及格到全优，李业广心里很是欣慰。

下连队后，李业广没能实现开飞机的梦想，而是被分配到机务工作、

学习维修飞机，产生的心理落差让他在训练初期有些消沉。中队的书记指导员及时找到李业广了解情况，解答他的疑惑，听着书记语重心长的教诲，李业广开始调整自己的心态。学习业务理论知识时，李业广由被动变成主动，遇到不懂的问题就去请教，外场实际操作带教时，他也会对容易出错的工作反复训练，尽力做到零差错维修。

"开飞机是我入伍前的一个梦想，那时我的身份是地方青年，这个梦想让我克服了身体上的苦与累；而现在，我已是军人，服从命令、保家卫国是我们作为军人的一种职责，它不仅让我们克服了身体上的苦与累，也让我们克服了心理上的苦与累，更加坚定了我为国防事业贡献自己全部力量的决心。"李业广说。

蔚晨阳：部队真的能让人淬炼成钢

蔚晨阳，文学院 2015 级本科生，现服役于第 79 集团军某旅。因为从小受到军事题材影视剧的影响，蔚晨阳一直对军旅生活充满了向往。大学期间，他曾担任南开大学国旗护卫队队长，这个经历让他进一步地了解到一名战士做好本职工作的重要性，同时也意识到对集体与个人之间权衡选择的必要性。为了不使自己成为"精致的利己主义者"，2017 年 9 月，蔚晨阳选择携笔从戎，用自己的专业特长为建设新时代下的人民军队而贡献力量。

在部队经过了一年的军旅生活，蔚晨阳感到自己发生了质的蜕变。"部队就像一座大熔炉，让我在献身国防的事业中淬炼成钢。"蔚晨阳回忆，"为了头顶的军徽，我流过汗、流过血。汗水曾无数次湿透身上的军装，身上的伤疤一个叠着一个。刚刚入伍时，我的身体素质相对较弱，手榴弹投掷、单兵战术等科目不合格。但我没有放弃，付出加倍的努力奋起直追，终于所有训练成绩全部达到良好以上，并被集团军表彰为优秀新兵"。

新兵连结束后，蔚晨阳光荣地成了"红三连"战斗班的一名战士。面对全新的岗位和训练科目，蔚晨阳更加严格地要求自己，训练成绩不断进步。实弹射击、三公里长跑、五公里武装越野等科目均在全连前列。苦练杀敌本领、时刻准备战斗是蔚晨阳入伍时的誓词，也是他努力奋斗的目标和方向。经过一年的军旅生活，蔚晨阳已经从一个"文弱书生"转变成了一名合格的战斗员，并鞭策自己成为未来战场的打赢尖兵，"现在的我更加热爱生活，也更加珍惜生活。接下来的军旅之路，我会更加珍惜，更加认真地走好每一步，书写绚烂无悔的青春篇章"。

王晗：做习主席的好战士是我的追求

王晗，文学院 2013 级本科生，现服役于陆军某部。出身军人家庭的她，受到改革强军号角的强烈感召，在大学毕业之际，决定参军入伍。2017 年 6 月，王晗穿着学士服，拿着毕业证书与文学学士学位证书，与母校南开大学作别。9 月，王晗换上一身戎装，成为一线野战部队的一名新兵，她期待在一个全新的领域，真正在思想上做到"日新月异"，在行为上做到"允公允能"。

入伍前的王晗，身体素质并不好，在接下来三个月的新兵训练中，想要成为一名合格军人，三公里、战术、手榴弹……样样都不能落下。三公里强度训练适逢党的十九大召开，营区里四处都换了新的展板，习主席的亲切面庞，十九大报告中的铿锵话语，成为跑道上鼓励王晗前进的动力。她的三公里成绩就这样，从不合格到合格，从合格到优秀。

下连后，王晗被分配到了信息保障队，学习总机话务，后来因为需要，她被调整到信息系统运维室学习编程。军队的岗位培训，洗去了王晗好高骛远的浮躁，使她明白了什么是螺丝精神，初入军营时怀抱的远大理想和脚踏实地的现实生活逐渐趋于统一。2018年5月，王晗作为优秀共青团代表参加了第八十二集团军、中部战区陆军、陆军部的共青团代表大会，同月又在河北经贸大学征兵入伍宣讲活动上作演说，为号召广大高校有志青年应征入伍贡献力量。

"做习主席的好战士是我的追求，而完成从地方大学生到合格军人的转变，正是实现梦想的第　步。收到习主席回信已有　年，我也即将从名列兵晋升为上等兵，在接下来的军旅生涯中，我也会继续精练本领，为战服务，走好属于我们这一代人的强军之路。"王晗说。

一年的历练与拼搏，8名学子从稚嫩走向成熟，从文弱走向健强。又一个征兵季到来，从军热成为南开大学最靓丽的风景，更多有志青年渴望到部队大熔炉里淬炼成钢。在习近平总书记给南开大学新入伍大学生重要回信精神的鼓舞下，今年南开大学又有23名优秀学子积极响应党和国家的号召携笔从戎，踏上保家卫国的征程，数量是去年的近3倍。他们纷纷表示要到军营建功立业，为实现强国梦、强军梦贡献力量，书写绚烂无悔的青春篇章。

本文2018年9月24日发表于南开新闻网

真心诚"译"：这群南开青年在战疫一线守护国门

蓝芳　聂际慈　王媛

◎南开志愿者在协助海关工作

近日，一群南开青年身着防护服出现在天津滨海国际机场，他们用自己的外语专长，参与到严防境外疫情输入的疫情防控工作中。他们，有一个闪亮的名字——南开大学抗击疫情翻译志愿者突击队（以下简称"突击队"）。

当前，国际疫情快速蔓延带来的输入性风险增加。随着天津市成为目的地为北京的国际客运航班指定第一入境点之一，这几天，天津滨海国际机场每天都有来自世界各地的国际航班旅客入境。国家有需要,南开有担当,为入境人员和工作人员提供语言服务,做好流行病学调查和入境人员集中隔离等沟通协调工作,南开大学应需选派外国语学院师生成立了"突击队",第一批招募德语、俄语、意大利语、法语、英语等相关专业的 25 名师生参加志愿服务工作,另有超额招募的 15 名师生志愿者组成第二批后备队伍随时准备出征。

自 3 月 21 日以来,南开大学抗击疫情翻译志愿者突击队截至目前已派出 13 人次执行任务,工作时长累计达 195 小时,共完成 120 余名服务对象的入境问询、分流安置等工作。

3 小时超额招募 南开师生迅速响应

接到服务需求后,南开大学立即召集外国语学院与学生工作部门紧急研究部署、制订工作方案,选拔志愿者成立"突击队",并做好志愿者管理培训、后勤保障、指导辅导、心理疏导、慰问补助等工作。

招募通知发出的短短 3 小时内,就有 26 名在津学生迅速响应,报名人数超过相关语种专业在津人数的 80%,超额完成招募。

"南开魂即爱国魂,在国家需要时出一份力,是我对'公能'精神的实际践行。当前,世界人民共同战'疫',境外输入趋势愈加严峻,有众多'逆行者'再出发,我也将努力提供精准高效的语言服务,在疫情防控一线贡献青春力量。"2018 级意大利语专业本科生志愿者刘斯表示。

2018 级英语语言文学博士生张雅雯也在第一时间报名,"疫情就是命令。我曾在航空公司工作,又有外事经验,这时候我应该亮明党员身份,在需要的时候冲锋在前"。

2016 级德语专业学生岳岱瑶将自己志愿参与服务的情况告知父母后,不仅得到了家人的大力支持,而且意外收获了校友母亲的"场外支援","母亲是南开外院日语系毕业的,如果需要日语志愿者可随时参加,而且不需要任何补助和餐食"。

所需语种专业的在津任课教师也主动请缨,4 位教师参与到第一批志愿服务中，其中 3 人是党员，他们表示：疫情当前，随时待命。此外，外国语学院还有众多在津教师和辅导员虽未在招募名单上，但通过"云端"辅导学生开展语言服务，并时刻准备奔赴一线。

穿上这身防护服 我们就是第一道屏障

"最激动人心的还是穿上防护服的那一刻，第一次知道手套要戴两层，袖口要严严实实地塞到手套里，口罩加护目镜压得人憋气，动作必须轻柔以避免防护服撕裂……"防护服是在机场开展志愿服务的必要防护装备，也是机场工作人员的"身份证"，在严防境外疫情输入的防控工作中，这身珍贵的装备意味着担当。

志愿者们这几天的主要工作是在海关问询人员旁，根据防疫规定和相关文件及表格，询问国际乘客相关问题，并将他们的答复告知海关人员。

法语系教师贺梦莹和学生王沛东成为"突击队"首批出征人员。3 月 22 日，他们在克服了首次穿着防护服的不适以及首次工作的心理压力后，历时 5 个小时，圆满完成当日国际航班外籍人员的接机分流工作。

"能够参与到抗击新冠疫情的第一线，尽自己的一份力量我感到非常光荣和骄傲。"青年教师贺梦莹负责为巴黎飞往北京航班上的外籍人士提供入境时的翻译。贺梦莹说："良好的翻译可以帮助机场工作人员与乘客进行有效沟通和相互理解。今天遇到了一位法国小朋友，她还特意画了一幅海关人员和我工作时的图画，很暖心。"

"防护服比较闷热，可是那些医护工作者都坚持下来了，我也可以。我要守好严防境外疫情输入的第一道屏障，昨日少年，今日脊梁！"王沛东表示。

发挥语言专长 贡献一份力量

为了接待早上 9 时抵津的俄罗斯航班，俄语专业 4 位学生志愿者刘婧玲、张蕴朦、郭雨辰、谢雨阳于 3 月 23 日早晨 5 点出发前往机场。因为国际航班载客量较大，他们的工作持续整整一天，晚上 9 点才结束工作抵达家中，工作时间长达 16 个小时。

刘婧玲是 2017 级俄语硕士研究生，临近毕业的她原本在家"死磕"毕业论文。"第一天进入机场工作就深刻感受到国家为严防境外疫情输入所付出的努力。一线的工作人员都身穿防护服，严阵以待。我们不仅用俄语为来自俄罗斯、乌克兰等国家和地区的人员提供翻译，而且用英语帮助了德国和土耳其的朋友。虽然一天的工作比较辛苦，但很荣幸能够用自己的语言技能为祖国疫情防控贡献力量。我是天津人，这也是身体力行，保卫家园。"

大一新生郭雨辰表示："我体会到当前最重要的是学好专业课，提高自己的专业水平，并敢于承担责任。人生很短暂，要去做一些有意义的事情才行。"

德语专业 3 位学生志愿者岳岱瑶、陈瀚林、王一淳同样工作了一天，上午 9 点到达机场，待消杀完毕准备返程时，已接近凌晨 1 点。

"出任务的时候，学校的老师一直与我们保持联系，并尽力帮我们解决需求，哪怕凌晨到家前，他们都一直在线。能用专业所长参与疫情防控，这使我有了要学好德语的更强动力。各行各业的人，都在自己的岗位上默默地付出，不知道我下次出征是何日，但我仍义无反顾。"2016 级德语专业本科生岳岱瑶表示。

齐心战"疫" 共筑"人类命运共同体"

南开大学学生心理健康指导中心教师陈予本是在后方为学生们提供心理疏导的心理咨询师，在朋友圈得知招募后，她主动报名并发挥外语特长，于 3 月 24 日与 2018 级德语专业本科生郭桢，2016 级俄语专业本科生朱玥、刘雪晴等 3 名学生参加了志愿服务工作。

陈予说，自己大概是团队中年龄最大的志愿者，与年轻学子在一起，她倍感年轻、充满活力。"从海外孔子学院回国后，这次志愿服务让我再次体悟'人类命运共同体'这一理念。当我们还在为国内疫情已得到有效控制而欢呼的时候，境外输入病例已悄然而至。人类命运息息相关，在世界人民面临困难的时刻，所有人都应尽己所能，共同奋战！"

"不论是中方的工作人员，还是德国入境旅客，虽然容貌各异、语言不同、身份有别，但全球所有国家和人民共同抗击新冠疫情的决心和愿望却是一致的。希望全球人民可以早日战胜病魔，一起努力、共渡难关，迎来最终的胜利。" 2016 级德语专业本科生陈瀚林表示。

南开青年突击队还在出征，"生吾炎黄，育我华夏。能力所及，必报国家"是他们的共同心声。

本文 2020 年 3 月 26 日发表于南开新闻网

赵丹：热爱考古的南开女博士

曾臻　乔仁铭

◎赵丹（受访者供图）

　　"南开十杰"、国家奖学金获得者、一年内发表 9 篇学术论文、热爱考古学、女博士……集齐这些"标签"于一身，究竟是怎样的一位"学霸"？

　　她叫赵丹，南开大学历史学院 2018 级考古学专业博士生，师从刘尊志教授，主要研究方向为秦汉考古、秦汉考古与物质文化。2019—2020 学年期间，共发表论文 9 篇。在《考古与文物》《南方文物》《中国国家博物馆馆刊》《华夏考古》等 C 刊、中文核心期刊及其他学术期刊已发表论文7 篇。

别人眼中的赵丹，做事特别认真。从小到大，她一直秉承要把各种小事做好的想法，"别人要求的事情如果你能做好了，自己喜欢的、有主动性的事情就更能做好"。在她眼中，凡事要认真，结果并不重要，重要的是过程，要注重对自己能力的提升。

考古学专业其实并不是赵丹的最初选择。虽然在本科时被调剂到了这个专业，但她积极适应，及时调整"被选择"的心态。"择一行爱一行，不管学什么，总能找到乐趣。"通过培养对于专业的热情，她在参加考古实习时发现考古学确实是一门有意思的学科。硕士在读时她克服了对前路的迷茫，明确了自己对专业的热爱，决定继续攻读博士。

对于高校学生群体普遍感觉"压力山大"，提笔撰写论文时常苦于无从下手，赵丹深有同感。博一写小论文的时候是她压力最大的一个阶段，"当时睡觉前脑子里想的都是论文，想白天写的论文写到什么程度，接下来要写哪些，论文整个框架是不是可以，论文内容前后逻辑……甚至有时候做梦都梦见论文"。

赵丹始终保持一颗平常心，相较于发表论文，她更注重学术写作训练。"我并没想过要发这么多篇论文，只是觉得要提升自我。对学术写作的锻炼和提升，需要多写论文。"在集中投递完手头的论文后，她迅速投入下一项研究，开启新思路，寻找兴趣点。

一年之内，能够在专业权威 C 刊、核心期刊等发表多篇论文，既与研究水平的逐渐提高有关，也离不开赵丹在课堂学习、看书过程中努力发现问题以及田野考古实践等多方面的长期积淀。"开挂"的经历背后，赵丹学会了如何与压力相处。于她而言，是以学术为乐趣，投入其中，享受写论文的过程，从而减轻思想负担。

在南开学考古是一件幸福的事儿

作为一名考古学专业的学生，外出参加田野实践是赵丹的必修课、基本功。"考古必须得实践，考古专业学生基本上都去实习过，无论是简单的墓葬也好，复杂的遗址也好。"

赵丹参加了史前大汶口遗址、龙山遗址、周代官庄遗址以及秦汉和唐代遗址、墓葬等的发掘或文物整理，实习十余次，担任过执行领队，足迹遍布河南、山东、陕西等。

由于之前大多在考古工地实习，深感自己在学术研究方面稍显欠缺的赵丹，在了解到刘尊志老师科研能力强、学术成果突出后，十分敬仰。她选择进入南开大学历史学院，跟随刘老师继续深造，提升科研水平。在陆续收到用稿通知后，赵丹在第一时间把喜讯告诉导师，导师也会进行鼓励。研究内容及研究水平得到了初步肯定后，她写论文的心态也逐渐轻松、不再紧绷，形成了良性循环。

在刘尊志老师的推荐下，去年赵丹还带队发掘了西安市贺家寨墓地，她带领师弟师妹一行人白天发掘、晚上整理资料。从七月份到九月初，在三个月时间里完成田野发掘、资料整理、撰写简报等工作。

在南开学习期间，赵丹逐步锻炼动手实践与理论研究能力，努力实现两个方面的相互平衡与促进。她会利用短时期的实践给科研生活充电，主动了解新方向，进而产生新感悟、新想法、新题目、新目标。实习的经历会为专业学习和论文写作提供帮助，让她认识到，只有通过考古实习之后，才会真正了解什么是考古学常说的地层学、类型学，才能快速地理解一篇发掘简报和一本发掘报告，才能学会如何去运用它们为自己的学术观点提供支撑。赵丹的一些论文研究题目就是在阅读考古发掘简报和报告过程中受启发而写出来的。

田野实践的过程并非总是一帆风顺，困难会接踵而至：工期紧张、要协调统筹工地各种突发事件、夏日的高温与雨季……考古遗迹发现本身也具有复杂性和不可预测性。"有时，探方内满满的灰坑，理不清它们之间的打破关系。可能刮了近一个星期，坐在隔梁上看整个探方，还是不清楚数个灰坑之间的连环打破关系，只能反复地去刮面。"

赵丹发现把情感融入学术之中，就会不自主地想要多努力一些，多用心一些。"博士刚入学时，我就感觉南开园是非常适合搞学术的地方，各方面条件都特别好，在这里生活学习很幸福。"每次在图书馆三楼大厅休息的时候，赵丹会看到墙上的"为中华之崛起而读书"。她非常有感触，"其实我现在做的一些事情，微不足道。比起先辈来说，如果这些困难都克服不了，那么，我人生的意义又在于什么呢？"这些日常思考更加坚定了赵丹克服困难的决心。

过一种张弛有度的生活

赵丹像许多女孩一样，也是"双十一"剁手大军的一员。"我'双十一'囤了好多东西，会买化妆品，买口红……"出于爱美的天性，平时从不熬夜的她，不惜为了"女生们喜欢的东西"熬夜到凌晨。精致生活的另一面，是她对于良好生活习惯的培养与严格要求，对于大方向、小目标的切实规划。

因为怕掉头发，赵丹抓住白天的时间拼命学习，晚上尽量早点休息，并建议大家不要熬夜。"该学习的时候就要充分学习，该休息的时候就要彻底休息，要张弛有度。"

赵丹坚持晚上必须要保证 7 个小时的睡眠时间，努力提振气色。早起吃早饭也成了她平凡的一天中极具仪式感的时刻，"我必须要吃早饭，吃完早饭这一天就开始了"。

赵丹潜心学术研究的目标十分明确，善于进行规划的她能专心完成每个阶段该做的事情。"博一确保两篇以上的论文收到核心期刊的用稿通知，博二要着重精力写毕业论文，留够充足的时间去修改，到博三下半学期就可以着重去找工作了。"

如同境界高远的水墨画离不开诗意的留白，在看似枯燥又节奏紧凑的学习生活中她始终给自己留有固定的休息时间。为了给自己解压，她会选择周四或周五的午后，去看一场电影，或者去逛街。

带着使命感去从事科研工作

在国家倡导重视考古学的大环境下，赵丹经常热心帮助他人解答考古学方面的问题。发挥专业所学，帮助身边人加强对考古学的了解与认识。

赵丹说："为什么我们是一个延绵五千多年不断的文化，靠什么证明？三千多年是有明确文字记载的，但是对于没有明确文字记载的文明，就要借助考古学，这有助于追溯国家文明，强化文化自信。"

在赵丹的理解中，考古学主要是以考古出土实物资料来研究人类古代社会历史的一门学科，"肩负着探究中华文明悠久历史的重任"，考古学工作能够丰富与延长历史，增强民族的自豪感、自信心、凝聚力。

聊起未来规划，赵丹表示，想要带着责任感、使命感去从事科研工作。一方面找到自我价值，在自己的领域应当有所建树，给自己树立一个目标。另一方面应实现社会价值，为增强国家认同感、民族自信、文化自信作出贡献。

"考古学肩负着'延伸了历史轴线'的重任，我不敢说以后可能有多少成就，我觉得如果能够在自己研究的方向推动一点点，就满足了。"

在与考古学的磨合中，赵丹坚定了人生选择，逐步建立了专业自信，正以自己的方式奉献社会，努力做到立足当下、珍惜青春，立足中国、放眼世界。

本文 2020 年 11 月 25 日发表于南开新闻网

南开大学学生合唱团：在世界舞台唱响中国声音

曹莲娜

◎南开大学学生合唱团参加西班牙巴塞罗那金色之声国际合唱比赛

今年是南开大学学生合唱团成立的第 25 年，从 1995 年成立至今，南开大学学生合唱团连续五届获得全国大学生艺术展演一等奖，共获 30 余项国际赛事金奖，五次在国际赛场上升起国旗、奏响国歌，成为南开品牌、中国特色、世界知名的大学生艺术团体，一次又一次站在世界合唱之巅。

打造南开品牌，用歌声诠释爱国主义教育真谛

2019 年 1 月 17 日，习近平总书记视察南开大学并寄语南开师生：

"只有把小我融入大我，才会有海一样的胸怀，山一样的崇高。"南开大学学生合唱团在 25 年的发展历程中，用歌声践行了"把小我融入大我"的精神内涵。

从 1995 年创建以来，合唱团的同学们始终心怀祖国、满腔热忱，担负起南开学子的社会责任，用歌声诠释爱国主义的真谛。2003 年新开湖畔的抗击"非典"音乐会，2008 年汶川地震后的"中国加油"赈灾义演，尤其是 2020 年的寒冬，在新冠疫情影响下，合唱团师生借助互联网开展"每日一歌"推送 101 期，文字总计 59722 字，视频总时长 528 分 57 秒，在"云端"传递歌声。合唱团团员孟诗洋说："我们无法像一线医务人员那样直接投身抗击疫情的工作中，所以我们希望能够通过'每日一歌'在云端为祖国、为社会送上一份祝福，为所有受疫情影响的人们带来一点快乐。"

美好的歌声背后，是所有合唱团师生的不懈坚持。25 年来，合唱团的同学们一直坚持着每周一天 9 个小时的高强度训练，所有的节假日他们还要利用大半的时间进行集训，平均一年参加各类演出 20 余场，训练时间约 500—600 小时。在艰苦的合唱训练中，他们获得的不仅是音乐专业的知识与技能，更重要的是人文素养的提升与精神品格的塑造。他们中有的响应国家精准扶贫的号召，自愿前往新疆、西藏等西部省份支教；有的投身科研，在赶超世界水平上埋头苦干；有的放弃大城市优渥的生活，扎根基层勤勉工作……合唱团的同学们用行动传承南开爱国奋斗精神，成为南开独一无二的爱国主义教育品牌，让青春在党和人民最需要的地方绽放绚丽之花。

坚持中国特色，成为中华传统文化的传播使者

中华优秀传统文化是中华民族的精神命脉，是涵养社会主义核心价值观的重要源泉。南开大学学生合唱团在 25 年的发展历程中，用有表演民谣合唱的形式，做到古为今用、洋为中用，辩证取舍、推陈出新，坚持走中国特色的合唱之路，实现了中华文化的创造性发展。

作为中华传统文化的传播使者，合唱团曾多次受教育部和国家汉办的委派，赴华盛顿、纽约、莫斯科、马德里、巴塞罗那、里斯本和金边等地，参加汉语年和孔子学院的艺术公演。近年来又先后赴哥伦比亚、厄瓜多尔、古巴、英国等国家的孔子学院举办专场演出。合唱团凭借着新颖的艺术构思，将中国戏曲、太极、武术、书法、民乐等融合于合唱表演之中，打造了全新的合唱理念和表演形式，将合唱艺术与中国年轻人的表现力有机结合，充分展现了中华文化源远流长、博大精深的特色。2016 年在英国巡演时，合唱团的演出被列为普雷斯顿艺术节的首场演出。普雷斯顿艺术节的负责人迈克激动地说：“非常欢迎并真心感谢南开大学学生合唱团来到古老小镇，为普雷斯顿的人民带来这么精彩的演出。普雷斯顿艺术节到今年已经是第 15 届了，今年也是规模最大的一届，感谢他们用精湛的表演为艺术节拉开序幕。”

用歌声传承中华文化，用表演展现文化自信，是合唱团一直以来的使命。合唱团曾与来自亚、非、欧、美的十余支优秀的合唱团体交流互动，用歌声架起友谊的桥梁，展现新时代中国大学生的精神风貌。2010 年 3 月，合唱团随中国大学生艺术团赴莫斯科参加俄罗斯“汉语年”开幕式，在克里姆林宫大礼堂高唱《我的祖国》，用歌声告诉世界：“在这片古老的土地上，到处都有青春的力量！”

走向世界知名，担当新时代青年人的时代责任

“我从来没有想到有一天，国旗会因我而升起！国歌会因我而奏响！我为我是南开人骄傲！我为我是中国人自豪！”这是 2002 年南开大学学生合唱团获得世界合唱比赛金奖冠军时，团里年龄最小的杨光流着泪说出的肺腑之言。25 年来，合唱团竖起了一面鲜明的旗帜，五次在国际赛场上升起国旗、奏响国歌，向成为世界知名的高水平艺术团体不断迈进。

在合唱团的发展岁月里，合唱团师生秉承着南开爱国奋斗的精神，在不断探索和坚持中走出了一条属于自己的特色道路，接连创作了《盛世梨园情》《天地太极》《哪吒闹海》《霸王别姬》《花木兰》《精忠报国》等大

型作品，用有表演民谣合唱的形式，融合贯通中国传统的文学、戏剧、武术等元素，在世界合唱比赛的赛场上留下异国征战的身影，曾在国际文化交流基金会世界合唱运动排名榜民谣组位列世界第二名，向世界合唱艺术巅峰攀登。

2018 年合唱团创作的有表演民谣合唱作品《精忠报国》取材于中国古代著名爱国将领岳飞为南宋王朝北伐、收复失地立下赫赫战功的故事。习近平总书记曾说："'精忠报国'四个字，是我一生追求的目标。"合唱团融合了陕西秦腔、东北二人转唱腔，以全新的合唱"语汇"展现了这段可歌可泣的历史，并凭借此曲在西班牙巴塞罗那金色之声国际合唱比赛摘得总冠军，获得了国际合唱界的一致赞誉。2019 年 1 月 17 日习近平总书记视察南开大学时，合唱团师生向总书记汇报："总书记好！我们是南开大学学生合唱团，我们的新作品《精忠报国》刚刚在世界上取得了非常好的成绩，希望有一天能唱给您和全国人民听！""精忠报国，好！"合唱团牢记习近平总书记的教诲，在创作演出中更加深刻地领略中华传统文化的精神内涵，通过艺术表演的形式讲好中国故事、传播中国声音、阐发中国精神、展现中国风貌，担负起新时代青年的时代责任。

二十五载深耕合唱艺术，南开大学学生合唱团陪伴母校度过了百年华诞，以《南开大学学生合唱团冠军作品集萃》作为给百年南开的献礼。新百年，新南开，合唱团将牢记习近平总书记的嘱托，打造南开品牌、坚持中国特色、走向世界知名，将歌声融入每一个为祖国奉献青春的行动中，融入实现中华民族伟大复兴的中国梦里，让中国声音在世界舞台上持续回响，让五星红旗在国际赛场上永远飘扬，继续书写爱国奋斗的无悔篇章。

本文 2020 年 12 月 17 日发表于南开新闻网

卢彪：以"智"为梦 "起重"大国未来

吴军辉

◎卢彪在实验室（吴军辉摄）

他，是南开大学学生最高荣誉"周恩来奖学金"获得者。他，是"天津市大学生年度人物"第一名。他，曾带领团队一举斩获"互联网+"国赛金奖。他，立志科研报国，已发表高水平论文23篇，获3项发明专利授权。他，作为核心成员，跟随导师研发的智控项目荣获我国人工智能领域最高奖并入选"中国智能制造十大科技进展"。他，有志于打造具有完全自主知识产权的智能化控制系统，相关研究成果已在天津港合作启动……

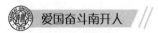

他，就是南开大学人工智能学院直博生卢彪。聚焦"工业欠驱动系统的控制与优化"，锚定智能制造领域的"卡脖子"难题，虽九曲而不悔，历万难而不怠，心怀科研报国之志，卢彪正在一步一个脚印地书写着一个工科博士生的爱国奋斗篇章，只因一个坚定的信念："爱国，就要让祖国更强大！"

不久前，第十五届"中国大学生年度人物"评选结果揭晓，卢彪成为全国 20 位"中国大学生年度人物"之一。

立大志——以"智"报国，为梦想蓄能

科研之路绝非坦途，点滴"累土"才能筑就科研"高台"。甘坐冷板凳，敢啃硬骨头，卢彪不畏难。他坚信，只有让自己不停"迭代"，未来才有可能助力中国智能工业的持续创新。

从本科到博士，卢彪除了吃饭睡觉，其他时间几乎全部钻到书本里、泡在实验室、扎进项目中，寒来暑往，年复一年，如饥似渴地汲取知识，苦练本领。"忙碌和刻苦才是博士生的正常状态。至于取得成绩，我相信一定会水到渠成。"卢彪说。

南开 9 年，他埋头于人工智能理论的学习中，潜心研读，以求打下坚实的理论基础；他投身在各类科研项目里，突破一个又一个技术难题；他沉浸在专业精准的设备操控上，大胆假设、细心调试，享受每一次成功后的狂喜。

面对困难和失败，卢彪也坚信问题总会接踵而至，办法不会姗姗来迟。他的论文曾一连 5 次遭拒。这并没有让他心灰意冷，一遍遍地修改不仅快速提高了他的研究水平，也让科研路上的他少了许多傲气，多了几分从容。

功夫不负有心人。获评南开大学优秀本科毕业论文、连续 3 次"三好学生"、宝钢奖学金、南开"公能"奖学金、连续 2 年天津市创新创业奖学金、国家奖学金；先后发表学术论文 23 篇，其中第一作者 14 篇，影响因子超过 90，获 3 项发明专利授权；"南开十杰"、南开大学学生年

度人物、青年五四奖章……在很多人眼里，卢彪是拿奖拿到手软的"学霸"，熟悉他的师生都知道，荣誉背后凝结着卢彪常人难以想象的付出。

孜孜以求、百炼成钢，卢彪用辛勤的汗水完成了积累与储备，也为他科研报国梦想的实现夯实了基础。

行大道——勇担使命，让创新释能

在吊车控制系统领域，国外的技术封锁由来已久，特别是吊车自动控制系统这一核心部件更是长期由西方国家垄断，国内企业长期被甩脸子、牵鼻子、卡脖子。卢彪跟随导师从事的"工业欠驱动系统的控制与优化"研究，就是为了让中国在这一领域突破封锁，获得自主发展能力。

通过新闻报道，卢彪看到习近平总书记始终关心着我国工业自动化的发展进程，多次到重点行业企业考察时都强调，要抓好创新驱动，掌握和运用好关键技术。卢彪还知道，百年南开，无数前辈学人无不将个人命运与国家民族命运紧密相连，在为国家发展贡献智慧力量的过程中实现人生价值。

"这更加坚定了我从事这项研究的决心。以技术细节的打磨熔铸国之重器，用创新的积淀突破国外技术封锁。"卢彪说。

在徐工集团的汽车吊自动化生产线，在天津港太平洋码头的远程操控中心，卢彪紧随习近平总书记的脚步，谨遵总书记的教诲，奋战在科研一线、操控一线和产业一线。

与天津港的合作启动后，卢彪需要盯项目，常常在不到 4 平米的狭窄电气室里一站就是一整天；因为实验需要，恐高的他也不得不爬上高达 20 米的桥架上开展工作；还要克服巨大心理压力，站在电气室外面看着巨大的吊具甩过来。经过数个月的攻关，该项目大获成功，许多关键指标远超国际知名厂商。

卢彪参与研发的 32 吨级自动吊车控制系统，拥有完全自主研发的软硬件设施，和一年以上稳定运行的良好记录，事故率降低 50% 以上。经权威机构"国家起重运输机械质量监督检验中心"的检测，该系统可大幅减少由于吊车操作人员操作不当引起的负载运行速度过快、摆动过大、负载存在大的残余摆动、负载放置不稳等问题出现的概率，在提高生产效率、降低安全事故、缓解高水平劳动力不足等方面具有非常高的应用前景，可以说突破了技术封锁，让中国在核心技术上拥有了完全自主知识产权。

作为核心成员之一，卢彪参与的"自动吊车控制系统项目"入选了国家自然科学基金资助项目优秀成果选编，荣获我国人工智能领域最高奖——吴文俊人工智能自然科学一等奖、2019年中国智能制造十大科技进展，并为南开大学斩获"互联网+"首个国赛金奖。这些奖项的背后是先后对接7家企业，50余次洽谈，上百次设备调试，20000多公里行程。

卢彪说："革命先辈们浴血奋战成就了站起来的新中国，我们这一代人就是要接力民族复兴的重任，在科研创新的角力中建设强起来的新中国。"

成大势——汇涓涓细流，让小我聚能

百年南开的公心、科研报国的雄心、服务他人的爱心，熔铸了一位南开青年始终未改的初心。不言涓流细，莫道星火微，卢彪铭记初心，行于脚下。

服务于天津市智能机器人技术重点实验室年会、国家重点研发计划启动会、国际图像图形会议，数十场科研会议，"优秀志愿者"是卢彪用科研服务社会的最好答卷。

卢彪还十分乐于帮助年轻的学弟学妹。入学时，他主动为300余名新生介绍专业，带领他们走近人工智能的世界；实验室里，他常常非常热心地指导师弟师妹做实验、调设备，辅导他们的毕业设计；生活中，他常常和学弟学妹们交流科研经验，鼓励他们立大志、做大事。

卢彪还主动为校内外1000余人次进行技术宣讲。聆听者既包括 *Science* 主编等专家团队，也有各方企业人士，还有热情的市民和中小学生。他与企业交流成果转化，为市民科普人工智能，为专家剖解技术要点，为学生分享科研经验。他用火一样的热情累积起服务的温度和热度，播撒科学的火种。

面对突如其来的疫情，卢彪第一时间汇入战"疫"的"洪流"之中：他以最快速度奔赴天津港调试设备，解决技术难点，助力复工复产、港口重启；作为天津市"爱国力行 共抗疫情"优秀师生高校巡讲团成员，他的事迹，影响并带动着广大南开青年投身抗击疫情阻击战，以实际行动践行南开人"知中国，服务中国"的初心和使命。

化得身千亿，皆是同路人。

如今，已是青年教师的卢彪，仍愿做一粒种子，在三尺讲台之上和实验室里把服务科研、服务他人、服务国家的初心播撒进更多南开学子的心田。

本文 2020 年 12 月 31 日发表于南开新闻网

刘昕倬：科研抗疫 有初心见成长

蓝芳

◎刘昕倬（右一）在导师指导下开展研究（受访者供图）

"2020 年 3 月初，《新型冠状病毒肺炎诊疗方案（试行第七版）》中增加的血清学检测为抗体血清学检测，检测血液样本中针对新冠病毒的特异性 IgM、IgG 抗体可作为诊断 COVID-19 感染的另一重要依据。那时我们已经持续高强度工作 1 个月了，试剂盒研发已经处于实验室研究的收尾阶段。"南开大学化学学院 2019 级硕士研究生刘昕倬至今难忘那段分秒必争的经历。

2020 年初，新冠疫情突如其来。南开大学快速响应国家号召，召集优秀科研工作者在生物、医药、大数据统计等领域开展疫情防控应急科研攻关。刘昕倬随导师刘定斌主动请缨，加入庞代文教授、陈佺教授领导的新冠试剂盒研发团队，与团队成员丁丹、刘安安、郭玮炜、刘娟祖、张国强等埋头在实验室里进行新冠检测试剂盒的研发工作。

最终，他们将胶体金及量子点荧光微球引入免疫层析法，研发出了两款性能良好、灵敏度高的病毒抗体检测试剂盒，实现了对血清中 IgM、IgG 抗体的快速（15 分钟）肉眼定性及荧光定量分析。

今年五四前夕，刘昕倬获评为"全国优秀共青团员"，回忆起那段如"压缩饼干"般的经历，腼腆的她表示，压力下有初心、见成长，明白了时间面前"机会是给有准备的人的"，懂得了"贡献不分大小"而在于敢担当。

困难超预期

"我是正月十五元宵节那天回校的，自此我与团队的老师和同学每天在实验室里从早上 8 点持续工作到深夜 10 点、11 点，去吃饭也是行色匆匆，一直在赶进度。"刘昕倬回忆，那段时间一直过得很紧张，因为困难超出了预期。

"起初，因为我们课题组长期开展纳米颗粒标记研究以及免疫层析试纸条技术相关研究，在抗体检测等方面具有良好的研究基础，所以对于研究方法很清晰，觉得能快速推进。"然而，当时全国多地都处于封城状态，各地物流停歇、企业尚未复工，相关的试剂、材料短缺，仪器的购置和配送都成了棘手的问题。

"我们只能有什么用什么。"团队成立之初能进实验室工作的只有三个人，再加上实验方法总是被迫临时调整，每天的工作量巨大。当时，刘昕倬入学不过半年，加之她本科原是药学背景，对于分析化学领域也仅算刚入门，并无相关实验经验。为此，她每天不停歇地学习病毒学知识和实验机理方法，并在有限的时间里快速成长了起来——成功制备了多种粒径的胶体金，筛选出合适粒径的胶体金用于试纸检测，并借鉴课题组发表过的文章以及所申报的专利，尝试了不同的金原位生长策略进行信号放大实验，提高检测灵敏度。

"然而最终的检验结果重复性不好。"当结果摆在刘昕倬面前时，她有些惊诧、有些失望。"但我觉得不能放弃这段时间的努力。于是，在导师的指导下，我们一起探究了实验的每个细节，最终发现是生物试剂的不稳定导致实验可行性出现了偏差。"

与时间赛跑

疫情就是命令，时间就是生命。当时，在同一条"时间"赛道上，不仅有身陷疫情感染险境的广大医患，而且还有同时在进行试剂盒攻关的众多科研团队。

在这样的情况下，刘昕倬在导师的带领下，反而更加心无旁骛、全情投入了。三人遇到问题就逐一破解，其他事情都放到了一旁。

最终，研发团队在 2020 年 3 月中旬完成了两款试剂盒的实验室研发，并在后续的千余例临床样本检测中得到了很好的反馈：胶体金法新冠抗体检测试剂盒对病毒抗体 IgG 的检出率达到 97%，IgM 检出率达到 72%，特异性达到 95%；量子点荧光微球新冠抗体检测试剂盒对新冠 S 蛋白特异性抗体 IgG 的检出率达到 95%，IgM 检出率达到 85%，对 N 蛋白特异性抗体 IgG 的检出率达到 90%，IgM 检出率达到 90%。

2020 年 4 月中旬，团队研制的胶体金法新冠抗体检测试剂盒实现产业转化对接，获得欧盟标准认证，并获得在美国的生产许可和产品许可，通过了美国应急使用授权（EUA）预审，实现了在美国、巴基斯坦等国临床实验室的推广应用。

当前，随着国内疫情防控常态化以及海外疫情依然严峻，新冠抗体检测试剂盒依然拥有广阔的市场空间。"我们的两款试剂盒均适用于'一滴血'现场检验，操作快速、简单、便捷、即时，可满足医疗场所现场检验的需求，还能实现居家自我检测。"刘昕倬介绍，对比市面上已有的同类产品，他们这两款自有知识产权的试剂盒具有显著的研发特色与性能优势。

一定要转化

"当时我们有些实验是可以再往深处拓展发文章的，只是老师觉得还是要继续往产业转化上走，既然能够研发试剂盒，还是想有些实际贡献。"刘昕倬说，这次科研攻关开启了她对科研工作的另一种思考。

"刘老师一直鼓励我们发挥专业特长在生命健康领域做一些实事。他自己平时也是这么做的，一旦有机会利用研究基础去做一些转化，他是很愿意的，为此他只要有机会去了解临床应用、工业转化他都会积极地去了解，不管有没有结果，都先去尝试、去储备。"在导师的带领下，见证自主研发的试剂盒从无到有，无疑是 次最好的言传身教、实际操练。

后来，在导师刘定斌的鼓励下，刘昕倬以"滴血'抗'疫：COVID-19 病毒抗体检测试剂盒"为项目，在 2020 年南开大学"校长杯"创新创业大赛中斩获一等奖，并在全国大学生"互联网+"创新创业大赛中获全国铜奖，以她为项目负责人的研发团队获评中美创客交流中心 2020 年度的优秀团队。以赛促练，刘昕倬进一步将自己的科研专长推向了市场应用。

"最深切的感受是，转化很重要。"生命健康领域是当下分析化学学科的一个重要研究方向，刘昕倬目前正在开展以外泌体作为生物标志物的肿瘤检测方法研究，已进入大量临床样本检测阶段。"还是要继续把自己的研究体系做扎实，只要有机会时就能及时派上用场。希望我们的研究能够对接祖国和人民的需要，真正把论文写在祖国大地上。"

本文 2021 年 5 月 27 日发表于南开新闻网

阿斯哈尔·努尔太：青春无悔 淬炼成钢

姜凝

◎阿斯哈尔·努尔太在征兵宣传活动现场（王晓明 摄）

　　4年前的9月，他和7名南开大学学子应征入伍。奔赴军营前夕，他们在南开园给习近平总书记写了一封信，表达了有志青年从军报国、献身强军实践的坚定决心和无悔选择。让这8名南开学子无比惊喜的是，在他们刚分赴大江南北的火热军营之际，习近平总书记就给南开学子回信了，并在信中充分肯定了他们"把爱国之心化为报国之行"的志向和激情，勉励他们"在军队这个大舞台上施展才华，在军营这个大熔炉里淬炼成钢"。

3 年前的 9 月，这 8 名学子在参军一周年之际，再次给习近平总书记写信，汇报了各自一年来的成长经历和体会。习近平总书记收到信后勉励他们"珍惜军旅时光，锤炼过硬本领，把忠诚报国、担当奉献作为毕生追求，为实现强国梦、强军梦贡献力量"。

两年前的 9 月，这 8 名学子退役返校，结束了军营生活，他也回到南开园继续学业。在新的起点，他带着从部队养成的品格、作风，在学习上攻坚克难、迎头赶上。

如今，刚刚结束大学生涯的他，报名参加了武警新疆总队指挥管理岗直招军官的选拔，决心重回军营，在父亲牺牲、奉献过的热土上接续奋斗，以实际行动回报习近平总书记的关怀与厚望。

在不少人眼里，曾获得首届"天津青年创优能手"、第十三届全国大学生年度人物、"全国最美大学生"等荣誉的他十分幸运和顺利。但在他看来，自己最大的幸运是选择携笔从戎，并且收到了习近平总书记的亲切回信，是报国的信念引领他的青春因选择而变得与众不同。他就是南开大学法学院法学专业 2021 届本科毕业生阿斯哈尔·努尔太。

建军 90 周年之际 他携笔从戎立志报国

前几天，阿斯哈尔·努尔太重返南开大学。漫步在盛夏的南开园，他一如 6 年前刚入学那般踌躇满志，也像 4 年前第一次参军入伍时，目光坚毅、脚步坚定。

"从军报国的'种子'，自幼便扎根在我心底。"阿斯哈尔·努尔太说，他的父亲是一名公安烈士，在他 2 岁时不幸牺牲，被追授公安系统二级战斗英模，"每当与发黄的老照片里那张坚毅的脸庞对视时，我总能感到不竭的力量源泉，感悟到一种忠于使命、不怕牺牲的勇敢和坚强"。他自小就树立了刻苦学习、报效祖国的志向，长大后也希望成为像父亲一样的人，到部队中去、到战场上去、到前线去，追寻先烈的初心、继承父亲的遗志，肩负起自己的使命，为军队建设和国防事业挥洒自己的青春与热血。

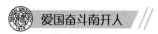

天津是阿斯哈尔·努尔太从军梦想起航的地方。

2015 年 9 月，他考入有着光荣爱国传统的南开大学。他深知专业学习是他爱国奉献、立志报国的基础，求学期间，他始终态度诚恳、勤奋努力，在老师和同学们的帮助下，认真对待自己的专业学习。在南开园里，得知张伯苓校长以子许国的动人故事、看到西南联大纪念碑上镌刻的抗战师生名录、聆听近年来退伍返校老兵的故事，先贤英烈投笔从戎、奔赴沙场的事迹再次激起了阿斯哈尔·努尔太对军旅生活的向往。

在学校组织大家阅读《习近平的七年知青岁月》一书时，书中习近平总书记青年时期扎根基层、在艰苦环境中磨砺自己的故事深深打动了南开大学的青年学子，也使阿斯哈尔·努尔太一下子找到了自己的人生奋斗目标。

2017 年，正值中国人民解放军建军 90 周年，阿斯哈尔·努尔太决定响应国家号召，提交入伍申请，给儿时即有的身着戎装的梦想一个绽放的机会。面试考官问他为什么要参军时，他答道："想通过这样的方式，报答国家的培养和教育，更好地服务社会。"当年暑假，如愿成为一名军人的他，同另外 7 名南开大学学子一起投入到实现兴军强军的伟大洪流中，从军报国的"种子"由此向阳而生、枝繁叶茂。

总书记的回信 激励他战胜挑战不断进步

难抑保家卫国之情思，阿斯哈尔·努尔太与其他 7 名南开大学参军学子给习近平总书记写信，汇报自己立志从军报国、建功军营的决心。

2017 年 9 月 23 日，习近平总书记给南开大学 8 名入伍大学生回信，表示"你们响应祖国召唤参军入伍，把爱国之心化为报国之行，为广大有志青年树立了新的榜样"。得知习近平总书记回信的消息，阿斯哈尔·努尔太内心无比激动，"习近平总书记的亲切关怀、谆谆教诲和殷切希望让我和战友备受鼓舞，信中'在军队这个大舞台上施展才华，在军营这个大熔炉里淬炼成钢，书写绚烂、无悔的青春篇章'这段话久久萦绕在我的脑海中"。习近平总书记的句句嘱托都牢牢印在他的心上，激励他努力适应和融入军队生活，成长为一名优秀战士。

主动要求加入特战中队、主动申请参加"魔鬼周"训练、主动请战参与淮河抗洪抢险……在部队，阿斯哈尔·努尔太以顽强的意志和坚韧的品格经受住了一次次磨砺与考验，完成了从普通地方大学生到一名真正的人民子弟兵、从普通一兵到特战队员的两次成长和蜕变。

在参军一周年之际，阿斯哈尔·努尔太等 8 名学子再次给习近平总书记写信，汇报了各自一年来的成长经历和体会。习近平总书记收到信后对他们给予勉励，希望他们"珍惜军旅时光，锤炼过硬本领，把忠诚报国、担当奉献作为毕生追求，为实现强国梦、强军梦贡献力量"。

"回想部队两年的无数艰难考验和挑战，每当怀疑自己还能否战胜自我、坚持走下去的时候，习近平总书记的回信及勉励总是给予我无穷力量，激励我战胜挑战、不断进步。"阿斯哈尔·努尔太说。不单只有一腔热血，他在部队的每个时刻都在为自己"充电"、激励自己更好地为人民服务。入伍期间，他不仅军事技能和身体素质经受住了考验，还成为利用业余时间给身边战友讲授团课的理论骨干，并积极追求思想政治上的进步，主动向党组织靠拢。他作为代表在 2018 年全国征兵宣传教育进校园活动中发言，号召新时代青年在实现强国梦、强军梦的征程中要坚定理想信念，努力谱写无愧于时代和人民的青春篇章；2018 年、2019 年先后获得第十三届全国大学生年度人物、"全国最美大学生"等荣誉，并于 2019年 6 月在部队光荣加入中国共产党。

退伍不褪色 他激励更多学子贡献青春力量

2019 年 9 月，阿斯哈尔·努尔太服役期满正式退役。带着中共预备党员的光荣身份，他重返南开大学继续学业，开始与 2017 级的学弟学妹一同学习。

军营的淬炼锻造了他迎难而上的坚毅品格。他把军人那种特别能吃苦、特别能战斗的精神带到学习上，每逢考试周，为不打扰室友，常可见他在宿舍公共空间学习到凌晨两三点的身影……虽然离开校园两年，但他很快重新适应了法学专业的学习，攻下一门门课业难题。

在努力完成学业同时，他担任法学院本科生第一党支部宣传委员，发挥先锋作用，积极参加国防宣讲，以自己的亲身经历，激励和影响更多的青年学子把实现自身价值同强国使命结合起来，并为之不懈奋斗。在新生军训、支部主题党日活动中，他分享军旅生涯感悟和入党初心，号召更多青年积极向党组织靠拢、立志献身国防；在中宣部"时代新人说"全国演讲大赛中，虽然备赛时间紧张但他仍斩获佳绩，站在央视舞台发出天津学子的爱国强音；疫情形势下，他在全国高校爱国奋斗精神云宣讲中，代表学校讲述南开学子的家国情怀……

"阿斯哈尔·努尔太已成为一面'旗帜'，在他的积极带动下，越来越多南开学子相继应征入伍。"从入学便开始关注他的南开大学法学院辅导员、学生党建指导教师周敬文说，仅法学院2019年、2020年便各有3名学子在他的感召下参军入伍。

南开大学法学院2020届毕业生文紫西就是其中一位。已被保研的文紫西去年6月应征报名，毅然选择暂别深造、投身军营："阿斯哈尔·努尔太等南开入伍学子把爱国之心化为报国之行，为有志青年树立了爱国奋斗的榜样。"

阿斯哈尔·努尔太等8名学子在军营淬炼成钢的故事，也激发了越来越多的天津其他高校学子携笔从戎。

天津理工大学计算机科学与工程学院信息安全专业2019级学生刘振通表示，之前通过网络了解到他们参军报国的经历后，更坚定了自己投身军营的想法，"大学生携笔从戎、献身国防，能丰富人生阅历，同时可磨炼意志，培养吃苦耐劳的品质，养成雷厉风行、严谨细致的工作作风，这些都将使我们受益匪浅。我也想像他们一样，到部队里去淬炼，为实现强国梦强军梦贡献青春力量！"

据南开大学党委学生工作部副部长、武装部部长赵清泰介绍，南开国防育人、征兵工作近年蓬勃开展，在全国高校走在前列，感召了一批又一批南开有志青年向身边榜样学习，参军入伍、报效国家。2017年以来，南开大学已有 72 名学子携笔从戎，近期又有 24 名同学报名，"我们要把更多像阿斯哈尔·努尔太这样的优秀青年学子动员起来、选拔出来，送进军营、淬炼成钢，为把人民军队建设成为世界一流军队输送人才，为新时代强军事业贡献南开力量"。

建党百年之际 他志在重回军营续写荣光

进入大四，阿斯哈尔·努尔太面临毕业，身边不少同学都在联系工作、考虑深造，规划自己的未来。又到征兵季，校园里随处可见动员大学生携笔从戎的横幅。

阿斯哈尔·努尔太心中那团不熄的火焰愈燃愈烈。

他找到南开大学武装部的老师，表达二次入伍的强烈意愿，但因超龄，已不符合入伍条件。他又把目光投向了军队的文职招考，始终关注着招考信息的发布。他也参加过学校举办的双选会，其中不乏多家国企央企抛出的"橄榄枝"。正在焦急等待中，赵清泰带给他一个好消息：今年首次从"双一流"建设高校和"双一流"建设学科的理学、工学应届毕业生当中直招军官。

那一夜，阿斯哈尔·努尔太辗转难眠，脑海中总会浮现出战友们的笑脸，耳旁总会响起熟悉的军号声。

"阿斯哈尔告诉我他选择再次报名应征后，我由衷为他高兴。这一路伴他走来，我清楚知道，再次回到军营、继续为国防事业作贡献，是他坚定的人生选择。"周敬文说。

在仔细筛选和与家人、师长沟通后，阿斯哈尔·努尔太选择报名参加武警新疆总队某排岗位选拔。

对于一些人的不解："已经尽过义务，为什么还要去当兵？"阿斯哈尔·努尔太满怀激情地说："2019 年，习近平总书记视察南开大学时，曾寄语师生'只有把小我融入大我，才会有海 样的胸怀，山 样的崇高'。作为一名应届毕业生，虽然有很多就业选择机会，但我始终没有忘记青年党员和退役大学生士兵身份，多重经历的磨炼让我更加坚定参军报国的人生梦想。'强国必须强军，军强才能国安。'总书记的嘱托牢记在心，强军号角回响耳畔。直招军官这一举措令我非常振奋，并视为无比珍惜的机会。今年恰逢建党百年，我热切期望能重返军营建功立业，在父亲牺牲奉献过的热土上接续奋斗，将个人发展的'小我'融入强军伟业的'大我'之中，以实际行动回报习近平总书记的亲切关怀与厚望，为实现党在新时代的强军目标、实现中华民族伟大复兴的中国梦而努力奋斗。"憧憬起部队生活，阿斯哈尔·努尔太眼中闪现着光芒。

带动天津学子踊跃参军　他说："请党放心，强国有我！"

毕业典礼后，阿斯哈尔·努尔太更新了一条朋友圈：在他父亲的二级英雄模范勋章图片上，写着"终极目标"。

"新时代携笔从戎的南开学子没有辜负总书记的期望。"阿斯哈尔·努尔太等 8 名学子坚定地说。如今，返回校园继续学业或即将走上工作岗位的他们，将在各自的岗位上挥洒热血，继续书写绚烂无悔的青春篇章。

强军典型感召兵之初，多措并举点亮军旅路。

习近平总书记给阿斯哈尔·努尔太等南开大学 8 名入伍大学生回信精神始终激励新时代大学生参军热情。在习近平总书记视察南开大学两周年之际，市征兵办、市教委在南开大学举办的"天津市征兵宣传网络直播"活动，吸引了 30 余万大学生及家长网上同步参与，有力激发了青年学生的爱国情、报国志。

我市坚持把习近平新时代中国特色社会主义思想作为高校思想政治教育和课堂教学的重要内容，把习近平新时代中国特色社会主义思想这一当代中国马克思主义作为铸魂育人的总引领，推动进教材、进课堂、进学生头脑，厚植爱国主义情怀，培养德智体美劳全面发展的时代新人。市委、市政府、天津警备区坚持把习近平强军思想作为统领征兵工作的"纲"和"魂"，进一步加大工作指导和政策激励力度，在新的伟大征程中让军人成为全社会尊崇的职业，赴军营建功立业成为很多津门大学生特别是高校毕业生的选择，为国防和军队现代化建设输送了新鲜血液，也激励了广大优秀学子踊跃报名参军，实现更高质量就业。我市在 2020 年落实 61 个公务员职位定向招录退役大学生士兵的基础上，今年增加到 63 个职位，有力促动了大学生应征报名。如今，我市大学生征集比例逐年攀升，今年上半年已超过 91%；截至目前，下半年大学生报名人数已达 8400 余人，报名人数还在持续增长。

一代人有一代人的使命。新时代强国强军路上，天津青年的身影从来都在奋进。

"参军是我儿时至今矢志不渝的梦想。青春只有一次，参军荣耀一生！作为新时代青年，我们生逢盛世，要牢记习近平总书记对青年一代的谆谆嘱托，不负时代，不负韶华，不负党和人民的殷切期望，努力谱写无愧于时代和人民的青春篇章！"阿斯哈尔·努尔太说。

"请党放心，强国有我！请党放心，强军有我！"在阿斯哈尔·努尔太身后，一张张天津青年学子的面庞，一句句郑重有力的誓言，彰显着新时代中国青年的志气、骨气、底气所在，奏响着建功新时代的奋进强音。

本文 2021 年 7 月 31 日发表于《天津日报》

王懋宁：磨难面前恒心如擎 追梦路上勇毅前行

电子信息与光学工程学院

◎王懋宁（受访者供图）

近期，由共青团中央、全国学联指导，中国青年报社、新东方教育科技集团、中国青年创业就业基金会联合举办的 2021 年度"中国大学生自强之星"奖学金评审结果揭晓，南开大学电子信息与光学工程学院光学工程专业 2017 级直博生王懋宁榜上有名，获得"中国大学生自强之星标兵"称号。

永远坐第一排的同学

4 岁时，王懋宁被查出双耳损失了三分之二的听力，开始佩戴助听器。因为从小丧失听力的缘故，他口齿不清、发音含糊，父母为了让他发音吐字清晰从而融入正常的学习生活中，开始系统纠正他的发音，无论是烈日炎炎抑或寒风凛冽，在车站、在家里、在行走的路上，都留下了他和父母学习的字字句句。

今天，王懋宁口齿清晰、条理分明，让人丝毫察觉不出他曾经度过了一个口齿不清的童年。

开始上学后，王懋宁通过观察他人的口型辅助听力成为常态，他成为"永远坐在第一排"的同学，从小学到大学，他目不转睛认真听讲的情景，成为校园里一道独特的风景。

2017 年，成绩优异的王懋宁从吉林大学物理学院免试推荐至南开大学电光学院直接攻读博士学位。王懋宁在求学路上，付出的努力要比普通人多得多，因此他也收获了许多的成果：曾赴台湾交通大学交换学习、赴中科院物理所实习、获得国家留学基金委公派联合培养博士奖学金并远赴德国参加联合培养；曾经带队参加大学生物理学术竞赛并获国赛三等奖；以第一作者身份在国际著名顶级期刊 *Nature Review Chemistry* 上发表封面文章。

服务他人是最好的修炼

王懋宁在求学的路上，得到了父母、老师和同学无微不至的关怀与帮助，他深感幸运，常怀热诚回馈之心，助人为乐。

在初中的时候，王懋宁就长期参加了哈尔滨市爱心社团组织的义卖活动。上大学后，他连续参加了"哈尔滨市道里区抚顺街道办事处社区服务""育苗爱心辅导""三下乡社会实践""走进养老院"等公益活动。由于他的自身经历，王懋宁对于听障儿童群体更是尤为关注，因此成为哈尔滨市语亦丰聋儿康复中心志愿活动的常客，是孩子们熟悉的大哥哥。

在服务同学方面，他从高中起一直积极参与组织学生活动。保送到南开大学直接攻读博士研究生后，他担任电子信息与光学工程学院研究生会副主席，任职期间积极服务同学，组织了许多广受好评的活动，如"知识产权进校园"讲座、"良师益友"评选、实验室安全检查、"导师有约"系列学术讲座活动等，以自己的绵薄之力为提升学院研究生会影响力贡献了智慧与力量。

王懋宁把服务身边人当作一项人生的"修炼"，长期服务他人。王懋宁凭借付出，收获了认可，获得了吉林省优秀志愿者、校级优秀学生干部和校级优秀毕业生等多项荣誉。

让奋斗成为生活日常

2017 年保送南开直博后，王懋宁勤奋努力，博士一年级修完博士期间全部课程所需学分，积极学习专业知识并开展科研工作，在读期间先后参与发表了 4 篇高水平 SCI 文章。

2019 年，王懋宁立足于光学科研实践，在庆祝中华人民共和国成立 70 周年和南开百年校庆的背景下，应用激光打标技术，组织了现代光学所博士生党支部 3 名党员在新春来临之际制作了新春祝福视频，该视频被人民日报旗下微信公众号"侠客岛"评为二等奖，王懋宁和他的同学们还将作为奖品的 55 寸智能电视放置在学院公共空间，供师生们共享使用。

2020 年，王懋宁获选国家留学基金委公派联培博士资格，2021 年 4 月赴分子电子学领域德国某著名课题组公派联培。在德国学习期间，王懋宁与合作者一起奋斗努力，勇于探索，经过多次尝试与思考，制备出了新型微纳光电器件并观测到了局域等离激元对电子行为的开关调控效应，在微纳光学和分子电子器件这一交叉领域取得了新的进展和突破。他坦然面对听力障碍带来的沟通困难并积极克服，始终保持着对科学真理的好奇心，并把自强不息的劲头融入了日常的生活中。

磨难面前恒心如擎，追梦路上勇毅前行。

放眼未来，王懋宁表示，自己将努力在追寻科学真理的路上越走越

远，把浓厚的人文思考与科学理性相结合，贯穿到他个人奋斗努力的进程
与国家发展的大势之中，不断取得进步，把服务社会、报效国家的初心化
为自强不息的无穷力量，一直笑意盈盈地走在积极探索、热诚回馈和实现
价值的奋斗之路上。

本文 2022 年 11 月 28 日发表于南开新闻网

秉公尽能 爱国报国

于瑾：公能初心 烛照后学

吴军辉

◎于瑾（资料图）

进入隆冬，北方的天气日渐清冷，正在经历考试周的大学生们却格外忙碌。在南开大学金融学院图书馆，一方小小的纪念书柜正在静静地陪伴着临窗苦读的金融学子。给予这些青年人力量的不仅仅是书柜中的专业

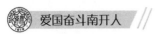

书籍，更是那个想起来就令人心头一暖的名字——于瑾。

于瑾，1991 年毕业于南开大学金融系，随后任教于对外经济贸易大学，2005 年被评为教授、博士生导师。在新兴市场微观金融领域成果丰硕，她讲课深入浅出，对学生无微不至，深受学生爱戴。2018 年 5 月 24 日，于瑾完成上午的工作后从学校返回家中，中午继续以微信方式指导本科生的学位论文，直到生命的最后一息，年仅 52 岁。

去世一年多来，这位南开大学优秀校友淡泊名利、悉心育人、鞠躬尽瘁、甘于奉献的事迹广为流传，感动着越来越多的人。去年教师节之际，教育部追授于瑾校友"全国优秀教师"荣誉称号，并号召全国广大教师和教育科研工作者要以于瑾为榜样，争当"四有"好老师。

为弘扬于瑾精神，南开大学金融学院广大师生在学院图书馆开辟了"于瑾教授纪念书柜"。于瑾的亲人、于瑾求学南开时的同学和朋友们在南开大学设立了"于瑾教授纪念基金"，用于支持、推动南开金融教育发展。

在"瑾基金"成立仪式上，于瑾的学生何亮宇说："当迈入南开校门，望见'允公允能，日新月异'八字校训，我突然领悟到，于老师精神的根就在这所百年名校之中。她不正是以此为准则，将爱国爱群之公德与服务社会之能力发挥到极致吗？这正是南开精神的具体体现！"

"做一块砌进墙根的砖头，默默承受历史的重量"

于瑾出生在河北唐山，从学生时代起，她就是身边同学的榜样。1984年，她以全县第一名的成绩考入南开大学金融系。在这里的七年求学时光，于瑾踏实刻苦，出类拔萃。

于瑾去世后，她的家人从旧箱子里翻出一份她当年作为新生代表的演讲稿，当中写道："朋友，别再感叹不能做出惊天动地的伟业……四化大厦在建造，就让我们做一块砌进墙根的砖头，默默承受历史的重量吧！"尽管后来，她很少再这样直抒胸臆，但 18 岁时的这句宣言，几乎成为她一生的注脚。

1988 年，本科毕业后的于瑾选择继续在南开金融系攻读硕士学位，先后受业于钱荣堃、龙伟娟、王兰等名师，立下为中国金融事业教书育人的理想。

20 世纪 90 年代开始，于瑾在对外经济贸易大学国际经济贸易学院教授"投资学""证券投资基金""证券投资实务"等课程。2005 年被评为教授、博士生导师，在新兴市场微观金融领域成果丰硕，为推进现代金融前沿学科建设作出巨大贡献。

"瑾基金"理事会名誉主席、学术委员会主席、诺贝尔经济学奖获得者罗伯特·默顿给予于瑾高度评价。他十分欣赏于瑾的研究成果，认为她在新兴市场金融领域的研究引人注目，其研究成果被收录为麻省理工学院金融学院的教材。

"于瑾教授用科研创造知识，用教育传递知识，用实践影响社会。随着科技和人工智能的发展，金融行业所需的技能可能会改变，但像于瑾教授一样敬业的优秀教师仍然是无可取代的。"默顿说。

打造"金课" 爱生如子

站了 28 年讲台，于瑾没有行政职务，没有响亮头衔，就连送上门的荣誉，她都总是婉拒。然而，在她走后的日子里，人们每每回忆她的点滴，称颂最多的是她把两件本职工作做到了极致：一是课讲得好，二是对学生好。

在贸大，于瑾的课总是选课系统一开放就爆满。"学生疯狂抢课，每个课堂都是一再扩容。"教务处的同事早已习惯。学生说，于瑾老师讲课深入浅出、旁征博引，把枯燥难懂的知识讲得有声有色。

比起那种天生幽默的"段子式"教师，于瑾总觉得自己讲课不够生动。为了把课讲好，她靠的是扎实的学识，下的是几十年如一日的苦功夫。于瑾的教案从不重复，每年都要彻底更新教材和课件。即使是同一门课，在不同的时间讲，她的内容都是不一样的，大量的新的发展和新的案例，都会被运用到课堂上。

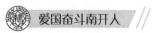

于瑾上的每门课都被她打磨成了"金课"，深受学生欢迎，她也被学生亲切地称为"宝藏老师"。同事们回忆，于瑾的课常有很多人旁听，下课后她会被学生团团围住，一般答疑的时间都不少于一个小时。

除了课讲得好，于瑾同样做到极致的还有对学生的好。她可以清楚地记得学生第一次见面时候的穿着，准确地说出每个弟子的家乡、小名和爱好，更会默默关注他们的每一步成长变化。就连学生简单的一封邮件，她往往会回复上千字，还附上案例供参考。她还常常鼓励学生到基层去锻炼，了解国情社情，脚踏实地走出报国奋斗之路。

于瑾早期带的硕士生何亮宇，本科毕业时有一个去甘肃农村支教的机会，他想去，又担心未来。于瑾知道以后非常鼓励，直接许下诺言："等你支教回来，只要你愿意，我当你导师。"2002年，何亮宇支教一年回来，如愿成为她的学生，如今负责一家大型基金公司。

从教28年，于瑾为近1.8万名学生开过课，指导培养了118名硕士生和11名博士生。尽管桃李满天下，她却没有任何光鲜的头衔。同事们评价，于瑾不争名利、不争评奖评优，但是她争的是对学生的付出和对工作的认真。

2018年5月24日，在接连指导多位学生修改毕业论文后，极度疲惫的于瑾在家中午休，此后安然离去。

公能精神 烛照后学

于瑾突然离世，让学校师生和昔日同窗都悲恸不已。他们自发捐款，分别在南开大学和对外经济贸易大学设立"于瑾教育基金"，用于奖励师德高尚、默默奉献、深受学生爱戴的一线教师，奖励志存高远、刻苦学习、成绩优秀的在校学生，支持帮助生活有困难的师生。

同为南开大学校友，于瑾的爱人王文灵深情回忆，南开大学主楼小礼堂正是他和于瑾爱情开始的地方。于瑾的离开让他开始重新审视自己的人生价值和生命质量，希望通过"瑾基金"这个平台，支持南开金融教育事业，传承南开精神，这既是帮助于瑾完成她未竟的心愿，也是对母校南开百年校庆的一份献礼，同时也会让自己的生命更有价值。"我会一直尽心尽力为'瑾基金'工作。"王文灵说。

于瑾的学生和昔日同窗自发建立了名为"于无声润物，瑾芳华筑才"的微信公众平台悼念、缅怀她。"她就像人间四月天，美丽又温暖。"熟悉她的朋友无不这样赞叹。"她就像温和的河流，不知不觉间，把一个一个特别有棱角的硬石子温柔地变成光滑美丽的鹅卵石。"

"对你最好的思念，就是活成你的样子，把你的爱传递下去。这样，你就仿佛从来没有远离。"于瑾的同事、对外经济贸易大学教授江萍深情地说。

南开大学金融学院的老师们说，于瑾的报道传到母校后，无论认识的和不认识的人，都在悲痛和惋惜的同时，被于瑾的家国情怀、坚守初心、燃尽芳华的事迹深深打动。金融学院在图书馆专设"于瑾教授纪念书柜"，购买海外原版金融图书，惠及学子，以志纪念。

南开大学副校长李靖在"瑾基金"成立仪式上说，历史悠久的南开金融培养出大批优秀学子，于瑾就是其中一位平凡而伟大的校友。她醉心教育、爱生如子、兢兢业业、不懈奋斗的优秀品格，正是南开"允公允能，日新月异"精神的生动写照。

"于瑾永远是南开的好学生，她的精神也必将激励着一代又一代南开人砥砺前行。"李靖说。

（注：于瑾校友于 2018 年 5 月 24 日逝世）

本文 2020 年 1 月 10 日发表于南开新闻网

周儒欣：廿载追"星" 一"网"情深

蓝芳

◎周儒欣（受访者供图）

7月31日，北斗三号全球卫星导航系统正式开通。这一天，中国向全世界郑重宣告，中国自主建设、独立运行的全球卫星导航系统已全面建成，中国北斗自此开启高质量服务全球、造福人类的崭新篇章。这一历史性的时刻，南开大学数学系1979级本科、计算机与系统科学系1986级硕士校友、北京北斗星通导航技术股份有限公司董事长周儒欣期盼了整整20年。

周儒欣是最早一批投身我国北斗推广事业的企业家。2000年10月，我国自行研制的第一颗导航定位卫星"北斗导航试验卫星"发射升空，同年9月，周儒欣创办的北斗星通注册成立，其致力于推广北斗应用，推进我国卫星导航应用产业化发展。

20年间，历经北斗一号、北斗二号、北斗三号，周儒欣及其领衔的北斗星通亲历并见证了我国北斗系统从有源到无源，从区域到全球组网的建设全过程。

因北斗而生，伴随北斗而长。北斗星通也从最初的20余名员工、60万注册资本发展为今天的近6000名海内外员工，资产规模60亿元，业务和人员分布于中国、欧洲、北美洲的国际化集团公司，成为北斗卫星导航应用行业的佼佼者。

一颗中国"芯"

北斗是我国迄今为止规模最大、覆盖范围最广、服务性能最高、与百姓生活关联最紧密的巨型复杂航天系统。

定位导航功能是北斗卫星导航系统最重要的核心功能之一，目前全球有中国北斗、美国GPS、欧盟伽利略、俄罗斯格洛纳斯四大全球卫星导航系统。四大系统之间已广泛实现兼容共用。

"北斗系统的建成，相当于我们国家建成了一套时空战略基础设施，通信系统的授时、无人飞机的导航定位、无人驾驶等都依赖于卫星导航，涉及国家战略安全领域，自主可控才更可靠。"周儒欣介绍，他创办北斗星通，就是要坚定推广北斗应用。

2000 年初创北斗星通的时候，国内卫星导航产业才刚起步，尤其是卫星导航的民用仍在摸索，周儒欣与北斗星通经历了艰辛而不凡的创业历程。周儒欣是我国早期推动北斗向民用开放的主要力量。功夫不负有心人，随着北斗事业发展，在国家的大力扶持下，2004 年，北斗星通取得了全国首个"北斗一号"卫星导航定位系统分理服务资质；2007 年，北斗星通 A 股股票在深圳交易所挂牌上市，成为中国卫星导航行业首家上市企业。

"卫星导航应用，核心是芯片。如果没有自主研发的芯片，我们各类基于卫星导航的应用还是无法实现自主可控。"芯片是北斗应用产业化领域核心中的核心，公司上市后，周儒欣决心要"啃最硬的骨头"，自主开发芯片。2009 年，北斗星通设立了专业从事自主芯片研发设计的子公司，正式开始从事以北斗为核心的高集成度芯片设计和高精度 GNSS 核心产品开发。2010 年，由北斗星通开发的第一颗自主芯片，成为中国首颗具有完全自主知识产权的支持多系统的北斗/GNSS 芯片。

如今，在自主导航定位芯片领域，从 90nm 到 22nm，经过十余年的技术更新迭代，北斗星通自主研发的最新一代高性能导航定位芯片即将于年内面世。"该芯片尺寸是上一代的四分之一，功耗是上一代的五分之一，定位误差控制在一个厘米以内。"随着芯片技术的不断发展，卫星导航一定会为我们生产、生活的方方面面提供更多的高质量服务。

未来"北斗+"

天上的"北斗"正在"照亮"越来越多人的生活。

"智能时代已经到来，卫星导航应用只受想象力的限制。"周儒欣介绍，北斗早已应用在了许多场景：2008 年汶川大地震时，通信网络中断，上千台接收北斗卫星信号的终端被紧急送往灾区，利用北斗卫星短报文的功能，灾区与外界才得以联络。在我国中远海捕鱼作业的几万艘渔船，利用北斗系统的导航定位及短报文服务，实现了管理部门对船只的管理调度，渔民更可以利用北斗的短报文服务，在茫茫的大海上实现与岸上人员的即时通信。此外，从传统的车辆导航、测量测绘、交通运输到新兴的无人机、机器人、自动驾驶，北斗无不在为这些领域提供着广泛而高质量的服务。

"随着北斗系统覆盖全球，世界各地的用户都可以享受到北斗系统带来的完整服务，北斗应用产业进入了新的'黄金十年'，中国一定会缔造出国际上领先的卫星导航产业与全球一流的行业企业。"周儒欣表示。

不辜负伟大时代

回忆起自己在南开大学的 7 年本硕求学的经历，周儒欣至今难忘，往事历历在目。

"那时候入学没有分专业，前两年都在上基础课程，而且都是最优秀的老师站上讲台传授真知；同时还有'末位淘汰制'，学不好是要降级的。这些都鞭策鼓励我们要把学习基础打牢固。还有体育课，当时作为从农村出来的孩子对大学里开设的游泳课、滑冰课、足篮排等记忆犹新，开阔了眼界。老校长张伯苓先生所提倡的南开体育传统，我们都有所获益。"

打牢基础、开阔眼界，周儒欣说，南开教会了他科学的思维方法、求真务实的人生态度，包括后来在时代浪潮中看到机会、把握机会都得益于南开的影响。"南开的校训是'允公允能，日新月异'，我的人生轨迹也是如此，先是'允公允能'，后来成立公司后不断'日新月异'。"

"南开大学是一所非常优秀的大学，希望年轻人能够在南开踏下心来读好书、长本事，同时，参加社会实践活动，了解国家经济社会发展情况，实现个人全面发展，为未来做好充分的准备。"周儒欣寄语南开学子，"时代造就了我们，我们要不辜负这伟大时代！"

本文 2020 年 8 月 17 日发表于南开新闻网

于洲:《长安三万里》火出圈 背后是这位南开人的追光十年

高雨桐　吴军辉

◎于洲（受访者供图）

这个夏天，"史上最长国产动画电影"《长安三万里》火了！影片呈现了一幅壮阔华美、气象万千的盛唐画卷，李白、高适、王维、杜甫等"顶流"轮番登场，令人目不暇接，不仅让各地影院屡现"大型背诗现场"，各大媒体更是纷纷发文点赞，网友评论"身体里诗词的 DNA 狠狠动了"。一时间，《长安三万里》成了街谈巷议、少长咸宜的热门话题。

鲜为人知的是，《长安三万里》背后有这样一位南开人。他理工科出身，却转型投身文化产业。他与合伙人一起创办追光动画，志在做出比肩世界的国产动画电影。他带领团队十年追光，打造了《小门神》《白蛇：缘起》《新神榜：杨戬》等国漫佳作，实力圈粉无数。他就是追光动画总裁、《长安三万里》监制、南开大学 1991 级计算机软件专业校友于洲。

日前，记者独家专访了于洲校友，听他解读《长安三万里》，讲述他投身国产动画事业的追光十年。

把盏豪饮的诗情画意 属于中国人的"独家浪漫"

诗词是中国人共同的文化记忆，正如中华古典诗词大家、南开大学教授叶嘉莹先生所言，只要有中国人，古典诗词就不会消亡。

片名为什么要叫《长安三万里》？于洲说，希望以此展现盛唐的一幅恢宏画卷和大唐诗人们星光璀璨的群像。有很多古诗提到三万里，比如宋之问诗"帝乡三万里"，孟浩然诗"胡地迢迢三万里"，乔备诗"沙场三万里"，说的是地面距离；李商隐诗"八骏日行三万里"，说的是仙界的距离；唐彦谦诗"鹏程三万里"，比喻人的前程远大；李洞诗"唐封三万里"，赞美唐王朝的国土辽阔。"盛唐的灵魂是唐诗。长安是诗人的理想之地，诗人们建功立业、报效国家，都要去长安。可以说，三万里是他们追求理想的人生历程。"于洲说。

《长安三万里》选取了 48 首古诗，用 168 分钟的片长讲述了李白与高适的一生往事。电影上映后，观众们对主人公李白与高适热议不断。

"他们俩，一个是谪仙人，一个是世间人，都取得了传世的成就，难分高下，也确实不应被比孰高孰低。高适、李白、杜甫我都喜欢。"于洲表示，创作《长安三万里》的关键词是唐风、诗意、壮美、考究。不少影迷发现，制作团队从人物、马匹、服饰、器物、礼仪、建筑甚至一些不起眼的细微之处都反复雕琢、严谨考证。

"团队用了很多细节展现大唐盛像和唐诗意境，不同年龄、不同阅历的观众肯定会有不同的观影感受，非常值得二刷、三刷，相信每一次观看都会有新的发现。"于洲说。

追光十年 志在"讲好中国故事"

创业前，于洲曾任优酷土豆集团高级副总裁，亦曾在国际知名跨国公司担任高级管理职位。因为热爱动画电影并看重其未来发展前景，2013年，他与欧洲工商管理商学院同窗、土豆网创始人王微，南开同窗袁野共同创立了"追光动画"。

"'追光'源于夸父追日的故事，夸父拼命追赶太阳，最终他的手杖化成了桃林，留给后人。我们希望追光动画也拥有远大的目标，做出能够流传下来的经典作品。"于洲说。

"中国团队，为中国观众，讲述中国故事，根植的是中国文化。"从最初的《小门神》《阿唐奇遇》《猫与桃花源》到《白蛇：缘起》《新神榜：哪吒重生》《青蛇：劫起》《新神榜：杨戬》和《长安三万里》，十年间，心怀这一核心价值，追光动画勤奋耕耘，保持一年上映一部电影。

攒了十年"功力"，追光动画推出了"新文化"系列电影开山之作——《长安三万里》。新文化系列是以中国历史上的闪光人物和经典作品作为创作对象，用动画电影的形式，向当下的年轻观众、家庭观众讲述他们的故事。

"中国传统文化代代相传，绵延不绝，热爱中国传统文化，应该是每个中国人从基因里带来的，如同草木对大地、雨露对江河湖海的热爱。"于洲说。

作为开篇之作，《长安三万里》的核心是中国人家喻户晓的"古诗词"。观众对古诗的熟悉，既是便利更是挑战。从立项到上映，整个追光团队上千人带着对中华传统文化瑰宝的敬畏，诚惶诚恐地打磨了三年。

一部目前中国影史上时长最长的动画电影，一部首次尝试以中国历史人物着手的国产动画，究竟观众会不会认可，谁也不敢说。事实上，正是这一步"险棋",创造了追光动画十年来最好的首映成绩。截至记者发稿时,影片豆瓣评分 8.2,总票房突破 10 亿。不过,比起可观的数据和流量,最令创作团队欣喜的还是来自不同年龄段观众的共鸣。

"我们对《长安三万里》非常有信心,因为我们对中国文化在当代的自信和力量有信心。热爱中国传统文化是刻在每个中国人基因里的。"于洲说。

难忘南开求学时光 时刻谨记公能校训

电影既是对现实生活的写照,更能给人许多影响。中国的年轻一代,对根植中国文化、彰化自信的中国原创动画电影有着无限期许。于洲认为,新一代中国动画电影人理应扛起这份责任。"南开校训是'允公允能,日新月异'。南开精神就是要我们心有大公,不断挑战、不断创新、不断回馈!"

回忆起求学南开的日子,于洲认为那是"难忘而珍贵的时光"。1991年,于洲从山东青岛保送至南开大学,本科期间担任了班长、系学生会主席,得到了充分的锻炼和成长。

于洲难忘计算机系模式识别实验室林贻佳老师。"我深受林老师教诲和关心,尤其是当我决定放弃本专业保研、研究生转去学习经济领域,得到了林老师的支持和鼓励。"

"从南开学习计算机到现在做动画电影,中间横跨了很长的时间,经历了很多学业和职业的发展。对我来说,是南开的四年,给我大学之后的发展打下了坚实的基础。"

对于如今的学生"专业选择困难",于洲说:"大学是人生打基础的阶段,更重要的是不要虚度光阴。南开这个平台起点很高,无论是现有专业的学习,还是其他领域的探索尝试,南开能给大家提供非常多的可能,学习的机会和渠道也非常多,重要的是要有独立的精神和判断,建立学习的方法和习惯。"

而南开精神的滋养更令于洲受益匪浅。"在南开,我打下了终身学习

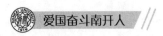

的基础，始终保持对新领域的好奇心，对专业和匠心的敬畏心。虽然离开南开园很多年了，但一直没有忘记'允公允能，日新月异'的校训，一直没有停止学习，尤其近些年来对人文社会科学领域产生了浓厚的兴趣。"

"李白和高适那般人物，都会遇到不得志的痛苦。人生不如意十之八九，我们在创业初期也是一样。"说起曾经的困难和波折，于洲云淡风轻，"南开人都知道有句话叫，'南开南开，越难越开'。只要目标有意义，前途光明，道路再艰险，都应该知难而进，不懈努力，就一定能达到一个又一个的目标"。

植根中国大地，胸怀文化自信，像于洲这样的新一代中国动画电影人，正以全球视野和工匠精神，努力探索一条兼具底蕴、温度和独特审美的优秀国产动画电影创新发展之路。

本文 2023 年 7 月 23 日发表于南开大学官方微信公众号

陈百顺：以户外科技助力国家发展进步

乔仁铭

◎陈百顺（受访者供图）

12月8日，中国和尼泊尔各派出测量队进行考察后，共同确认珠穆朗玛峰的最新高程为8848.86米！

这一次我国的珠峰测高，无论是卫星导航、通信系统，还是测量设

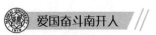

备，均实现了全面国产化。其中，对测高队员们至关重要、与生命安全息息相关的攀登服，是由南开大学校友陈百顺带领团队研制的探路者HIMEX高海拔攀登连体羽绒服。

陈百顺，1976年10月出生于山东烟台，教授级高级工程师。1994年考入南开大学化学学院化学专业，后在南开获得高分子化学与物理专业硕士学位，现为我国民族户外品牌探路者控股集团股份有限公司副总裁、技术总监、党支部书记。

面向国家需求　投身科技研发

攀登珠峰、航天、极地科考……陈百顺主持参与了多项防护科技材料、服装及装备的研发工作，秉承南开"知中国，服务中国"的传统，面向国家重大需求，以户外科技助力国家发展进步。

"此次珠峰测高队员身着的探路者羽绒服是连体服，保暖性极高，集先进材料于一身，采用超轻抗撕裂材料，内部填充最为优质的白鹅绒，有优异的防风、防雪、保暖等功能，采用人体工学结构设计，连上洗手间使用的拉链都有专利技术！"陈百顺介绍说。

事实上，陈百顺不仅参与研发了珠峰测高服，还主持研发了南北极科考服装，并持续改进，为南北极科学考察保驾护航11年。"珠峰使用的羽绒服与南北极工作人员的服装，由于工作环境和工作状态的不同，因此有较大区别。珠峰极寒情况下可达到零下40摄氏度，而南北极甚至达到零下80摄氏度。高海拔服装强调超轻保暖，采用轻量材料较多。而南北极需要进行科学考察工作，所以服装会采用耐磨高强度材料，同时，南北极工作人员在工作时，会有出汗现象，也会长期与雪接触，羽绒服受潮保暖度会降低，为更好地湿态保暖，需要加入湿态保暖化学纤维材料来解决这一问题。"

"南北极科考工作服要能够抵御极风、极干、极寒，需要生产应对不同环境的不同服装。"从2009年开始，陈百顺公司团队与上海极地中心合作，通过自有技术的应用，为极地科考队员设计研发"企鹅服""昆仑服"等不同等级的全套保护的装备。通过科研持续发力，探路者自主研发的防水透湿技术可以在零下 50 摄氏度环境中自如使用，满足科考队员的保暖需求。在研发过程中，陈百顺主持建设了自有的超低温（零下 70 摄氏度）可步入式实验室和通过 CNAS（中国合格评定国家认可委员会）认可的恒温恒湿实验室。

除此以外，为全力支持国家航天事业，陈百顺与公司团队完成神舟十一号航天员出舱盖毯和睡袋的研发工作，研发户外防风保暖透湿材料及产品，完成了航天员出舱后的保暖任务。"航天员使用的睡袋要契合人体工程学、充分减少对人体的压力，盖毯则要做好保暖功能，有良好的外观效果，以体现我国航天的精神和风范。"陈百顺说。

"航天用品要做到零失误！任何线头、飞毛都不能出现，而且要符合阻燃要求。"陈百顺主持承接载人航天舱内服装研究项目，通过大量的测试与工艺调整，通过多次多项目的材料测试与研发，确保产品符合上天要求，取得重大进展。他主导与航天员中心深圳研究院共同完成《航天级运动鞋》标准，并已经在产品上进行应用，目前正在起草《航天服装》标准。

积极创新探索 服务大众生活

陈百顺 2001 年从南开大学毕业后在广东某纺织公司工作，后于 2008 年与探路者结缘。

陈百顺作为"科技冬奥"国家重点研发计划"冬季运动与训练比赛高性能服装研发关键技术"联合实施单位的主要参与人员，还主持了探路者"科技冬奥"专项。该项目为科技部备战 2022 冬奥会唯一服装专项，也是首次被纳入国家重点研发计划的服装装备研发项目。持续对于保暖及防护的机理及材料的长期研究，让探路者有能力承担"科技冬奥"项目中保暖和防护这两项子任务的研究工作，也为"科技冬奥"及"3 亿人上冰雪"的人众冬季运动提供了有力的保障。

与此同时，陈百顺先后主持参与国家科委、军需装备研究所及省市级重点项目十余项，探路者控股集团股份有限公司科研立项 40 余项。其中，

"汉麻特种生物资源综合利用创新技术研发服务项目"获得科技资金 100 万元支持;"探路者防风可呼吸环保软壳技术产品开发设计创意项目"获得 2016 年度北京市文化创意产业发展专项资金(文创资金)356 万元。他带领技术团队完成专利 60 余项,起草国行标准 23 项。

基于陈百顺的不懈努力,他先后荣获中国专利优秀奖、中国针织行业优秀总工程师、2020 纺织技术带头人等荣誉,并于近期荣获"北京市劳动模范""轻工大国工匠"称号。

秉承"公能"精神 勇担社会责任

在新冠疫情防控阻击战中,陈百顺作为探路者疫情防控应急小组供应链和技术负责人,积极响应公司抗疫号召,基于已研发的 TiEF PRO X2 材料可以有效阻隔病毒的特征,努力协调所需物料及供应链生产工作,让探路者生产线快速上线生产,实现非医用防护服初期单日 5000 件供给量。

陈百顺说:"我主要负责协调防护服研发和生产工作。疫情严重时,正好是过年期间,需要克服各种困难协调生产材料和生产工人。探路者的防护材料、接缝压胶条技术对防护服生产起到了至关重要的作用。当时我和团队是 24 小时监控生产,工人们每天工作时间也超过了 12 小时。"

"疫情下,探路者第一时间主动生产防护服,承担的是一份企业社会责任。事实上,探路者一直积极参与公益事业,对保护藏羚羊、绿色供应链等都积极关注。探路者强调材料的环保性、人文关怀,希望能为大家提供 360 度的保护。"

谈及南开求学生活,陈百顺表示,南开校训给了他很大的影响。"企业应当有大情怀,从社会利益、公众利益角度出发,关注公益,不断探索创新,为消费者提供周全服务保障,做到'允公允能'。同时,企业也应当保持青春活力,不断追求新技术、创造新产品,这就需要'日新月异'。"

"我高考时偏科数理化,对于理化的应用更有兴趣,喜欢自己动手做实验,喜欢逻辑分析、结构性研究方向,因此选择了化学方向,研究生主要研究高分子材料分析与应用。学习化学专业需要专心、培养自己的创新思维，这非常重要。"谈及学习兴趣，陈百顺笑着说。

"在工作中，个人的兴趣很重要！一定要把自己的专业和工作结合起来找到兴趣点，早早探知社会，了解自己在职场中感兴趣的领域。同时，大学也要培养好自己的社会交往能力，不光要储备知识技能，还要锻炼提升情商。"陈百顺还分享了工作感悟和体会。

"南开教会我怎么做人，做踏实的人、正直的人，在快速发展变化的社会环境，不浮躁，专心做事。同时，南开的学习生活也锻炼了我的逻辑思维能力、实践能力，对我在工作中把项目和团队管理好起到了非常重要的帮助作用。我会继续努力，希望南开越来越好，祖国越来越好！"陈百顺说道。

本文 2020 年 12 月 24 日发表于南开新闻网

侯茶燕：芹菜村里来了一位南开姑娘

郝静秋　董正平　马然

◎侯茶燕入户调研（受访者供图）

　　"侯老师，你能不能帮我开一个建档立卡贫困户的证明发给我？"

　　"没问题！我们村还有像你这种情况的学生，告诉他们找我一起开了，省得你们家长跑。"像这样的对话，侯茶燕已经数不清是第几次了。

　　她所在的芹菜村，位于云南省曲靖市会泽县驾车乡，平均海拔 2520 米，最高海拔可达 3000 米，是一个高寒冷凉的贫困村，原名芹菜沟，沟边有很多野芹菜，故而得名。

侯茶燕是村子的驻村扶贫干部，这位 1994 年出生的南开姑娘，在两年间没有被恶劣的自然环境吓倒，跟村委干部、老百姓打成一片，把扶贫工作干得有声有色。

家乡会更需要我

2017 年 12 月，即将从南开大学周恩来政府管理学院研究生毕业的侯茶燕，在看到云南省定向选调生的招考公告后，毅然决定报考，成为 2018 年云南省定向选调的 86 名学生之一。后来她被分配到曲靖市委编办工作，成为编办综合科的一员。

"小侯，你都走出去了，为什么要回来呢？"同科室的吴婕问她。

"一线城市多我一个不多，少我一个不少。我觉得，家乡会更需要我。"

带着这样的想法，2019 年，侯茶燕报名成为曲靖市委编办驻村扶贫的第二批队员。"刚参加工作就赶上了打赢脱贫攻坚战总攻仗，能够投身到这场伟大战役中，我觉得既荣幸又充满了挑战。"

2000 公里入户路

2019 年 3 月，侯茶燕正式成为芹菜村的一名驻村扶贫干部。村民到底有多苦？有多少村民还生活在困苦之中？如何才能帮他们走出困局？带着这些疑惑，侯茶燕开始了漫长的走村入户之旅。在队长董正平的带领下，侯茶燕白天走访贫困户，晚上便跟队长一起分析研究每一户贫困户的特点，并学习相关扶贫政策。

大水沟小组是芹菜村最远的小组，不仅路远，而且全部都是土路，被大雨冲刷后就是坑坑洼洼、满目疮痍。因为路况不熟，侯茶燕跟队长只能将车开到芹菜沟小组，然后徒步 1 个多小时翻山进村。刚去入户时，因为不熟悉老百姓的生产生活习惯，她常常是带着满腔期待去走访贫困户，结果总是碰不到农户在家，只能空手而归。

在村委干部的建议下，她和队长调整了入户策略。3 个月时间，他们遍访了全村 152 户贫困户，49 户非贫困户，对贫困户和全村的情况有了

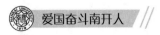

一个大致了解。

"只有真正走进这些贫困户家里,见到这个人,我才觉得这户贫困户是立体的,是有温度的。也只有如此,我们才能得到一个精准的'贫困'画像,制定出适合每个贫困户脱贫的措施。"侯茶燕坦言。

芹菜村里的一名贫困户崔稳富,计划 2017 年新建房屋,地基都打好了,但妻子离开后他一个人带着 3 个年幼的孩子,既没有能力也没有心思建新房,因此一直住在又黑又破的土坯房里。

侯茶燕在扶贫日志中写道:"崔稳富家,有两个重点工作要做,一是动员他新建房屋或者维修加固老房子;二是随时关注他家 3 个孩子的生活学习情况,确保 3 个孩子正常就学。保障住房安全是核心,教育扶贫才是根本,如果这 3 个孩子辍学了,很大可能会成为新时代的贫困户。"

基于此情况,侯茶燕积极协调沟通,帮助崔稳富这样的贫困户享受到了农危改政策,住上了安全稳固的房子,家里的 3 个小孩也如愿正常就学。

芹菜村的"侯老师"

"侯老师,你能不能帮我开一个建档立卡贫困户的证明发给我?我爸他们有事不能来村上开。"芹菜村练三坡小组建档立卡贫困户曾六的女儿曾哲春给侯茶燕发了微信。

"没问题!我在下村,回去就帮你开。我们村还有像你这种情况的学生,你告诉他们找我一起开了,省得你们家长跑。"侯茶燕立刻回复道。

"谢谢老师救我于水火之中!"曾哲春发了一个得意的表情。

村里人称市里下派的驻村扶贫干部侯茶燕为"侯老师"不无道理。2019 年 6 月,驾车乡驾车中学的 400 余名初三学生正紧张备战中考。为缓解学生压力,应用心理学专业毕业的侯茶燕受邀为学生们带来了一堂心理减压课。此后,侯茶燕又帮助曾哲春在内的 7 名芹菜村学生申报雨露计划,申请到了 3000 元的补助。

自此,"侯老师"这个称号便逐渐在芹菜村的学生中传开了,刚毕业的大学生也会要到她的微信，听听"学姐"对找工作的建议。对村民而言，侯茶燕不仅是芹菜学子的老师，更像是一个知心大姐姐、引路人。

芹菜村冬季寒冷，2020 年 1 月，侯茶燕联系到武汉一所高校老师，为芹菜小学 86 名留守儿童每人捐赠了一件冬天卫衣。她还用从云南扶贫热线获得的新年愿望金购买了 100 盏学习台灯，以"启明星"计划的方式发放给了疫情期间留守在家的孩子，防止他们在学习时因为灯光问题导致近视。

2020 年 7 月，侯茶燕除了是芹菜村驻村扶贫工作队员，还挂职驾车乡党委副书记。同年 8 月，侯茶燕和队长到驾车乡大水沟贫困户李友定家入户，了解到李友定妻子等村民在打工后被拖欠工资。在掌握大概情况后，她辗转于乡劳保所、人社局劳动监察大队、乡司法进行法律咨询。尽管没有直接要回李友定被拖欠的工钱，但侯茶燕还是将不同措施及可能的结果都一一告诉了李友定。

"侯老师，我们旁边的村民见你那么热心帮我们讨要工钱，打心里感激你！"2020 年 12 月，李友定带着 5 个村民为侯茶燕送来了一面锦旗，上面写着"恩泽芹菜，为民解忧"。

"既然来到了这里，就不能辜负大家的期待与信任。我希望再过十年、二十年，再回想起在芹菜村驻村扶贫的这段岁月，都觉得不负自己，无愧人民！"

扶贫需扶志

驻村的近两年时间里，侯茶燕同队友一起全力推动芹菜村基础设施建设、控辍保学、饮水安全保障、危房改造、医疗保险、养老保险收缴等各项工作开展。

目前，芹菜村共有 367 户农户享受国家农村危房改造政策，占到全村农户的 50% 以上；614 户农户家中都通了自来水；村子里现已没有辍学孩子；1400 亩的草莓种植基地每年稳定吸纳 318 人次就地务工；16 公里的泥土路被硬化为宽阔的水泥路……

　　然而，在侯茶燕看来，真正的脱贫不仅只是修路、盖房子、打工挣钱，更是村民们发自内心摆脱贫困的渴望，只有自力更生、艰苦奋斗，这样的脱贫才更彻底。

　　"过去，我们种地种粮要交农业税。现在我们老百姓种地不仅不用交税，还有补贴……"用"接地气"的语言，以"拉家常"的方式，侯茶燕在田间地头，在房前屋后，为驾车乡的贫困户办了一场又一场的讲座，向广大村民讲述脱贫先进典型的生动故事，普及讲解国家教育、医疗、住房、农业、就业等各项扶贫政策，让大家"知政策、懂感恩、勤奋进"。

　　教育脱贫也是侯茶燕一直在努力奋斗的目标。为帮助驾车乡学生与外界建立更多联系，让他们不被大山束缚，侯茶燕辗转联系北京多所学校，促成两地学校的对口支援。

　　2020 年 11 月 12 日，驾车乡 874 名小学生收到了北京六街小学捐赠的 2764 件爱心物资。与此同时，北京六街小学的 36 个班级和驾车乡 36 名贫困学子达成长期互助意向。驾车的孩子给北京的小朋友介绍长坪子草山的风力发电、介绍高山梁子的星空和雪；北京的学生则为驾车的孩子描绘故宫的历史、长城的雄伟。两个不同地区的同年级孩子，将在小学六年里跨越 3000 公里的山水，共同分享自己的喜怒哀乐，成为彼此的另一双"眼睛"。

　　"行你所爱，成你所想"，这是侯茶燕的人生格言，也是她在扶贫道路上的真实写照。这位南开姑娘，始终牢记母校"知中国，服务中国"的宗旨，用乐观的心态把艰苦的扶贫岁月过成了一段充满奇遇与历险的旅途。她用 2000 余公里的入户道路，600 余天的坚守与付出，帮助芹菜村实现翻天覆地的变化。

　　如今，侯茶燕曾经走过的泥泞道路大多已经硬化，夜晚漆黑的村庄有了 100 盏太阳能路灯，152 户贫困户"两不愁三保障"均已解决，人均纯收入稳定超过国家 4000 元的脱贫标准，全部实现脱贫，脱贫攻坚战取得决定性胜利……"90 后"南开姑娘侯茶燕，用他们这一代青年人的方式，为脱贫攻坚的伟大胜利奉献点滴光热。

　　本文 2021 年 1 月 25 日发表于南开新闻网

严开祺：用"小微球"载起"大国梦"

周锦童　刘思彤

◎严开祺（资料图）

【编者按】

小时候，看到爱迪生的故事时，小男孩觉得，"他们能够折腾出一些新奇的东西，这是一件很酷的事情"。再后来，发现时代都是用材料命名

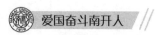

的，他认为，"材料研究是一件很有意义的事情"。长大后，他渐渐发觉，原来这就叫：热爱。

全球登月的人数有多少？

答案是，不到 15 人。

那么去过深海一万米的人数呢？

你可能想象不到，在"奋斗者"号突破万米载人深潜之前，人类到达万米水深的人数还没有登月的人数多。

从 2012 年到 2020 年；从"蛟龙"号到"奋斗者"号；从 7062 米到 10909 米。中国载人深潜团队历时 8 年打破了万米深海的桎梏。33 岁的中国科学院理化技术研究所项目研究员严开祺作为本次"奋斗者"号全海深载人潜水器结构系统的副主任设计师，肩扛中国梦，直"潜"深海，为"奋斗者"号寻找最适合深海的浮力材料。而他的伟大旅途开端，始于爱迪生照亮世界的那盏灯光……

种子

"我想当一名科学家！"科幻动画和科学故事是严开祺小时候最爱的伙伴。"有的时候看到漫画里面有一些我不认识的材料，就会好奇，再长大一点的时候看到发明家的传记，我就想，如果有机会能够有自己的实验室，折腾出更好玩的东西，那该多好！""我印象最深的是，看到爱迪生从很多种材料中摸索什么材料可以制造灯丝时，当时真的巴不得自己亲自去试一试。"爱迪生试验了 1600 多种材料为世界带来了光明，而这盏光也点亮了小严开祺好奇的心。就这样，儿时的启蒙悄悄地埋在了他的心底。

随着认知的增加，"材料"这两个字在严开祺看来不仅是一个令人新奇的事物，而是被赋予了更多重要的意义。"我们很多时代都是用材料来命名的，比如说新石器时代、铁器时代还有青铜时代等等。那个时候我发现材料的研究和人类社会的发展是息息相关的。"童年对科学家故事的憧憬和向往逐渐被时光镌刻出了更清晰的轮廓。在大多数人难以抉择的路口，严开祺毫不犹豫地作了决定。"做材料研究对我来说是'一件'非常有意义的事情，所以高考结束后选择大学专业时，我第一志愿就填报了材料化学。"

"后来从南开保研的时候了解到理化所微珠团队的研究方向，觉得这个方向能够在和国际顶尖团队赛跑的同时，为国家产业贡献出自己的力量，所以自己就毅然决然地选择跟随张敬杰老师继续学习深造。"对于严开祺而言，这个选择充满挑战，但同时它也开启了通往自己儿时所梦想的科学殿堂之门。2012 年，严开祺硕士毕业于中国科学院研究生院，2017 年，他从中国科学院大学博士毕业，开启了深海材料研究之旅。

汲取

提及过去的成长经历，严开祺打心底里充满了感激之情。"这么多年，对我有影响的人肯定是非常多的。很多老师、同学、朋友都给予了我莫大的帮助。""尤其是我的家人。"因为从小父母对严开祺就坚持鼓励的教育理念，所以只要自己做的事情是对的，父母都会尽全力支持，"我会和他们说我所作的这些决定的利弊，因为自己会有比较大的权衡，所以他们会很放心，也会努力为我营造很好的成长环境，我可以放开做我喜欢的、我想做的事情"。"我深知，我今天所取得的成绩与他们是分不开的。"

梦想的绽放需要沃土的耐心栽培，还需要雨露的无私浇灌。在严开祺的科研道路上，有两位老师不仅扮演了传道授业解惑的角色，更是以实际行动引领严开祺去了解、探索以及发掘科学。"一位是我们团队的创始人，宋广智先生；还有一位是我的研究生导师，是我们现在实验室的主任，也是宋老师的学生，张敬杰老师。"谈及宋老师，严开祺形容道，"他是一位十分优秀的战略科学家"。在宋老师身上，严开祺看到了从小自己所仰慕的真正的科学家的模样：一丝不苟，严谨细致。"而且我和宋老师比较投缘，经常和他会有深入的交流。也是在和宋老师的互动中，我更多地是学会了如何辩证地去看待科学问题，以及如何立足多个视角来解决问题。"严开祺举了个例子，"比如在做科研的过程中，总是会遇到导致问题产生的自变量种类特别多的情况，而我总是会钻牛角尖，所以即便最后找到了满意的结果，但是会浪费大量的宝贵时间"。"宋老师就会时常提醒我要多去抓主要矛盾，教导我学会提高效率，这也是我们做科研的过程中至关重要的一环。"

如果说，宋老师的指引为严开祺开阔了钻研学术的视角，那么张老师则是给予了严开祺开垦未知领域的得手工具。"张老师领我走进了这个领域，不但教会了我很多技能，更重要的是她在授人以渔的过程中平等地引导我。""不仅是把问题抛给我，而是不断推着我自己去思考问题。对我来说，收获颇丰。"

磨砺

2009 年 9 月，严开祺顺利被保送至中国科学院理化技术研究所应用化学专业读研。"研一的时候只能算刚刚加入团队。我真正融入团队应该是在 2010 年，如今不知不觉我已经走过 10 个年头了。"十年磨一剑，只望一朝试锋芒，在日复一日、年复一年的磨砺中，严开祺始终与团队齐心合力，并肩跨越重重高山。

然而，对于这个团队来说，成功并不只是"十年磨一剑"，用严开祺的话来讲，是"二十年磨一剑"，"因为研究核心材料是一个延续性的过程，对于浮力材料的核心要件——空心玻璃微球来说更是如此"。"我们在这个方向已经钻研 25 年之久了，整个团队一直都在做这个事情。"换句话说，严开祺和团队始终致力于深入研究对国民经济有重大影响或者满足国家重大需求的微米级球形粉体新材料，并进一步拓展它的应用边界。"我的首要工作内容是核心材料的研制和生产，探讨如何提高空心玻璃微球的性能。"鉴于目前世界上生产空心玻璃微球材料的只有 3 家美国公司，国际上激烈的竞争环境、国家间高压的科技限制为严开祺和他的团队设置了一道又一道阻碍，但却阻隔不了他们排除万难，只为攻克这一难关的心。"因为很多好的东西我们买不到，所以我的任务就是让我们能够有自主可控的核心技术，提升我们自己基础材料的保障能力。"

除了承担研发重任，严开祺还需要做好连接各部门的沟通纽带。"我的第二个工作内容就是如何去跟潜水器的总体对接。"由于"奋斗者"号的设计和研发工程量非常庞大，所以严开祺坦言，"完成一个大工程，其实这和做科研还是有很大区别的"。协调研究任务，明确任务进度，确保能够及时做好研究者和管理者的角色转换就成为严开祺的另一项重要工作。"我们团队是做浮力材料的，所以总体上，我需要了解整个'奋斗者'号的设计思路，然后从我们的角度提供关键材料的一些核心参数。""此外，我们的小总体里包含了6家单位，有研究所，也有知名大学等，所以我需要去协调各个参研单位的研究任务和进度，这样才能保障我们的任务顺利地开展，按期交付。"严开祺补充道，"因为我们这个万米载人潜水器的研发和应用有明确的时间节点，所以后墙绝对不能倒！"

探索

万米的深潜对全人类来说都是一个巨大的挑战。马里亚纳海沟的万米深处，水压超过了110兆帕，相当于是1100个大气压，这种压力大得可想而知。面对未知的深海世界，严开祺的心里也没有底，他和团队也不可避免地遇到了一些瓶颈。"比如说我自己的这个研究方向，一开始，我们不论怎么去调整配方，怎么去优化工艺，都很难做出来强度足够高的产品。"想到这，当时自己手足无措、迷茫困惑的场景一幕幕浮现在了严开祺脑海里。"这个过程持续的时间很长，大概有两三年，这是非常痛苦的。"严开祺苦笑道，"从一开始一天做一个实验，到后来从早到晚交叉着来做两个实验，这个过程可能重复了上千次"。"但每次都差一点，又很难找到差的这一点在哪儿。"有的时候，严开祺连做梦都在想到底是哪里没有做到位，哪里设计得不合理。

"后来我们就开始慢下来，一个细节一个细节地去抠，一种材料一种材料地去试，然后去分析、去计算、去设计。针对关键的工艺，我们也挨个对参数进行调整、改造和升级。"在大量的工作以后，终于在某一天，严开祺和团队找到了这个关键的"爆点"，那一刻，欣喜之情一抹之前所有的疲惫不堪。"张老师曾经在采访中提到这样一个场景，由于试验了很多次，所以最后在我们的车间里面失败的废品实在是太多了，多到堆起来像小山一样。"严开祺笑着说，"可是当我们一旦跨过了这个坎儿，后面的研究工作反而变得轻松一点了，因为我们每天都会有一个小进展，小突破。那个时候的工作即便非常紧迫，但非常开心，很有成就感的"。

完成实验室的小样品设计只是万里长征的第一步，对于严开祺和他的团队而言，最后的批量生产与应用更是一条充满艰难险阻的路，但严开祺没有退缩，他说："一辈子能有机会参与到一个大项目中来，这个是非常可遇不可求的。待白发苍苍，回首过往时，回想起来年轻的时候做过这么一件有意义的甚至能够载入史册的事情是很棒的，我想，并不是每个人都有这样的机会的。"

在这样一件可以载入史册的事情的背后，严开祺付出了巨大的努力。"最早通州那个实验基地还是比较苦的，因为我们是租了一个农民的院子。但是这个农民的院子并不是一个正儿八经的实验室，所以很多东西都十分短缺。"有时为了改造一些设备，工人师傅们不得不去垃圾堆里面捡东西。"买不着，也来不及的情况下，大家就只好把别人丢掉的钢管、不锈钢板或者其他的支架捡回来焊一下，自己进行改造。"严开祺打趣道，"印象中这个院子冬天的时候也没有暖气，是个'冬冷夏热'的实验室"。

绽放

"9000米！10000米！"2020年11月10日8时12分，中国"奋斗者"号载人潜水器在马里亚纳海沟成功坐底，坐底深度10909米。这一数字不仅标志着我国在大深度载人深潜领域达到世界领先水平，更证明了我国已经在深海科技探索道路上实现了真正的"国产"。

当得知"奋斗者"号即将刷新世界下潜纪录的时候，周围人已经按捺不住，准备好欢呼雀跃，然而严开祺神情却又多了几分紧张。作为结构系统方向的研究人员，他和大多数人一样，守在电视机前见证这一刻，但他又和大多数人不太一样，"大家可能关注下潜到了多少深度，而我们比较关心的是下潜的过程是否平稳，状态是否良好"。

对于那个时候的严开祺而言，他的心里仿佛有一张拉满的弓，有根弦始终紧紧地绷着，直到"奋斗者"号成功到达水底，传来"万米的海底妙不可言"的声音时，他心里的箭才终于发出。欣喜、自豪、释然统统涌了上来。因为这是成千上万次实验才换来的成果，那份成果是真真切切、踏踏实实的。

2020 年 12 月 15 日，共青团中央、全国青联发布《关于授予"奋斗者"号全海深载人潜水器科研团队和个人中国青年五四奖章的决定》。其中，中国科学院理化技术研究所项目研究员严开祺作为"奋斗者"号全海深载人潜水器结构系统的副主任设计师，为"奋斗者"号总装集成提供了核心技术支撑，为实现"奋斗者"号关键技术国产化目标作出了突出贡献，因此荣获"中国青年五四奖章"。

回望

从渴望和故事里的科学家们一样，希望自己能真的搞点新花样的小男孩儿，到现在亲手将"新花样"应用在"奋斗者"号上，向全世界证明国家深海科技攻关伟大成果的设计师，严开祺的目标变了又变，但是他的初心却从未动摇。"回头看看自己走过的路，我对科研的看法始终都是一样的。""我们做科研就是要在自己的专业领域内，做一点能够有助于提高社会总体生产力的事情，或者去拓宽我们对知识边界的认知。"严开祺强调，"做科研一定要回归本质，不能太功利，太功利是肯定做不好科研的"。

对于自己，严开祺评价称："我觉得我既是工作狂，也是节奏控。如果真正想在一个方向上有所突破，想要成功的话，肯定是要有好的节奏，另外光有好的节奏肯定是不够的，没有付出也是很难成功的。所以我觉得这两个都应该是必要条件！"在每天投身于繁忙的工作之余，严开祺也养成了很多有规律的生活习惯。"没事的时候我就会经常去打打篮球、爬爬山，也会和家人一起徒步走走、骑自行车去郊外逛逛。"除了通过运动锻炼自己的身体素质，平日里，严开祺也喜欢用相机记录生活点滴。练字，

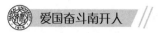

喝茶，放缓自己的生活，让自己脱离紧张的工作节奏，"我觉得自己是一个喜欢去体会生活中的那些幸福与美好，去深入生活的人"。

"我有两个孩子，老大现在在上幼儿园。"提起自己的孩子，严开祺的言语里充满了幸福。"早上大概会 6 点半起床，然后送他们去幼儿园，虽然工作很忙，但是孩子的成长是绝对不能缺席的。"对于孩子的成长方向，严开祺坦言，"还太早，他们现在开心快乐就是最重要的事情"。

从孩童时代放眼到学生时代，有一句话严开祺深有体会："要么上书架，要么上货架。"

"我们选择去做基础研究的话，就应该去拓展人类知识的边界，形成一些理论，写进教科书来启发后人，这就是上书架；或者说我们做应用研究，把研究成果转化成实际生产力，在产业上作出贡献来造福社会，这就是上货架。"面对学弟学妹经常提出的疑惑，严开祺分享道，"所以做科研的时候，一定要结合自己的兴趣和长处，去做好方向性的选择"。"多看，多学，多思考，最重要的还是多付出，我也希望有越来越多的同学能够在自己的方向上有所建树，早日为国家的发展贡献出自己的力量。"

作家梁晓声说过，读书的目的，不在于取得多大的成就，而在于当你陷入泥潭时，他会给你一种内在的力量。孩童时代的科幻书籍指引了严开祺追逐梦想的方向，学生时代的科学书本赋予了严开祺勇往直前的能力。几十年前的他可能也想不到，就是这样的自己——对万物好奇的小男孩，携着无畏的心，直潜未知但富有挑战的奇妙深海世界，用那小小的空心玻璃微球载起了伟大的强国梦。

本文 2021 年 5 月 15 日发表于国科大官方网站

孟祥飞：信步"天河"的"超算人"

王井怀　梁姊

◎孟祥飞（宗琪琪 摄）

　　国家超级计算天津中心机房中，整齐排列着 140 个黑色机柜。机柜闪烁的指示灯后面，1400 余个运算任务正在进行。"这意味着每天约有 1000 个科研团队借助'天河一号'超级计算机开展科研攻关。"国家超级计算天津中心天河应用研发首席科学家孟祥飞说。

　　14 年前，他认为使用国产超级计算机进行研发创新是件遥不可及的事情。

　　2007 年，正在南开大学理论物理系读博士的孟祥飞前往美国，因为他从事的研究需要大规模的计算平台支撑。"我在美国学习的学校排名并不靠前，却拥有我们国家很难见到的超级计算机，国内外这种科技创新实力的差别，对我触动很大。"孟祥飞说。

回国后，得知国家超级计算天津中心筹建的消息，孟祥飞毅然放弃所有的工作机会加入新团队。六七个人组成的团队，挤在一间两居室的小公寓里，打造出了首个国产千万亿次超级计算机"天河一号"的初期规划设计。

近 1 吨重的组装机柜，用肩膀扛到支架上；两万多根的光纤，躺在地上一条条接好；夜以继日工作，累了就在纸箱上打个盹儿……看到团队中的老科学家身体力行的身影，孟祥飞被触动了："无论是科技创新，还是个人成长，都要脚踏实地把每一件具体的事情干好。"

2010 年，我国首台千万亿次超算"天河一号"部署完成。同年 11 月，全球超级计算机 500 强发布，"天河一号"以每秒 2570 万亿次的实测运算速度成为世界运算最快的计算机。

面对关于"天河一号"应用的质疑之声，孟祥飞立下"军令状"："干不好天河的应用，我就卷铺盖走人！"

为了破除质疑，孟祥飞选择从具体的事情做起。

油气勘探是石油开发的关键环节，当时的勘探图像处理技术被外国垄断，国内一个油田每年要花几百万甚至上千万美金租用国外软件。孟祥飞带领团队向这一领域发起攻关。数据的提取、转移，每一步都面临难关，"刷夜"成了家常便饭。"我在地铁上工作，有时坐过站到了终点也不知道，经常被乘务员赶下车。"孟祥飞回忆。

经过不懈努力，孟祥飞和团队攻克了三维高精度勘探处理技术难题，并实现了油气勘探图像处理软件的国产化，软件作业耗时也从数十天缩短至 16 小时。

如今，"天河一号"广泛服务于航空航天、气候气象等数十个领域，每天满负荷运行完成近万项计算任务，支撑国家和地方重大研究创新项目超过 2500 项，服务企业超过 3000 家，成为国际上获得最广泛应用的超算之一。

创新没有休止符。当前，孟祥飞正带领团队投身于新一代百亿亿次超算的应用研发创新中。除了追求更大的数据处理规模和更快的运算速度，孟祥飞还有一个愿望："让超级计算机成为'超级大脑'，能够预测未来的世界环境变化、人类生命健康等挑战性问题，提高人类生存和社会发展质量。"

"中国超算的 40 年发展历程，充分说明中国科技工作者能够为世界科技的创新发展作出卓越贡献。"孟祥飞说。

本文 2021 年 12 月 9 日由新华社发表

后　记

为深入学习贯彻党的二十大精神，进一步弘扬习近平总书记所称赞的南开光荣的爱国主义传统，在新时代践行殷殷嘱托，谱写"爱国奋斗、公能日新"的新篇章。按照学校部署，党委宣传部编写了这本《爱国奋斗南开人——新时代南开大学师生典型人物媒体报道集萃》。

本书坚持"以身边的榜样鼓舞人"这一编纂宗旨，收集整理了党的十八大以来，国内主流媒体、学校官方媒体刊发的，生动讲述南开大学优秀师生校友爱国奋斗故事的典型人物通讯（总体以日期为序），力图从"公能楷模　烛照后学""良师益友　躬耕不辍""立公增能　润心铸魂""秉公尽能　爱国报国"等四个方面，集中展现南开前辈学人的崇高精神，一线科教人员的师者风范，优秀学子的蓬勃朝气和奋斗在重点行业领域优秀校友的报国实践，通过一个个鲜活的人物、生动的故事，让"允公允能，日新月异"这一社会主义核心价值观的南开表达更加深入人心，进一步凝聚起全体南开人建功新时代、奋进新征程的磅礴力量。

学校领导始终关心本书的编写并给予重要的指导。本书在编写出版过程中，还得到了南开大学新闻中心、南开大学校史研究室、南开大学出版社等单位的帮助和支持，在此一并表示衷心感谢。

由于新闻资料浩繁、编者水平有限，书中难免存在疏漏和不足，敬请广大读者批评指正。

编者

2023 年 1 月